디지털,
새로운 세계에 대한 도전 Ⅱ

조경식, 전용찬, 이동욱, 황길주, 박범섭, 조진철 지음

메타버스·핀테크 연구소 엮음

북&월드

서문

이제 디지털의 역사는 새로운 기술과 문명의 역사가 되고 있다. 디지털은 경제, 산업, 교육, 건강, 문화 등 모든 영역에 영향을 미치고 있다. 디지털 경쟁력은 개인의 경쟁력, 기업의 경쟁력이 되었으며, 사회가 갖고 있는 디지털 역량은 국가의 경쟁력이다.

디지털은 시간과 공간을 넘나들기 시작하고, 인공지능은 인간을 넘어서고자 도전장을 내밀고 있다. 인공지능은 이제 우리 삶과 생활에 들어오기 시작하고 있다. 개인, 조직, 산업 등 다양한 관점에서 인공지능을 이해하고, 그 활용 내용과 미래의 전망을 말한다. 덧붙여, 네트워크와 집단 지성의 힘을 보여주는 인공지능은 어디까지 확장될 것이냐에 대해서는 많은 논란이 있지만, 인공지능이 제기하는 윤리적·법적 문제와 사회적 도전 과제, 그리고 인공지능의 미래는 그것을 활용하는 인간의 몫이다.

디지털의 변화에 가장 민감한 분야가 금융이다. 디지털은 기존 금융의 흐름을 바꾸고 있다. 공간을 뛰어넘는 디지털 금융은 금융의 접근성이 낮았던 국가에서 금융의 포용성을 확대하고 있다. 가상자산의 확대, 토큰 증권의 법제화 추진 등은 향후, 금융이 기존의 은행과 빅테크, 핀테크와 치열한 경쟁을 벌이면서, 새로운 금융의 장을 열어 나갈 것이다. 여기에 중앙은행 디지털 통화는 전 세계 금융 시스템을 뒤흔들면서 논란의 중심에 설 것으로 보인다.

디지털 기술의 활용은 산업에서 가장 빠르고 다양하게 이루어지고 있다. 디지털이 직업과 현장과 공장의 모습을 바꿀 것임은 분명하다. 스마트 공장과 디지털 트윈 등 디지털 기술의 활용은 새로운 비즈니스 기회도 만든다. 그러나, 디지털 전환을 효율적으로 추진하기 위해서는 추진 전략의 수립, 투입 비용 등 만만치 않은 과정이 기다리고 있다.

디지털 교육은 새로운 교육 도구와 교육 방식으로 교육 현장을 바꾸고 있다. 기존의 제약된 학교라는 공간에서의 교육은 이제 플랫폼을 통해 글로벌로 확장하고 있다. 디지털이 교육의 격차를 완화할 수 있는지는, 디지털 도구와 디지털 기술에 대한 공평한 접근성이 이루어지고, 개인의 특성을 반영한 교육이 건전하고, 건강한 인재를 만들 수 있느냐에 달려 있다.

통신의 발달은 초연결 네트워킹 시대를 열고 있으며, 전자 공간과 물리 공간의 융합을 위해 나아가고 있다. 언제, 어디서나 끊김이 없는 통신인프라의 공유는 디지털 포용을 만들어 가는 통로이다. 5G, 6G, 인공위성 통신 등 통신의 기술 혁신은 새로운 연결과 네트워크를 만들면서 디지털 세계의 문을 연다.

물리적 공간은 우리 생활을 제약한다. 디지털 기술은 우리에게 공간의 범위를 크게 넓혀주고 있으며, 새로운 공간인 디지털 공간도 만들고 있다. 이러한 공간의 변화는 삶의 형태와 도시의 공간 구성에도 영향을 미치고 있다. 그리고 공간의 확장 능력은 경쟁력이다. 생활이나, 비즈니스에서 디지털 공간을 포함한 공간의 확장과 도시와 도시 사이의 연결 등 공간의 효율성을 높이기 위한 다각적인 노력이 요구된다.

이 책은 디지털을 이해하고 활용을 위한 기본 안내서이다. 디지털 시대의 변화를 이해하지 못하면, 어떤 기업도 지속 가능하지 않으며, 개인도 경쟁에서 밀릴 수밖에 없다. 이 책이 디지털 기술과 흐름을 이해하고, 기업의 경쟁력과 개인의 디지털 역량을 뒤돌아보는데 조금이라도 도움이 되기를 바란다.

이 책은 메타버스·핀테크 연구소가 내놓는 2번째 책이다. 2022년에 발간한 『메타버스, 새로운 세계에 대한 도전』(독자들의 호응으로 우수 교양 도서로 선정되었다.)은 코로나 시대에 갑자기 들이닥친 메타버스에 대한 담론 등을 담았다. 첫 번째 책이 미래 부문에 힘을 쏟았다면, 이번 책에서는 다양한 분야에서 디지털을 어떻게 이해하고, 활용되고 있는지를 구체적 사례와 함께 제시하면서 완벽한 디지털 세계의 문을 열고자 하는 인간의 욕망을 담고 있다.

2장 인공지능은 중소기업과 산업 현장을 경험하고, 현재 중견기업 대표로 있는 전용찬 박사가 인공지능이 사회에 던지는 영향과 그 실제 사례와 방향, 그리고 고민하고 검토해야 할 내용을 꼼꼼히 분석하고, 우리가 어떻게 접근해야 하는지를 알기 쉽게 설명하고 있다.

4장 산업 분야는 산업 현장에서 오랫동안 중소기업을 지원해 왔던 이동욱 교수가 기업의 디지털 활용에 대하여 스마트 공장과 디지털 트윈을 중심으로 디지털 활용 방법론을 구체적으로 제시하고 있다. 디지털을 산업 현장에 도입하려는 기업은 일독을 권한다.

5장 교육은 동양사상에 대한 깊은 이해와 교육에 많은 혜안을 지닌 황길주 교수가 디지털이 교육에 미치는 영향과 기대, 그 문제점을 개괄하면서, 교육의 미래에 대한 담론을 제기하고 있다.

6장은 초연결 시대를 가능하게 하는 통신에 대하여, 국내 대기업에서 통신인프라를 책임졌던 박범섭 교수가 5G, 6G 등 초현실 디지털 세계의 기본 인프라인 통신에 대하여 구체적인 기술의 발전과 함께 다가올 세계의 이야기를 전한다.

7장 공간 분야는 국토연구원에서 도시 계획과 공간을 연구해 온 조진철 선임연구위원이 우리가 살고 있는 공간과 도시의 역사를 뒤돌아보고, 디지털이 공간과 도시를 어떻게 변화시킬 것인지를 보여준다.

편집자인 조경식 교수는 1장에서 디지털이 우리 사회에 다가오게 된 사유와 디지털 활용의 다양한 유형을 분석하고, 비즈니스 기회를 들여다본다. 그리고 메타버스·핀테크 연구소가 선정한 디지털 관련 유망 비즈니스를 소개한다. 아울러, 디지털 세계의 종착점으로 메타버스의 미래를 말한다. 3장에서는 디지털이 금융에 가져온 변화와 역사, 디지털 세계의 거래 수단 등 가상자산이 자산 관리를 포함한 금융과 경제에 미치는 영향 등에 대한 다양한 내용을 1편에 이어 다시 전개한다. 우리가 이번에 못 다룬 주제들, 휴머노이드 로봇, 바이오, 헬스케어, 문화 등은 다음으로 미룰 예정이다.

이 책은 독립적인 장으로 되어있어, 독자들이 원하는 부분을 읽을 수 있도록 구성하고 있다. 각 장마다 용어설명을 하였으며 내용이 다소 겹치는 부분도 있지만, 이해의 편의를 위해서 그대로 두었다. 각 장마다 다룰 수 있는 주제의 범위와 내용은 훨씬 많았지만, 과감하게 생략한 부분도 많았다. 만약, 이러한 이유로 글의 내용을 이해하는 데 어려움이 있다면, 그것은 전적으로 편집자의 부족함이다.

이 책이 완성되기까지 많은 어려움과 다양한 의견들이 있었지만, 서로의 협의와 이해로 전체 흐름을 조율할 수 있었다. 마지막으로, 이 책의 출간을 흔쾌히 받아들인 신성모 북앤월드 대표와 글에 대한 날카로운 논평을 아끼지 않았던 많은 지인, 그리고 지원을 아끼지 않는 호서대학교에게 이 자리를 빌어 감사를 드린다.

메타버스·핀테크 연구소.

| 차례 |

[참고문헌]

Chapter 1

—

디지털,
새로운 비즈니스 기회

| 약어 |

AI	Artificial Intelligence	인공 지능
AR	Augmented Reality	증강 현실
DT	Digital Twin	디지털 트윈
DX	Digital Transformation	디지털 전환
IoT	Internet of Thing	사물인터넷
VR	Virtual Reality	가상 현실

| 디지털의 시작

    우리는 지금 오늘의 지식이 내일은 쓸모가 없을지는 모르는 변화의 시대에 살고 있다. 변화를 넘어 대전환기라 할 수 있다. 여기에 디지털 digital이 있다. 디지털의 디짓digit은 원래 손가락이라는 뜻이었지만, 숫자 0~9로 의미를 확장하게 된다.[1] 오늘날 디지털의 기초는 17세기 독일 수학자이자 철학자인 고트프리드 빌헬름 라이프니츠Gottfried Wilhelm Leibniz 에 의해 처음으로 체계적으로 제안되었다. 라이프니츠는 1과 0으로 구성된 이진수 체계를 개발했으며, 이는 오늘날 디지털 컴퓨팅의 기반이 된다. 오늘날의 컴퓨터 역사가 서구에서 비롯됐다는 점에서 디지털의 기원을 라이프니츠한테서 찾는 것은 당연하다. 그러나, 라이프니츠가 음과 양을 기본으로 하는 주역을 연구했으며, 여기에서 이진법을 만들

---

1) digital은 형용사이다. 명사인 digit은 라틴어 "digitus"에서 유래되었고 손가락을 의미한다. 고대에는 숫자를 셀 때 손가락을 사용했기 때문에 "digitus"는 점차 숫자를 나타내는 단어로도 사용되었고, "digit"은 숫자 0부터 9까지를 의미하게 되었다.

었다는 추론은 가능하다.[2] 디지털 세계에서 0과 1은 이진법의 기본 요소로, 모든 디지털 정보는 이 두 숫자를 조합하여 표현된다. 0은 꺼짐, 비활성, 부재 등을 나타내며, 1은 켜짐, 활성, 존재 등을 나타낸다. 음양의 개념에서 두 힘은 끊임없이 변화하고 순환한다. 이는 디지털 시스템에서 0과 1이 끊임없이 변환되고 교체되는 과정과 비슷하다. 예를 들어, 전자 신호의 변화는 0과 1 사이의 상태 변환을 통해 이루어진다. 두 개념 모두 대립적이지만 상호 보완적이며, 균형과 조화가 중요하다. 그리스의 철학자 피타고라스Pythagoras는 수와 수학적 비율이 우주의 본질을 구성한다고 생각했다. 피타고라스는 음악에서의 음계가 수학적 비율로 설명될 수 있음을 발견하고, 이를 통해 자연의 조화와 질서가 수학적으로 표현될 수 있다고 믿었다. 이 같은 역사적 사실을 끄집어내면, 디지털은 인류 역사와 더불어 발전했다고 볼 수 있다. 디지털의 역사는 자연과 우주를 해석하고, 인류가 도달하고자 하는 새로운 세계에 대한 끝없는 도전과 열망에 기반한다.

---

2) 라이프니츠는 "0과 1만을 사용하는 이진 산술의 해설, 그 유용성에 대한 주석, 그리고 그것이 고대 중국인들의 신비한 부호인 복희의 괘에 대한 의미를 제공하는 것에 대하여"(1703년)라는 논문에서 중국의 고대 철학서인 주역의 음양 원리와 자신의 이진법을 연결하여 설명했다.

[표 1-1] 디지털 발전 과정 (인터넷 개발까지)[3]

[표 1-1] 디지털 발전 과정 (인터넷 개발까지)[3]

연도	주요 인물	발전 내용
1600년대	라이프니츠	이진수 체계 개발(0, 1)
1948년	클로드 셰넌[Claude Shannon]	정보를 이진수로 표현, 데이터를 효율적으로 전송하고 처리하는 방법 제시
1940-50년대	앨런 튜링[Alan Turing] 존 폰 노이만[John von Neumann]	현대 컴퓨터 설계 기초 마련 초기 디지털 컴퓨터* 개발 *ENIAC, UNIVAC
1947년	벨 연구소 (윌리엄 쇼클리[William Shockley] 외)	트랜지스터를 발명, 디지털 회로의 발전을 가속화
1958년	잭 킬비[Jack Kilby] 로버트 노이스[Robert Noyce]	집적 회로(IC) 개발
1960년대	미 국방성	초기 인터넷 ARPANET 개발

아날로그와 디지털

디지털을 말할 때 항상 아날로그가 언급된다. 아날로그식 생각은 마치 시대에 뒤떨어진 것처럼 받아들인다. 심지어, 극복해야 할 대상처럼. 아날로그[Analog]는 그리스어[analogos]에서 나온 단어로 "비율에 따라" 또는 "유사한 방식으로"를 의미한다. 소리, 빛, 온도 등 자연에서 발생하는 많은 현상은 아날로그로 표현된다. 아날로그는 시간에 따라 값이 연속적으로 변한다. 그래서 아날로그는 상대적인 속성을 가진다. 괴테가 『색채론』에서 사람들이 대체로 색에서 기쁨을 느끼거나 정서에도 마찬

---

3) 출처 : 저자 작성

가지로 작용한다고 했지만, 사람마다 동일한 기쁨과 정서를 느끼는 것은 아니다. 시간과 장소, 그때의 감정에 따라 그 강도와 느낌은 사람마다 다르다. 디지털이 고정적이고, 불변적인 요소가 강하다면, 아날로그는 유동적이며, 가변적인 요소가 매력이다. 둘은 대립적 요소라기 보다는 상호 보완적이다. 아날로그와 디지털 모두 상호 교차하면서, 아날로그는 디지털 특성을, 디지털은 아날로그 특성을 반영하여 나갈 것이다. 기업의 경쟁력을 위해서도 이 두 가지의 요소를 융합하는 노력이 요구된다.

| 디지털 활용의 세 가지 유형

디지털 활용은 디지털화, 디지털라이제이션, 디지털 트랜스포메이션(DX)의 세 가지 유형으로 구분한다. 각 개념은 디지털 기술을 활용하는 방식과 적용 범위에서 차이를 말하는 것으로, 가치 척도의 기준은 아니다. 그러나, 디지털 활용의 범위가 확대될수록 고려할 요소들이 많아진다. 조직의 성격에 따라 디지털을 활용하는 목적도 다르다. 정부와 공공기관은 효율성과 국민과의 소통, 고객 만족을 우위에 두지만, 기업은 이윤 창출에 얼마만큼 효과적이냐가 중요하다.

디지털화는 아날로그 정보를 디지털로 바꾸는 것을 말한다. 단순한 형태로 종이 문서를 디지털로 바꿔 보관하거나, 기존 컴퓨터에서는 해결할 수 없는 문제를, 양자컴퓨터를 이용하여 해결하는 것도 포함한다. 디지털화의 대상은 계속 확장된다. 기존에는 디지털로 표현하지 못했던 많은 일들, 기상 예측이나 의료 기록, IoT를 활용한 대기질 모니터링, 실시간 지진 경보시스템 등도 디지털로 표현되고 있다. 다양한 빅데이터의 활용 도구와 기술의 진보는 디지털화의 효율성을 높인다. 디지털화를 뒷받침하는 디지털 기술은 스캔, 광학, AR/VR, DT 등 계속 발전하고 있으며, AI는 디지털화의 가장 높은 수준에 속한다.

디지털라이제이션은 디지털화된 내용들을 업무나 프로세스에 적용하여, 효율성(여기에는 시간과 비용을 포함한다.)을 높이거나 자동화하는 등 기업의 경쟁력을 향상하는 것을 말한다. 가장 단순한 사례로, 인쇄된 메모 대신에 이메일을 보내는 것으로부터, 온라인 회의, 공정 개선, 이커머스e-Commerce 플랫폼 등 다양한 영역으로 확대되고 있다. 업무나 프로세스를 개선하기 위해서는 디지털화가 선행되어야 한다. 디지털화가 된 부분을 효율적으로 연결하는 것이 필요하다. 보안의 문제도 따른다. 디지털라이제이션은 연결이 핵심인 만큼, 언제든 연결에 문제가 발생하고, 네트워크가 해킹당할 수 있고, 디지털 자료가 사라질 수도 있다. 백업 시스템도 비용이다. 블록체인 기술을 이용할 수도 있지만, 아날로그 자료의 보안과 디지털 보안은 성격 자체가 달라 지속적인 투자와 비용이 뒤따른다.

DX는 비즈니스와 조직 등 조직의 전반적인 운영 시스템을 디지털로 전환하는 과정 전체를 포함하고 있어, 가장 포괄적이고 전략적인 접근이 필요하다. 기업의 지속 가능한 경쟁력을 확보하기 위한 필수적 요건이지만, 디지털화나 디지털라이제이션처럼, 부분이 아닌 전체적으로 통합하여 운용함을 의미한다. 다시 말해, 기업이 활동하는 영역 대부분을 디지털로 전환하는 것이다.

[표 1-2] 디지털 관련 변화의 종류와 개념 정의[4]

용어	정의	주요 목표	적용 범위
디지털화 Digitization	아날로그 정보를 디지털 형식으로 변환	데이터 변환	데이터 변환 과정
디지털라이제이션 Digitalization	비즈니스 프로세스와 업무를 디지털 기술로 개선 및 자동화	업무 효율성 향상	비즈니스 프로세스 및 업무 개선
디지털 트랜스포메이션 Digital Transformation	디지털 기술로 조직 전체의 운영 방식을 혁신	비즈니스 모델 혁신 및 조직 문화 변화	비즈니스 모델 조직 문화 고객 경험

DX는 조직의 모든 영역에 디지털 기술을 통합하는 전략적 이니셔티브이다. 이는 조직의 프로세스, 제품, 운영 및 기술 스택[Tech Stack]을 평가하고 현대화하여 지속적이고 빠르며 고객 중심의 혁신을 가능하게 한다.[5]

그러나, DX를 고려할 때 가장 중요한 것은 기업의 지속 가능한 경쟁력에 어느 정도 도움을 줄 수 있느냐이다. 비용과 효익, 기업의 미래 성장성 등을 고려하여 단계별로 추진해야 한다. DX는 기업 경쟁력의 중요 요소이지만, 바로 적용하는 것은 쉽지 않다. 조직 내 반발로 인한 내

---

4) 출처 : 저자 작성
5) IBM 홈페이지(https://www.ibm.com/topics/digital-transformation)

부 균열이 발생할 수 있고, 디지털 인프라 구축에 따른 자금 부족 등도 발생할 수 있다. 기업의 미래와 연관되어 있는 만큼 강력한 리더십과 추진력을 기반으로 한 전략적 접근이 요구된다.

아래로부터가 아닌, 위로부터의 전략적 결정과 추진이
DX 성공 여부를 좌우한다.

그래서, 성공적인 디지털 전환은 새로운 기술 도입에서 오는 것이 아니라, 새로운 기술이 제공하는 가능성을 활용하기 위해 조직을 변혁하는 것에서 시작한다. 주요 디지털 전환 이니셔티브는 고객 경험, 운영 프로세스 및 비즈니스 모델을 재구성하는 데 중점을 둔다. 기업들은 조직이 갖고 있는 다양한 기능의 작동 방식을 변화(업무나 프로세스 개선)시키고, 기능 간의 상호 작용을 재정의(연결의 효율성 향상)하며, 심지어 기업의 사업 범위를 확장한다.

DX를 공동으로 컨설팅한 MIT 대학과 캡제미니는 DX를 성공하기 위한 조건을 말하고 있다.[6] 「우선 "무엇"(What)보다 "어떻게"(How)에 집중하라. 우리가 본 가장 성공적인 전환은 변화의 구체적인 내용보다 변화 추진 방법에 더 많이, 혹은 더 집중하는 경우가 많다. 관련 참여,

---

6) MIT Center for Digital Business and Capgemini Consulting, 『DIGITAL TRANSFORMATION: A ROADMAP FOR BILLION-DOLLAR ORGANIZATIONS』, 2011.

거버넌스 및 핵심 성과 지표$^{\text{Key Performance Indicater}}$와 함께 강력한 변혁 비전이 있으면 조직 전체의 사람들이 비전을 충족하거나 확장하기 위해 새로운 "무엇"을 식별할 수 있게 된다. 성공적인 DX는 새로운 조직을 만드는 것이 아니라, 기존의 귀중한 전략 자산을 새로운 방식으로 활용할 수 있도록 조직을 재구성하는 것에서 시작한다. 기업은 이미 투자한 것들로부터 더 많은 가치를 창출할 수 있으며, 동시에 근본적으로 새로운 작업 방식을 구상할 수 있다. 혁신적인 디지털 기술에 대한 과대광고에도 불구하고 대부분 기업은 여전히 DX로 가는 여정에서 갈 길이 멀다. 리더십이 필수적이다. 새로운 기술을 사용하든, 전통적인 기술을 사용하든 디지털 전환의 핵심은 회사의 운영 방식을 재구상하고 변화를 추진하는 것이다. 이는 단지 기술적인 문제가 아니라 관리와 사람에 대한 도전이다.」라고 기업 내부의 현황 분석과 조직 전체의 합의와 추진이 필요함을 말해준다.

디지털과 데이터

디지털 활용의 기본은 데이터라 할 수 있다. 국가, 기관, 대기업, 소기업에 이르기까지 데이터 확보를 위한 전쟁이라고 해도 과언이 아니다. 데이터 확보는 중요하지만, 먼저 데이터 활용의 목표와 전략을 마련해야 한다. 그다음에 어떤 데이터를 수집하고 관리해야 하는지?, 효과적인 데이터 수집 방법은 무엇인지?, 데이터를 어떻게 활용한 것인지? 등을 검토해야 한다. 이때 데이터는 현재뿐만 아니라, 미래 활용도 고려해야 한다.

데이터는 새로운 석유이다.[7]

데이터를 확보하기 위한 노력이 뒤따르면서 세분화된 데이터(Granular data)에 관한 관심이 높다. 세분화된 데이터는 데이터 세부 수준에서의 정보를 말한다. 이는 데이터가 가능한 한 가장 작은 단위로 분할되고 세밀하게 기록된 것을 의미한다. 세분화된 데이터의 예로는 소셜 미디어 상호 작용, 기업의 재무제표, 신용 및 은행 거래 기록, 뉴스 기사, 부문별 생산 및 생산성 지표, 온라인 구인 광고, 그리고 지리적 기후 데이터가 있다.[8] 다른 예로, 고객 거래 데이터가 있을 때, 각각의 거래에 대한 시간, 장소, 금액, 구매한 상품 등의 정보를 모두 포함하고 있는 것도 세분화된 데이터이다.

세분화된 데이터는 상세하고 유용한 정보를 제공하지만, 데이터의 정확성과 신뢰도가 중요하다. 데이터가 아무리 많고, 구체적이라도 정확성과 신뢰도가 떨어지면 데이터 활용의 가치는 크게 낮아지고, 데이터의 오류로, 더 나아가 판단의 오류로 이어진다.[9]

---

7) 클라이브 험비Clive Robert Humby, 영국의 데이터 과학자
8) Irving Fisher Committee on Central Bank Statistics, 『Granular data: new horizons and challenges』, IFC Bulletin No 61, 2024. 7.
9) Garbage in, garbage out이다.

데이터를 활용하기 위해서는 데이터를 수집하고, 변환(목적에 맞게 데이터 세분화, 정확한 데이터 분류를 위한 표준화)하고, 검증(데이터의 오류, 표준화 오류 등을 점검)하는 일련의 만만하지 않은 과정을 거쳐야 한다. 방대하고 세분화된 빅데이터는 사람의 손으로 처리하기 어려워 적절한 데이터 관리와 분석 도구, 높은 수준의 자동화가 필요하다. 다행히도 최근 AI와 기계 학습(ML)의 발전은 이상 감지, 실시간 모니터링, 패턴 인식 및 예측 분석과 같은 다양한 작업을 수행하여 세분화된 데이터의 통찰력을 활용할 수 있는 기회를 제공한다.

빅데이터의 확보와 활용은 기업의 경쟁력임은 누구나 알고 있다. 그러나, 빅데이터를 기업의 경쟁력과 연결하여 성과를 내는 것은 쉬운 일은 아니다. 기업의 특성과 비용, 데이터 관리 도구와 능력, 디지털 인력, 기업의 장기 목표 등을 고려하여, 추진해야 한다.

디지털 활용의 선택은 기업의 경쟁력을 좌우한다.

디지털 활용을 할 때는 고려할 요소들이 많다. 우선 효용성의 문제이다. 디지털화 등이 기존의 아날로그보다 편하고, 쉽게 이해하고 접근할 수 있느냐이다. 디지털화된 부분을 계속 활용할 수 있느냐도 생각해야 한다. 일회성에 그치면, 디지털 활용의 효과가 없기 때문이다. 디지털을 활용하기 위한 기기나 프로그램 도입과 이를 정상 가동하기까지 걸리는 시간의 문제도 있다. 시간은 돈이기 때문이다. 비용도 생각해야 한다. 디지털 활용이 과다한 비용이 들고 효용가치가 낮으면, 굳이 할 필요가 없다. 또 디지털 도구의 개발, 유지, 보수, 개선 등에서 내부와 외부에서 처리할 부분을 구분하고 선택해야 한다. 기업의 경우 정보의 유출(특히, 경쟁업체)도 생각해야 한다. 내부에서 하는 경우 숙련된 디지털 인력의 확보와 인건비도 고려해야 한다. 추진하는 디지털 활용 범위도 중요하다. 디지털화를 한다면, 어떤 도구로 어떤 영역을 할 것인지, 디지털라이제이션을 한다면, 어떤 업무나 프로세스가 가장 시급하고 효과적인지를 판단해야 한다. DX의 경우는 완전한 디지털 전환이기 때문에 전사적으로 움직여야 한다. 디지털화가 되어야 디지털라이제이션으로 나아갈 수 있고, 디지털라이제이션이 되어야 DX를 할 수 있다. 이러한 과정은 반복된다. 디지털화를 위한 더 나은 기술이나 프로그램이 개발되면, 다시 같은 과정을 밟기 때문이다.

[그림 1-1] 디지털 활용 연관도[10]

기업이 디지털 활용의 모든 부분을 조직 내부에서만 처리할 수 없으므로 이네이블러의 역할도 중요하다. 이네이블러는 디지털 활용을 뒷받침하는 조력자로 디지털 기술에 전문 영역을 지닌 기업이다. 디지털 기술인 클라우드, IoT, VR/AR, 네트워크 프로그램을 포함한 다양한 소프트웨어, 보안, 인증 등 이네이블러

10) 저자 작성

11) 영역은 확장 중이다. 이네이블러는 한번 관계를 맺게 되면, 장기간 지속할 수밖에 없다. 조직(정부든, 기업이든)은 디지털 활용을 시작하기에 앞서 그 효율성을 높이기 위한 상세한 검토가 필요하다.

---

11) 조력자, 조장자(심리학에서는 부정적인 용어로 사용)로 해석하지만, 디지털 이네이블러는 디지털 생태계를 가능하게 하는 다양한 기술을 포괄하는 용어이다.

| 디지털과 비즈니스 기회

　지금 시대는 거대한 전환의 물결 속에 휩싸여 있다. AI, 휴머노이드 로봇, 자율 자동차, 로봇 택시 등 새로운 산업의 흐름은 기존의 틀과 사고를 넘어선, 변혁기라 볼 수 있다. 산업의 전환기에는 많은 기회가 있다. 그러나, 시장의 확대는 경쟁자를 불러 모은다. 세계 시장이 글로벌로 연결되어 있고, 국가 간 전자상거래를 통한 물품 거래가 자유로운 만큼, 경쟁도 국내에 머무르지 않는다.

　디지털 활용에 따른 비즈니스는 계속 성장하고 있고, 다양한 기회를 제공한다. 수많은 스타트업이 디지털 산업에 뛰어들고 있다. 위에 언급한 디지털 활용에서 나타나는 문제들을 효과적으로 해결하느냐에 따라서 비즈니스의 가치가 결정된다. 스타트업이 지속 가능한 차별적 경쟁력을 갖기 위해서는 비즈니스 모델의 차별성, 기술력, 자금 확보 능력, 경쟁자, 인력, 마케팅 능력 등 다양한 부분을 해결하기 위한 로드맵을 만들고 추진해야 한다. 기업의 중점 분야에 대한 시장 현황과 추세, 협력 네트워크 등을 분석하고 경쟁력 여부를 판단해야 한다. 협력 네트워크에는 개인, 기업, 기관들도 포함할 수 있는데, 느슨한 네트워크가 아닌, 내 기업처럼 지원할 수 있는 긴밀한 네트워크를 말한다.

이 커머스$^{e\text{-}Commerce}$ 플랫폼 등 디지털 인프라의 영향력은 고객의 경험을 비즈니스에서 가장 중요하게 만들고 있다. 좋은 물건을 만드는 것은 기본(가격도 중요하다.)이다.

마케팅은 고객의 마음을 훔치는 것이다.

고객의 요구와 기대에 맞춘 맞춤형 경험을 제공하면서, 고객 만족도와 충성심을 높이는 것이 기업 경쟁력의 기본조건이다. 새로운 비즈니스는 빅데이터의 축적과 활용을 효율적으로 활용해야 한다. 기업은 정확한 데이터를 기반으로 시장 트렌드를 파악하고, 전략적 의사 결정을 해야 한다. 최근, 변화의 속도는 거의 기하급수적이다. 기업은 최신 기술을 도입(개발)하고, 이를 시장에서 경쟁력 있게 해야 한다. 첨단 기술이 시장에서 모두 경쟁력을 가지는 것은 아니다. 시장의 속도에 맞는 기술이 필요하고, 더 나아가서는 시장이 감탄하면서 즉시 사용하게 되는 기술이 더 경쟁력이 있다.

디지털 시대에는 조직의 변화 관리가 기업의 지속 경쟁력을 좌우하는 경우가 많다. 직원들이 디지털 전환 등 새로운 물결에 대한 적극적인 수용과 새로운 기술과 프로세스에 적응하고 항상 업그레이드할 수 있도록 하는 집단지성의 문화가 이루어져야 한다. 디지털 시대에 고객 정보 유출이나, 다양한 사이버 공격에 노출되는 경우 순식간에 기업의 존속을 어렵게 할 수 있다. 디지털 환경에서의 보안 강화와 개인정보 보호는 아무리 강조해도 지나치지 않다.

메타버스·핀테크 연구소는 향후 디지털과 직접 연관되어 있는 비즈니스 분야 10개를 선정하였는데 그 내용은 아래 표와 같다. 이러한 분야들은 디지털의 혜택을 최대한으로 활용할 수 있는 유망한 비즈니스 기회를 제공하며, 혁신적인 스타트업이 창업하기에 적합하다. 각 분야에서의 최신 트렌드와 시장 요구를 면밀히 분석하여 구체적인 비즈니스 모델을 구상하는 것이 중요하다. 그러나, 유망 비즈니스는 경쟁이 치열하고, 지속 가능한 경쟁력을 갖기까지 많은 자본이 소요될 수도 있다. 다양한 비즈니스 유형에서 강점이 있는 부분을 찾아내서 사업화하는 경우, 기업 여건을 고려한 철저한 준비와 노력이 필요하다.

[표 1-3] 디지털 관련 유망 비즈니스 분야

비즈니스 분야	비즈니스 유형	시장 추세
인공지능(AI) & 머신러닝	- AI 기반 데이터 분석 서비스 - 예측 분석과 의사 결정 지원 시스템 - 자연어 처리(NLP)를 활용한 챗봇 및 고객 지원 솔루션	기업들은 데이터에서 인사이트를 도출하고, 효율성을 높이며, 고객 경험을 개선하기 위해 AI 솔루션을 점점 더 많이 도입
클라우드 컴퓨팅과 서비스 (IaaS, PaaS, SaaS)	- 클라우드 인프라와 서비스 제공 - 클라우드 마이그레이션과 관리서비스 - 하이브리드와 멀티 클라우드 솔루션	많은 기업이 비용 절감, 유연성, 확장성을 이유로 클라우드로 전환
사이버 보안	- 위협 탐지 및 대응 서비스 - 데이터 보호 및 암호화 솔루션 - 보안 컨설팅 및 교육 서비스	디지털화가 진행됨에 따라 사이버 공격의 위험이 증가, 사이버 보안에 대한 수요가 급증
핀테크(Fintech)	- 디지털 뱅킹 및 결제 솔루션 - 블록체인 기반 금융 서비스 - 개인 재무 관리 및 투자 플랫폼	전통적인 금융 서비스가 디지털화되면서 핀테크 스타트업이 빠르게 성장
헬스테크 (Healthtech)	- 원격 의료 및 원격 진료 플랫폼 - 헬스케어 데이터 분석과 관리 솔루션 - 디지털 건강 모니터링 기기 및 앱	코로나19 팬데믹 이후 원격 의료 및 디지털 헬스케어 솔루션에 대한 수요가 급증
에듀테크 (Edtech)	- 온라인 교육 플랫폼 및 코스 제공 - 맞춤형 학습 솔루션, AI 튜터링 시스템 - 교육 데이터 분석 및 관리 도구	디지털 학습과 원격 교육의 수요가 증가함에 따라, 에듀테크 스타트업이 중요한 역할
사물인터넷 (IoT)	- 스마트 홈 및 스마트 시티 솔루션 - 산업 IoT 및 제조 자동화 시스템 - IoT 데이터 분석 및 관리 서비스	다양한 산업 분야에서 IoT를 통한 효율성 향상과 데이터 활용 확대 추세
전자상거래와 디지털 마케팅	- 맞춤형 전자상거래 플랫폼 개발 - 디지털 마케팅 자동화 및 분석 도구 - 소셜 미디어 기반 쇼핑 솔루션	소비자 행동이 온라인으로 급격히 전환되면서 전자상거래와 디지털 마케팅의 중요성 증가
그린테크와 지속 가능성	- 에너지 관리 및 최적화 솔루션 - 탄소 배출 모니터링 및 감소 기술 - 지속 가능한 농업과 식품 기술	환경 문제에 대한 인식이 높아지면서 지속 가능성 기술에 대한 수요가 증가
가상자산 (암호화폐)	- RWA기반 STO 솔루션 - NFT(Non-Fungible Token) 플랫폼 - 암호화폐 결제 솔루션	가상자산이 디지털 세계의 확장과 더불어 계속 성장

스타트업의 경우 적은 자본과 인력으로 시작하는 경우가 많다. 처음에는 작게 출발하여 점차 기업을 키워나가는 것도 하나의 방법이다. 작은 기업이 큰 기업으로 성장하기는 쉽지 않다. 어느 정도 경쟁력을 확보하면, 기업 인수, 합병 등 규모의 경제를 위한 노력도 중요하다. 우리는 초기 자본이 많이 들지 않으면서 시작할 수 있는 디지털 관련 비즈니스 유형을 아래 표와 같이 정리하였다.

[표 1-4] 디지털 관련 유망 비즈니스 분야 2

비즈니스 분야	비즈니스 유형	상세 내용
프리랜서 서비스	그래픽 디자인	로고, 브랜딩, 웹사이트 디자인 등
	카피라이팅	블로그 포스트, 웹 콘텐츠, 소셜 미디어 포스트 작성
	가상 비서	일정 관리, 이메일 처리, 고객 지원 등
라인 교육 및 코칭	온라인 강의	특정 주제에 대한 강의를 제작, 판매
	개인 튜터링	학생을 대상으로 한 과외, 시험 준비 등
	전문 코칭	경력 코칭, 건강 코칭, 라이프 코칭 등
소셜 미디어 관리	소셜 미디어 마케팅	기업의 소셜 미디어 계정을 관리하고, 콘텐츠를 제작
	광고 캠페인 관리	Facebook, Instagram, Google Ads와 같은 플랫폼에서 광고 캠페인을 관리
전자책 출판	특정 주제에 대한 전자책을 작성	플랫폼에 출판, 판매
블로그 및 유튜브 채널	콘텐츠 제작	스폰서십, 제휴 마케팅 등을 통해 수익 창출
드롭쉬핑 (Dropshipping)	플랫폼 내 온라인 스토어를 운영	제품을 직접 보유하지 않고, 주문이 들어오면 공급업체가 직접 배송
수공예품 제작, 판매	수제 비누, 초, 보석 등 수공예품을 제작	독창적인 제품을 유관 플랫폼에서 판매

이러한 비즈니스의 특징은 초기 비용이 거의 없으며, 주로 컴퓨터와 인터넷 연결, 플랫폼을 통한 판매 유형이다. 본인이 가진 지식과 전문성을 주로 판매하며, 대부분 재고를 보유할 필요도 없다. 그러나, 누구나 쉽게 접근할 수 있어 경쟁 또한 치열하다. 틈새시장을 공략할 수 있는 독창적인 아이디어가 있어야 하며, 고객 접근성을 확대하기 위한 노력이 요구된다. 꾸준한 노력과 창의적 접근이 있어야만 성장이 가능하다.

| 메타버스는 먼 미래의 일인가?

코로나와 함께 닥쳐온 강제적인 공간의 격리는 사회적 만남에 대한 갈증을 일으켰고, 이는 메타버스 열풍으로 이어졌다. 전 세계적인 격리 상태가 벗어나고, 예전과 같은 물리적 공간이 개방됨에 따라, 메타버스는 관심 밖으로 밀려 나가고 있다. 메타버스는 완벽한 디지털 세계다. 현실에서의 경험과 거의 같다는 뜻이다. 현실 세계가 오랜 역사를 통하여 형성되듯, 메타버스도 온전한 디지털 세계를 만들기 위해서는 더 발전된 기술, 인프라 등 다양한 요소가 톱니바퀴처럼 연결되어야 한다. 그런 면에서 우리는 설익은 감을 따 먹고 감의 맛은 떫다고 단정하고 있는지 모른다.

메타버스는 디지털 세계의 종착역이다.

한때 유행이었던 가상 토지 매입, 가상 점포, 회의, 토론을 할 수 있는 가상 공간 등의 수요는 많이 감소하였다. 교육이나, 건강, 게임 등은 그나마 계속 관심을 받고 있다. 디지털 세계가 제대로 운용되기 위해서는 상거래 결제가 쉬워야 한다. 그러나 여전히 암호화폐에 대한 규제가 많고, 기존 화폐는 디지털 환경에 진입하지 못한 상태다. 여기에 기술적인 한계와 관련 기술의 저렴한 상품화로 누구나 쉽게 접근하기까지는 시간이 필요하다.

메타버스는 완전한 몰입형 경험을 제공한다. 몰입형 경험을 위해서는 현실 세계와 동일한, 더 나아가 현실 세계를 넘어서는 감성과 감각을 느낄 수 있는 다양한 기술이 융합되어야 한다. 아래 그림은 메타버스가 작동하기 위한 기본적인 기술과 상호 연관성을 나타낸다.

[그림 1-2] 여러 기술 층위로 구성된 메타버스[12]

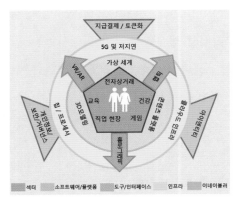

본 그림은 여러 기술 층위로 메타버스가 형성됨을 보여준다. 여기에 섹터는 최종 사용자가 상호 작용할 응용 프로그램의 분야이다. 소프트웨어와 플랫폼은 콘텐츠, 경험 및 응용 프

---

12) 출처 : BIS

로그램의 배포와 발견을 쉽게 하도록 만든다. 그리고 디인, 게임 엔진 및 AI를 포함한 3차원 경험 축을 위한 핵심 도구 세트가 포함된다. 접근 도구/인터페이스에는 장치 하드웨어, 구성 요소, 액세서리/주변 기기 및 인터페이스 계층의 일부인 운영 체제(OS)도 포함된다. 인프라는 메타버스를 구동하는 클라우드 컴퓨팅, 반도체, 네트워크 등의 구성 요소를 말한다. 이네이블러^{enabler}는 지급결제와 자산의 토큰화, 디지털 신원 관리 및 규제 거버넌스, 개인정보와 디지털 아이덴티티 등 메타버스 경제를 가능하게 하는 특정 도구들을 포함한다.[13]

메타버스를 향한 개별 기술들의 발전은 이어지고 있다. VR/AR, 햅틱, 홀로그래픽 기술은 글로벌 기업들에 의해 계속 정교화되고 있으며, 산업, 건설 분야를 중심으로 시장이 확대되고 있다.

---

13) The economic implications of services in the metaverse by Carlos Cantú, Cecilia Franco and Jon Frost, BIS Papers, No 144, 2024. 2.

[표 1-5] 몰입형 기술의 글로벌 리더[14]

몰입형 기술	비즈니스 유형	상세 내용
VR	Oculus (Meta Platforms Inc.)	고해상도 디스플레이, 고급 트래킹 기술, 소비자와 기업 시장
	HTC Vive	고품질 VR 경험, 유선 및 독립형 솔루션, 게임 및 전문 애플리케이션에 사용
AR	Microsoft HoloLens	고급 센서, 홀로그래픽 처리, 디지털과 물리적 세계의 원활한 통합, 기업용 AR
	Magic Leap	혁신적인 웨이브가이드(waveguide) 광학, 경량 디자인, 의료, 제조, 디자인 분야의 기업용 애플리케이션
햅틱	Immersion Corporation	터치 피드백(touch feedback) 전문, 모바일 기기, 게임 컨트롤러, 자동차 인터페이스에 사용
	HaptX	마이크로플루이딕(Microfluidic) 기술, 촉각 감각의 정밀 제어, 훈련, 시뮬레이션, 원격 조작에 응용
홀로그램	Vuzix Corporation	스마트 글래스, 웨이브가이드 광학, 고급 홀로그램 디스플레이, 디지털 콘텐츠의 원활한 통합
	Light Field Lab	SolidLight 플랫폼, 매우 현실적인 홀로그램, 엔터테인먼트, 광고, 디자인에 응용 가능성

　　모든 현실 세계를 디지털화할 수는 없다. 미래에 예상되는 일이나, 우리가 가보지 못한 장소를 경험할 수는 있지만, 메타버스에서 실제 식사를 하고 영양분을 채울 수는 없다. 메타버스는 현실 세계와 디지털 세계를 연결하지만, 현실 세계 없는 디지털 세계는 상상하기 어렵다. 그럼에도 오감(五感)을 포함하여 현실 세계를 디지털 세계로 옮기려는 인간의 욕망은 계속된다. 시각, 청각, 촉각은 몰입형 기술로 다양하게 발전

---

14) 출처 : 각 사 홈페이지, 저자 작성

하고 있지만, 후각과 미각은 아직 갈 길이 멀다. VR 기기 등과 융합하여 특정 상황에 맞는 다양한 향기를 전달하는 기술이 나와 있지만, 가격이 비싸고 대중화까지는 좀 더 기다려야 한다. 맛을 인식하고 분석하는 전자 장치인 전자 혀^{Electronic Tongue}는 상용화되었지만, 기업에서 맛을 테스트하는 장치이다. VR에서 가상 음식을 맛볼 수 있는 기술인 가상 미각^{Virtual Taste}은 아직 연구 단계에 있다.

[그림 1-3] 디지털 향기와 전자 혀¹⁵⁾

현실 세계를 옮기는 다양한 디지털 기술들이 융합하면서, 언제 어디서나 끊김이 없이 이어지고, 누구나 접근할 수 있게 되면 디지털 세계는 성큼 다가올 수 있다. 그러면, 우리를 제한하고 있는, 시간과 공간의 범위도 확장될 것이다. 메타버스는 지금도 나아가고 있으며, 메타버스의 현실화도 먼 미래의 일만은 아니다.

---

15) 출처: (좌) Olorama 홈페이지 (우) Insent 홈페이지

Haptic 햅틱

haptesthai"라는 그리스어에서 유래한 단어로 촉각을 뜻하며 촉각이란 사람의 피부, 근육, 힘줄Tendon 및 관절 등에서 외부의 기계적, 열적, 화학적 전기적 자극으로부터 느끼는 모든 감각을 의미. 촉각은 촉감(Tactile sense), 역감(Kinesthetic sense)의 두 가지가 있음. (TTA)

Head Mounted Display(HMD) 헤드 마운티드 디스플레이

머리에 착용하는 디스플레이 장치

Holography 홀로그래피

두 개의 렌즈가 서로 만나 일으키는 빛의 간섭 현상을 이용하여 입체 정보를 기록하고 재생하는 기술. 또한 홀로그램Hologram은 그 기술로 촬영된 것을 의미.(위키피디아)

Rendering tech 렌더링 기술

사용자에게 고해상도, 고화질의 현실감 있는 콘텐츠를 제공하기 위한 기술 렌더링은 응용 프로그램을 통해 모델에서 2차원 또는 3차원 이미지를 생성하는 과정. 렌더링은 주로 건축 디자인, 비디오 게임, 애니메이션 영화, 시뮬레이터, TV 특수 효과 및 디자인 시각화에 사용됨. (Techopedia)

Microfluidic Tech, 미세 유체 기술

수십에서 수백 마이크로미터 크기의 작은 채널을 사용하여 소량의 유체를 조작하는 기술, 랩온어칩(lab-on-a-chip)의 상용화에 기초가 되는 기술

Solid Light (hard light) 고체 빛, 단단한 빛

고체 상태의 빛으로 이루어진 가상의 물질, 고체 빛이 존재할 수 있다는 이론이 있음.

Touch Feedback 촉각 피드백

전자 장치의 사용자 또는 조작자에게 정보를 전송하기 위해 높은 진동 패턴과 파동이 사용될 때 발생하는 일.

Tracking Tech 추적 기술

기기를 착용한 사용자의 머리, 손, 눈동자 등의 움직임에 따라서 사용자에게 적절한 영상정보를 제공하는 기술. 추적 기술은 사용자가 방문하는 웹 사이트, 사이트에 얼마나 오래 소비되는지, 사용자의 위치는 무엇인지, 장치의 IP 주소는 무엇인지 등 개인과 인터넷 및 온라인 서비스 사용에 대한 정보를 수집하는 데 사용되는 온라인 방법으로 쿠키, 모바일 SDK, 브라우저 캐시, 고유 식별자, 웹 비콘, 픽셀 등이 해당.

Waveguide 도파관(導波管)

속이 빈 금속판으로 만든 마이크로파 전송로.

인공지능(AI),
변화의 중심에 서다

AI는 현대 사회에서 가장 혁신적이고 영향력 있는 기술 중 하나로 자리 잡았다. AI 기술은 우리의 생활 방식을 변화시키고 있으며, 개인과 기업, 그리고 조직 전반에 걸쳐 광범위한 영향을 미치고 있다.

앨런 튜링은 "기계가 생각할 수 있을까?"라는 질문을 던지며, AI의 가능성을 처음으로 제시했다. 그는 "나는 생각할 수 있는 기계가 결국 사람과 구별할 수 없게 될 것이라고 믿는다"라고 말했다. 이 말은 AI의 잠재력을 강조하며, 현재 우리가 경험하고 있는 AI의 발전을 예견한 것이기도 하다. 일론 머스크는 AI의 위험성을 경고하며 "AI는 우리가 직면한 가장 큰 존재론적 위협 중 하나입니다"라고 말했다. 이는 AI의 윤리적, 사회적 영향을 깊이 고민해야 함을 시사한다.

개인의 관점에서 AI는 스마트 기기와 음성 비서, 자동화된 가정 기기를 통해 생활의 편리성을 높이고, 추천 시스템과 개인화된 건강 관리를 통해 맞춤형 경험을 제공한다. 또한, AI 기반의 교육 도구는 개인의 학습을 지원하고, 교육의 질을 향상하고 있다.

기업과 조직의 관점에서 AI의 자동화된 데이터 분석, 고객 서비스 챗봇, 자율주행 기술, 금융 분석 도구 등은 업무 효율성을 극대화하고, 혁신적인 비즈니스 모델을 창출하며, 데이터 기반의 의사 결정을 가능하게 하여 경쟁력을 강화한다.

오늘날 우리는 매일 뉴스와 광고 등 일상생활 속에서 'AI'라는 단어를 접하지 않은 날이 없을 정도로 AI 세상 속에서 살고 있다. 어떤 경제 주체는 이를 기회로 생각하고, 또 다른 주체는 뒤처지고 있다는 두려움, 일자리와 사업 기반의 위협 등 막연한 불안함을 느끼고 있다. AI의 대중화와 활성화는 우리에게 새로운 도전을 주고 있다.

ChatGPT 서비스가 2022년 11월 30일에 출시되면서 전 세계적으로 엄청난 반향을 일으켰다. 출시 두 달 만에 이 플랫폼은 전 세계적으로 1억 명 이상의 활성 사용자를 확보했으며, 이는 어떤 플랫폼보다 훨씬 빠른 속도였다. 사용자들은 다양한 분야에서 ChatGPT의 기능을 활용하기 시작했다. ChatGPT는 우리 모두에게 익숙한 대화형 인터페이스로 되어 있고, 다국어 번역이 쉬우며, 빠른 속도로 요청 내용의 결과를 피드백 해주고 있다. ChatGPT는 일반인들도 AI를 쉽게 사용할 수 있는 지평을 열고 본격적으로 AI 서비스의 활성화 시대를 열었다는 점에서 AI 역사에서 한 획을 그었다고 생각한다.

이 글은 전 세계적으로 모든 변화의 흐름에 영향을 미치는 AI가 어떻게 중심에 서 있는지를 여러 관점에서 바라보고 있다. AI는 현대 사회의 패러다임을 근본적으로 바꾸고 있지만, 아직은 갈 길이 멀다. AI에 대한 디스토피아적인 생각도 많다. 그러나, AI에 대한 이해와 체계적인 준비를 통해 미래를 준비한다면, AI가 인류의 많은 문제를 해결하는 데 중요한 기술로 다가올 수 있다.

| AI, 우리 생활에 가까이 오다.

　　ChatGPT 서비스가 2022년 11월 30일에 출시되면서 전 세계적으로 엄청난 반향을 일으켰다. 이 플랫폼은 전 세계적으로 1억 명 이상의 활성 사용자를 확보하는 데 걸린 시간은 2개월에 불과했다. 이는 다른 플랫폼 혁신보다 훨씬 빠른 속도였다. ChatGPT는 우리 모두에게 익숙한 대화형 인터페이스로 되어 있고, 다국어 번역이 쉬우며, 빠른 속도로 요청 내용에 답변하고 있다. ChatGPT는 산업 분야와 개인들도 AI를 쉽게 사용할 수 있는 새로운 시대를 열었다.

[그림2-1] 플랫폼이 1억 명 사용자까지 걸린 개월 수[1]

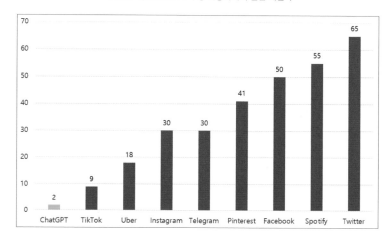

AI에 대한 기본 이해와 특성

지능[intelligence]은 '한 개인이 문제에 대해 합리적으로 사고하고 해결하는 인지적인 능력과 학습 능력을 포함하는 총체적인 능력'이다. 'AI는 인간의 학습 능력, 추론 능력, 지각 능력을 인공적으로 구현하려는 컴퓨터 과학의 세부 분야 중 하나로 정보공학 분야에 있어 하나의 인프라 기술이기도 하다. 인간을 포함한 동물이 가진 지능 즉, 자연 지능[natural intelligence]과는 다른 개념이다.

---

1) 출처 : IMF

ChatGPT에게 "AI는 무엇인가?"라는 내용을 질문하면 "AI의 정의는 다양하게 설명될 수 있으며, 그 의미와 범위는 기술 발전과 함께 계속 변화하고 있다"라고 하면서 AI를 다음과 같이 정의한다. 첫째, 기계나 소프트웨어가 인간의 지능적인 행동을 모방하거나 수행할 수 있는 능력으로, 여기에는 학습, 추론, 문제 해결, 인식, 자연어 이해 및 생성, 의사 결정 등이 포함된다. 둘째, 컴퓨터 시스템이 인간과 유사한 인지 기능을 구현하는 기술로써 이는 데이터를 기반으로 학습하고, 패턴을 인식하며, 복잡한 작업을 수행할 수 있도록 하는 알고리즘과 모델 개발을 포함한다. 셋째, 자율적으로 행동하고 적응할 수 있는 시스템으로 자료를 수집하고, 이를 바탕으로 행동을 조정하며, 시간이 지나면서 성능을 향상할 수 있는 시스템을 의미한다.

여기서 굳이 지능과 AI의 정의를 말하는 이유는 AI가 답변하는 정의가 현재까지 AI가 도달한 수준과 능력을 가늠해 볼 수 있기 때문이다. 이 정의 중 관심을 끄는 단어는 '추론', '인간과 유사한 인지 기능의 구현 기술'과 '자율적으로 행동하고 적응할 수 있는 시스템'이다. 일반적으로 인간은 AI와 달리 자아, 의식, 감정, 직관, 창의성 등의 특성이 있다고 한다. 그런데 AI 기술은 어느새 인간의 특성이라는 영역에까지 도달하고 있다. 물론 AI는 사소한 사물의 차이를 식별하기 위해서도 복잡한 알고리즘과 많은 데이터를 통한 학습이 필요하다는 점에서 한계는 있다. 시간이 흐르고 AI 기술이 발전하더라도 상황과 맥락을 이해하고, 문제를 해결하는 의사 결정은 AI가 인간을 능가하기는 쉽지 않다.

AI는 이제 영화 속 공상과학의 일부가 아닌, 우리 일상생활의 일부분이 되었다. 스마트폰의 음성 인식 서비스, 맞춤형 콘텐츠 추천 시스템, 자율 주행 자동차 등은 그 대표적인 예이다.

스마트폰은 AI 기술을 가장 가까이에서 체험할 수 있는 도구이다. 음성 인식 서비스인 시리, 구글 어시스턴트, 알렉사 등은 사용자의 음성을 인식하고 이해하여 다양한 명령을 수행한다. 즉, 날씨를 알려 주고, 메시지를 보내며, 음악을 재생하는 등 일상적인 작업을 손쉽게 처리할 수 있게 해준다.

맞춤형 콘텐츠 추천 시스템은 AI가 어떻게 우리의 선호도를 분석하고, 개인화된 경험을 제공하는지를 보여준다. 넷플릭스, 유튜브, 스포티파이 등의 플랫폼은 사용자의 시청 기록, 검색 기록 등을 분석하여 개인의 취향에 맞는 콘텐츠를 추천하고 있다. 이러한 시스템은 AI의 데이터 분석 능력을 활용하여 사용자에게 더 나은 경험을 제공한다.

자율 주행 자동차는 AI 기술이 가져올 미래의 한 단면을 보여준다. 자율 주행 기술은 차량이 도로 상황을 인식하고, 주변 환경을 분석하여 스스로 운전하는 것을 가능하게 한다. 이는 교통사고를 줄이고, 운전자의 피로를 덜어주며, 교통 체증을 완화하는 데 도움을 준다. 현재 전 세계 여러 국가에서 자율주행 차량의 상업적 서비스가 진행되고 있다. 주요 국가로는 미국, 중국, 일본, 독일, 영국, 싱가포르, 한국, 네덜란드,

스웨덴, 프랑스, 스페인, 캐나다, 그리고 호주가 있으며 특히, 중국은 베이징, 상하이, 우한, 선전 등 여러 주요 도시에서 자율 주행 택시 서비스를 운영하고 있으며, 바이두의 아폴로 고(Apollo Go)와 알리바바가 지원하는 오토X(AutoX) 등이 있다. 머지않아 우리의 도로 위에서 흔히 볼 수 있을 전망이다.

이 외에도 AI는 헬스케어, 금융, 교육 등 다양한 분야에서 우리의 삶을 변화시키고 있다. 헬스케어 분야에서는 질병 진단, 치료 계획 수립, 환자 모니터링 등에 AI가 활용되고 있으며, 이는 의료 서비스의 질을 향상하고 있다. 금융, 교육, 산업도 마찬가지다. 이에 대해서는 별도의 장에서 설명한다.

생성형 AI가 있기까지

우리는 오래전부터 누군가가 인간을 뛰어넘고, 시간과 공간을 가로지르며, 우리가 불가능하다고 생각하는 일들을 우리 가까이에서 처리하는 존재를 생각해 왔다. 신화 속의 요정들, 동양에서 등장하는 하늘의 선녀, 소설 속 피터 팬의 친구인 팅커벨 등 다양하다. 이러한 바람을 '우리가 직접 만들 수 있지 않을까' 하는 대담한 생각에서 AI는 출발했을 수 있다. 전쟁은 새로운 기술의 전시장이다. 2차 대전을 겪으면서, 기술에 대한 낙관적 전망이 널리 퍼진 1950년, 앨런 튜링Alan Turing은 기계가 지능적으로 행동할 수 있는지에 대한 질문을 제기하며, '튜링 테스트$^{Turing\ Test}$'라는 개념을 도입했다. 이 테스트는 기계가 인간과 구별되지 않는 방식으로 대화를 나눌 수 있는지를 평가하는 방법으로, AI 연구의 기초가 된다. 1956년 다트머스 회의$^{Dartmouth\ Conference}$에서 'Artificial Intelligence'라는 용어가 처음 사용되었다. 이 회의는 AI 연구의 출발점으로 여겨지며, 연구자들은 기계가 인간처럼 생각하고 학습할 방법을 모색하기 시작한다.

1960년대와 1970년대에는 기계 학습과 신경망에 관한 연구가 활발히 진행되었다. 프랭크 로젠블래트$^{Frank\ Rosenblatt}$는 1957년에 퍼셉트론^{Perceptron}이라는 초기 신경망 모델을 개발하였으며, 이는 단순한 패턴 인식 문제를 해결할 수 있었다. 그러나 당시의 컴퓨팅 파워와 데이터 부족으로 인해 더 복잡한 문제를 해결하는 데는 한계가 있었다.

1970년대 말과 1980년대 초, AI 연구는 'AI의 겨울$^{AI\ Winter}$'이라고 할 수 있는 침체기를 겪었다. 왜냐하면 기대에 미치지 못하는 성과와 과도한 기대치로 인해 연구 자금이 줄어들고, AI 연구가 정체되는 시기였다.

1980년대에는 전문가 시스템$^{Expert\ Systems}$이 주목받았다. 전문가 시스템은 특정 도메인의 지식을 규칙 기반으로 프로그래밍하여, 전문가의 결정을 모방하는 시스템이다. 대표적인 사례로, 마이신^{MYCIN}이라는 의료 진단 시스템이 개발되었으며, 이것은 특정 질병을 진단하고 치료 방안을 제시할 수 있었다. 그러나 이 시스템은 지식의 수동 입력과 업데이트의 어려움 때문에 발전에는 한계가 있었다.

1990년대와 2000년대 초, 황의 법칙으로 유명한 반도체 기술의 전쟁과 컴퓨터의 발전은 컴퓨팅 파워를 가속화하고, 네트워크의 네트워크인 인터넷의 세계화는 빅데이터 시대를 열기 시작한다. 이러한 기술의 변화로 인하여 머신러닝(기계 학습)이 다시 주목받기 시작한다. 머신러닝은 데이터로부터 학습하여 패턴을 인식하고 예측 모델을 구축하는 방법이다.

특히, 지도 학습^{Supervised Learning}과 비지도 학습^{Unsupervised Learning}기법이 발전하면서, 머신러닝은 음성 인식, 이미지 인식, 자연어 처리 등 다양한 분야에서 성공적으로 적용되었다. 구글, 페이스북, 아마존 등 주요 IT 기업들은 대규모 데이터를 활용하여 자사 서비스에 머신러닝을 도입하기 시작했다.

머신러닝의 세 가지 주요 범주

1. 지도 학습(Supervised Learning)
이는 알고리즘이 주어진 입력과 출력 데이터 쌍을 학습하여 새로운 입력 데이터에 대한 예측을 한다. 예를 들어, 이미지에 라벨을 붙여주는 이미지 분류 작업이 지도 학습의 하나의 사례이다.

2. 비지도 학습(Unsupervised Learning)

알고리즘이 라벨 없이 데이터의 구조를 학습하는 것을 말한다. 클러스터링(Clustering)과 같은 비지도 학습 방법은 데이터의 자연스러운 그룹을 발견하는 데 사용되고 있다.

3. 강화 학습(Reinforcement Learning)

이는 알고리즘이 환경과 상호작용하며 보상을 최대화하는 행동을 학습한다. 자율 주행 자동차와 같은 분야에서 강화 학습이 사용된다.

2010년대에는 딥러닝^{Deep Learning}이 AI 연구의 중심으로 떠올랐다. 딥러닝은 다층 신경망을 사용하여 데이터로부터 고차원적인 특징을 학습하는 머신러닝의 한 분야이다. 딥러닝의 발전은 뇌 신경과학의 발전과 궤를 같이한다. 특히, 이미지 인식 분야에서 획기적인 성과를 거두며, 컴퓨터 비전^{Computer Vision} 분야를 선도한다. 구글의 알파고와 이세돌의 바둑 대결은 전 세계에 AI에 대한 새로운 기대를 불러일으켰다. 딥러닝의 성공은 주로 컴퓨팅 파워의 향상과 GPU(Graphic Processing Unit)의 발전, 그리고 대규모 데이터 세트의 확보 덕분이었다. 딥러닝은 음성 인식, 자연어 처리, 자율 주행 등 다양한 분야에서 두각을 나타내기 시작한다.

딥러닝의 종류

1. 컨볼루션 신경망(CNN, Convolutional Neural Network)은 주로 이미지 인식에 사용되며, 이미지의 공간적 계층 구조를 학습하는 데 효과적이다.

2. 순환 신경망(RNN, Recurrent Neural Network)은 시퀀스 데이터를 처리하는 데 사용되며, 자연어 처리, 음성 인식 등에서 활용된다. LSTM(Long Short-Term Memory)과 GRU(Gated Recurrent Unit)와 같은 변형 모델이 있다.

3. 생성적 적대 신경망(GAN, Generative Adversarial Network)은 두 개의 신경망이 경쟁하며 학습하는 방식으로, 이미지 생성, 데이터 증강 등에 사용된다.

AI는 복잡한 알고리즘과 고도화된 기술의 결합을 통해 만들어진다. AI의 발전을 위하여 다양한 기술과 도구가 사용되고 있다. 이들이 결합하여 현재 우리가 누리는 AI 서비스가 가능하다. AI를 구현하는 핵심 기술과 도구는 머신러닝, 딥러닝외에 자연어 처리가 생성형 AI와 함께 크게 주목받고 있다.

자연어 처리(NLP, Natural Language Processing)는 인간의 언어를 이해하고 생성하는 AI 기술이다. 자연어 처리는 AI와 대화가 가능하여 실시간 상호 작용으로 대량의 문서를 자동으로 처리하고, 정보 검색과 추출, 언어 번역 등에서 강점이 있어 AI의 활용과 효율성을 높인다. 자연어 처리 기술에는 토큰화^{Tokenization}, 워드 임베딩^{Word Embedding}, 트랜스포머^{Transformer} 등 계속 발전하고 있다. 토큰화는 텍스트를 개별 단어 또는 문장으로 분리하는 과정이며, 워드 임베딩은 단어를 벡터 형태로 변환하여 의미적 유사성을 반영하는 방법으로 워드2벡^{Word2Vec}, 글로브^{GloVe} 등이 대표적이다. 트랜스포머는 시퀀스 데이터를 병렬로 처리하여 높은 성능을 보이는 모델로, 구글의 BERT, 오픈 AI의 GPT-3 등이 트랜스포머 기반 모델이다.

[표 2-1] AI의 발전 과정[2)]

시대	발전	설명
1950년	앨런 튜링의 논문	"컴퓨터 기계와 지능" 발표, 튜링 테스트 개념 제시
1956년	다트머스 회의	"AI" 용어 등장, AI 연구의 공식적인 시작
1960년대	초창기 AI 프로그램	엘리자(ELIZA)와 같은 초기 챗봇 개발, 기본적인 규칙 기반 시스템
1970년대	AI의 겨울	연구 자금 감소와 과도한 기대치로 인해 발전 속도 둔화
1980년대	전문가 시스템	특정 도메인 지식을 이용한 전문가 시스템 개발
1990년대	기계 학습의 부상	패턴 인식과 데이터 마이닝, 기계 학습 알고리즘의 발전
1997년	딥 블루 vs 카스파로프	IBM의 딥 블루, 체스 챔피언 가리 카스파로프를 이김
2000년대	데이터와 컴퓨팅 파워 증가	대규모 데이터 세트와 향상된 컴퓨팅 능력
2012년	딥러닝의 부상	이미지넷 챌린지에서 딥러닝 모델(알렉스넷) 성능 혁신
2014년	생성적 적대 신경망(GAN)	두 신경망이 경쟁하며 서로의 성능을 향상시킴
2016년	알파고 vs 이세돌	구글 딥마인드의 알파고, 바둑 챔피언 이세돌을 이김
2017년	Transformer 모델	"Attention Is All You Need" 논문, 트랜스포머 모델 도입
2020년	GPT-3	OpenAI, 대규모 언어 모델 GPT-3 발표
2022년	ChatGPT 출시	OpenAI, 대화형 AI 모델 ChatGPT 출시
2023년	생성형 AI의 발전	다양한 기업들이 생성형 AI 도구 출시, AI의 다양한 응용 분야 확장

---

2) 출처 : 저자 작성

| AI는 무엇을 할 수 있을까?

AI가 현재까지 드러난 특성을 보면, 첫째는 지능의 확장이다. AI는 인간의 지적 능력을 확장하는 도구로서 중요한 역할을 하고 있다. 예를 들어, 체스와 바둑 같은 전략 게임에서 인간 챔피언을 능가하는 AI 프로그램이 등장했다. 딥마인드의 알파고^{AlphaGo}는 바둑에서 이세돌 9단을 이기며, 인간의 지능을 넘어서는 AI의 가능성을 입증하기도 했다. 이러한 성과는 단순히 게임에서의 승리를 넘어서, 복잡한 문제 해결과 패턴 인식 능력에서 AI가 인간의 한계를 뛰어넘을 수 있음을 보여준다.

둘째, 방대한 데이터 처리 능력의 확장이다. 현대 사회는 매일 쏟아져 나오는 막대한 양의 데이터로 넘쳐나고 있다. 인간이 이러한 자료를 수집하여 분석하고 유의미한 정보와 정보 속의 인사이트를 도출하는 데에는 한계가 있다. 그러나 AI는 기하급수적으로 증가하는 데이터를 빠르게 처리하고 분석할 수 있는 능력을 갖추고 있다. 예를 들어, 구글의 AI는 수많은 연구 논문과 데이터를 분석하여 새로운 약물을 개발하거나 질병의 치료법을 찾는 데 사용되고 있다. 이는 인간이 개별적으로 분석하기에는 너무 방대한 데이터를 효율적으로 활용하는 방법을 제공하여, 의료 분야의 혁신을 가능하게 한다.

셋째, 창의성의 확대이다. 앞서 인간과 AI의 차이 특성에서 언급하였지만, 창의성은 오랫동안 인간의 고유 영역으로 여겨져 왔다. 그러나 AI는 이제 창의성의 영역에서도 두각을 나타내고 있다. 예술과 음악에서 AI는 새로운 작품을 창작하고, 인간과 협력하여 창의적인 결과물을 만들어내고 있다. 예를 들어, 오픈 AI의 GPT-3는 복잡한 문장을 생성하고, 소설을 쓰며, 심지어 시를 짓는 데에도 사용된다. 또한, AI 기반의 예술 프로그램은 독특한 그림과 디자인을 창작하여 인간 예술가들과 협업하고 있다.

넷째, 반복적인 업무의 자동화 실현이다. 반복적이고 단순한 작업은 인간에게 지루함과 피로를 안겨준다. AI는 이러한 작업을 자동화함으로써 인간이 더 창의적이고 고차원적인 업무에 집중할 수 있게 한다. 예를 들어, 제조업에서는 로봇이 조립 공정에서 반복적인 작업을 수행하고, AI가 품질 검사를 통해 제품의 결함을 빠르게 찾아내는 시스템으로 운영한다. 이러한 자동화는 생산성을 높이고, 인간이 더 의미 있는 일에, 시간을 활용할 수 있도록 한다.

다섯째, 인간의 일에 AI의 적극적인 활용[3]이다. 인간과 AI와의 협력이라는 표현도 있는데, 이 표현은 AI와 인간이 (동등한) 대화 상대임을 인정하는 표현으로 생각한다. 우리는 AI를 인간이 활용하는 최첨단 기술의 하나로 바라본다.

AI는 인간의 능력을 대체하는 것이 아니라, 보완하고 확장하는 방향으로 발전하고 있다. 예를 들어, 의료 분야에서 AI는 의사들이 진단을 내리고 치료 계획을 세우는 데 도움을 준다. IBM의 왓슨[Watson]은 환자의 의료 기록과 최신 연구 자료를 분석하여 의사에게 최적의 치료법을 제안한다. 이는 의사들이 더 정확한 진단을 내리고, 환자들에게 더 나은 치료를 제공할 수 있도록 돕는 것이다.

---

3) 인간과 AI와의 협력이라는 표현도 있는데, 이 표현은 AI와 인간이 (동등한) 대화 상대임을 인정하는 표현으로 생각한다. 우리는 AI를 인간이 활용하는 최첨단 기술의 하나로 바라본다.

[표 2-2] AI 활용 사례

분야	설명	사례
데이터 분석과 예측	AI는 방대한 양의 데이터를 분석하고, 패턴을 찾아내어 예측을 수행하는 데 탁월하며 머신러닝과 딥러닝 알고리즘은 대규모 데이터셋을 처리하고, 미래의 경향을 예측하거나 숨겨진 인사이트를 발견하는 데 사용	금융 기관에서 AI를 사용하여 시장 동향 분석, 주식 가격 예측, 리스크 관리 전략 수립. 금융 사기 탐지에도 활용
음성 인식	AI는 인간의 음성을 인식하고 이해하여, 음성 명령을 처리하는 데 매우 유용하며, 음성 인식 기술은 스마트폰, 스마트 스피커 등 다양한 기기에 적용되어 사용자와의 상호작용 가능	애플의 시리(Siri), 아마존의 알렉사(Alexa), 구글 어시스턴트(Google Assistant) 등이 음성 명령을 인식하여 날씨 정보 제공, 메시지 전송, 음악 재생 등의 작업을 수행
자연어 처리	자연어 처리(NLP) 기술은 인간의 언어를 이해하고 생성하는 데 사용되며, NLP는 텍스트 분석, 자동 번역, 챗봇 등 다양한 응용 분야에서 활용	• 구글 번역(Google Translate)은 여러 언어 간의 번역을 실시간으로 제공. • 고객 서비스 챗봇은 사용자의 질문에 자동으로 응답하여 효율적인 고객 지원을 제공
이미지 인식	AI는 이미지 인식 기술을 통해 이미지나 비디오에서 객체를 식별하고 분류할 수 있으며, 보안, 의료, 자율 주행 등 다양한 분야에서 중요한 역할	• 페이스북의 사진 태그 기능은 사진 속 인물을 자동으로 인식하고 태그 • 의료 분야에서는 AI가 X-ray, MRI 등의 의료 영상을 분석하여 질병을 조기에 발견하고 진단하는 데 기여
자율 주행	AI는 자율 주행 기술의 핵심이며, 자율 주행 차량은 AI를 통해 도로 상황을 실시간으로 분석하고, 안전하게 주행할 수 있도록 지원	테슬라(Tesla)의 자율 주행 시스템은 AI를 사용하여 차량이 스스로 주행 경로를 계획하고, 도로 위의 장애물과 다른 차량을 인식하여 안전한 운전 지원 가능
맞춤형 추천 시스템	AI는 사용자 데이터를 분석하여 개인화된 추천을 제공할 수 있으며, 전자상거래, 스트리밍 서비스, 소셜 미디어 등 다양한 플랫폼에서 사용	• 넷플릭스(Netflix)는 사용자의 시청 기록을 분석하여 개인 맞춤형 콘텐츠를 추천 • 아마존(Amazon)은 고객의 구매 이력을 기반으로 관련 상품을 추천하여 구매를 유도

의료 진단과 치료	AI는 방대한 의료 데이터를 분석하여 질병을 진 단하고, 치료 방안을 제시하는 데 사용	• IBM의 왓슨(Watson)은 암 진단과 치료에 필요한 정보를 제공하여 의사들이 맞춤형 치 료 계획을 수립하는 데 기여 • AI 기반의 의료 챗봇은 초기 진단을 수행하 고 의료 상담을 제공
창의적 작업	AI는 예술, 음악, 문학 등 창의적인 작업에서도 활용될 수 있으며, AI는 새로운 아이디어를 생성하 고, 예술 작품을 창작하는 데 기여	• AI는 음악 작곡 소프트웨어에서 새로운 곡을 작곡하거나, 미술 작품을 생성하는 데 사용 • 오픈AI의 GPT-3는 인간과 유사한 글을 생 성하여 문학 작품을 쓰는 데 활용

AI와 빅데이터의 융합

빅데이터 분석은 오늘날 AI와 함께 가장 중요한 기술 중 하나로, 방대한 양의 데이터를 분석하여 의미 있는 인사이트를 도출하는 과정이다. 데이터 기반의 의사 결정은 직관이나 경험에 의존하면서 나타나는 편향성을 극복할 수 있다. 빅데이터 분석을 통해 조직은 정확하고 신속한 결정을 내릴 수 있다. 이는 마치 어두운 밤에 지도와 나침반을 사용하여 길을 찾는 것과 같다. 정확한 데이터 분석은 불확실성을 줄이고, 보다 효율적이고 효과적인 의사 결정을 지원한다.

또한, 대규모 데이터를 분석하면 숨겨진 패턴과 트렌드를 발견할 수 있다. 이는 새로운 기회와 문제점을 식별하는 데 도움이 된다. 예를 들어, 소매업에서는 고객의 구매 패턴을 분석하여 판매 전략을 최적화할 수 있고, 금융업에서는 시장 동향을 파악하여 리스크를 줄일 수 있다. 고객 데이터를 분석하여 맞춤형 서비스를 제공할 수 있는 것도 빅데이터 분석의 큰 장점이다. 이는 고객 만족도와 충성도를 높일 수 있다. 넷플릭스는 시청 기록을 분석하여 개인 맞춤형 콘텐츠를 추천함으로써 사용자 경험을 향상한다. 이러한 맞춤형 서비스는 고객에게 더욱 특별한 경험을 제공하며, 기업은 충성도 높은 고객을 확보할 수 있는 기회를 제공한다. 마지막으로, 운영 데이터를 분석하여 비효율적인 프로세스를 식별하고 개선할 수 있다. 이는 비용 절감과 생산성 향상을 가져온다. 제조업에서는 생산 라인의 데이터를 분석하여 병목 현상을 파악하고, 이를 개선함으로써 생산 효율을 극대화할 수 있다.

"데이터는 21세기의 석유다"라는 말이 있다. 이 말은 데이터가 현대 경제에서 얼마나 중요한지를 강조하는 비유이다. 석유가 산업 혁명 이후 경제의 핵심 자원으로 자리 잡았듯이, 데이터 역시 디지털 시대의 핵심 자원으로 부상하고 있다. 빅데이터 분석을 통해 이러한 데이터를 효율적으로 활용하면, 우리는 보다 나은 미래를 설계할 수 있다.

빅데이터 분석은 단순히 데이터를 해석하는 것을 넘어서, 데이터를 통해 미래를 예측하고 새로운 길을 개척하는 데 중요한 도구이다. 마치 항해자가 별을 보고 항로를 정하듯, 우리는 빅데이터를 통해 우리의 방향을 정하고 나아가야 할 길을 찾아야 한다. 빅데이터 분석의 잠재력을 최대한 활용하는 것이야말로, 미래의 경쟁력과 혁신을 결정짓는 열쇠가 될 수 있다. 그러나, 시간의 흐름은 데이터의 유효성을 변화시킨다는 점을 고려해야 한다. 빅데이터 분석을 하여 미래 예측 등 다양한 통찰을 얻을 수 있지만, 판단은 인간 자신의 몫이다.

[표 2-3] 빅데이터 분석의 적용 사례[4]

분야	설명	사례	효과
소매업	아마존은 고객의 과거 구매 데이터, 검색 기록, 장바구니 내용 등을 분석하여, 고객이 구매할 가능성이 높은 상품을 미리 인근 물류센터로 배송	아마존의 예측 배송 시스템	고객 만족도 향상, 배송 시간 단축으로 경쟁 우위 확보
금융 서비스	핀테크 스타트업은 빅데이터 분석을 통해 고객의 투자 성향, 재정 상태, 목표 등을 분석하여 최적의 투자 포트폴리오를 제안하는 로보 어드바이저 서비스를 제공	핀테크 스타트업의 맞춤형 금융 서비스	고객은 개인화된 투자 전략을 통해 재정 관리 향상, 핀테크 기업은 고객 만족도와 성장 촉진
의료	여러 나라와 기관은 스마트폰 위치 데이터와 신용카드 사용 데이터를 분석하여 확진자의 이동 경로를 추적하고, 접촉자를 신속하게 파악하여 격리 조치	코로나1 팬데믹 대응	바이러스 확산 효과적 통제, 신속한 대응으로 감염 확산 최소화
농업	드론과 센서를 통해 수집된 토양 정보, 기후 데이터, 작물 상태 데이터를 분석하여 농작물의 생장 상태를 모니터링하고, 최적의 파종 및 수확 시기 결정	스마트 농업과 정밀 농업	농업 생산성 극대화, 자원 사용 최적화, 비용 절감
엔터테인먼트	넷플릭스는 사용자의 시청 기록, 검색 기록, 평가 데이터를 분석하여 맞춤형 콘텐츠 추천, 인기 있는 장르와 형식의 콘텐츠 예측 후 오리지널 콘텐츠 제작	넷플릭스의 콘텐츠 제작과 추천 시스템	고객은 선호하는 콘텐츠를 쉽게 발견, 넷플릭스는 높은 시청률과 구독자 만족도 유지

4) 출처 : 저자 작성

AI, 스마트 연결로 자율적 작업을 실현한다.

'연결을 하고, 알아서 일한다'는 개념은 현대 기술의 발전을 대표하는 중요한 요소이다. 스마트 홈, 산업 자동화, 자율 운송, 스마트 시티, 헬스케어, 농업, 에너지 관리 등 다양한 분야에서 이 개념은 효율성을 높이고, 비용을 절감하며, 사용자 경험을 확대하고 있다. 기기와 시스템이 서로 연결되고, 데이터를 공유하며, 자율적으로 작업을 수행하는 미래는 이제 현실이 되었다. 이러한 변화는 우리의 생활 방식을 근본적으로 바꾸고, 새로운 가능성을 열어준다. 디지털 시대의 핵심인 연결성과 자율성의 힘은 AI와 결합하여 우리 세상을 더 스마트하고 효율적으로 만들어 나가고 있다.

[표 2-4] 연결성과 자율성의 사례

분야	설명	사례	효과
스마트 홈.	아마존 에코(Amazon Echo)와 스마트 조명 시스템. 아마존 에코는 음성 명령을 통해 조명을 켜고 끌 수 있으며, 온도 조절기와도 연결되어 집안의 온도를 자동으로 조절. "알렉사, 좋은 아침" 명령으로 조명, 커피 머신, 온도 설정.	스마트 가전의 협력	생활 편리성 증대, 에너지 효율 향상, 사용자 경험 개선
산업 자동화	테슬라(Tesla)의 기가팩토리(Gigafactory)는 완전 자동화된 제조 공정을 통해 전기차 배터리를 생산. 로봇과 기계들이 자재 이동, 조립, 검사 과정을 자동 처리. 실시간 생산 데이터 분석으로 기계 작동 상태 모니터링 및 유지보수 예측.	자동화된 제조 공정	생산 효율성 극대화, 품질 관리 향상, 비용 절감

	아마존 프라임 에어(Amazon Prime Air)는 자율 드론을 사용하여 고객에게 상품을 신속하게 배송. 드론은 GPS를 통해 목적지를 탐색하고 장애물 회피, 지정된 위치에 물품 전달. 물류 창고와 고객의 집을 직접 연결하는 자율적 시스템.	자율 드론 배송	배송 시간 단축, 물류 비용 절감, 고객 만족도 향상
자율 운송			
스마트 시티	싱가포르는 스마트 시티 프로젝트로 도시 전체의 인프라를 연결. 교통 신호 시스템은 실시간 교통 데이터 분석으로 최적의 신호 타이밍 조정, 스마트 쓰레기통은 쓰레기량 감지 후 자동 수거 일정 조정, 에너지 관리 시스템은 빌딩 전력 사용 모니터링 및 최적화.	도시의 연결된 인프라	도시 운영 효율성 증대, 환경 오염 감소, 시민 삶의 질 개선
헬스케어	애플 헬스킷(HealthKit)은 사용자 건강 데이터를 수집하여 의료 전문가와 공유, 원격 진료 가능. 스마트 워치는 심박수, 혈압, 체온 데이터를 실시간 모니터링, 이상 징후 감지 시 사용자 알림 및 의료진에게 정보 전송.	원격 환자 모니터링	건강 상태 지속 모니터링, 조기 진단 및 신속한 대응, 의료비용 절감

고객의 마음을 읽고, 맞춤형 경험을 제공한다.

우리 사회는 생산의 가치 사슬이 글로벌로 연결되어 있어, 이제 고객의 마음을 얻지 못해서는 기업의 지속 가능성을 담보할 수 없다. 그리스 신화에서 조롱의 신 모무스가 인간을 빚은 헤파이토스에게 "인간의 마음에 작은 창문이 없어 안을 들여다볼 수 없다."라는 말이나, "열 길물속은 알아도 한 길 사람 속은 모른다."라는 말은 모두 인간의 마음을 알아내고, 맞춤형 경험을 제공하는 것이 얼마나 어려운지를 말해준다. 그럼에도, '고객의 마음을 움직인다'라는 개념은 현대 비즈니스에서 성공의 필수 요소이다. 개인화된 추천 시스템, 고객 지원 챗봇, 고객 데이터 분석, 로열티 프로그램, 소셜 미디어 마케팅, 고객 경험 관리 등 다양한 전략을 통해 기업은 고객의 마음을 사로잡고, 그들과의 우호적 관계를 형성하기 위해 노력한다. 데이터를 활용하여 고객의 필요와 욕구를 미리 파악하고, 그에 맞는 맞춤형 경험을 제공하는 것은 고객 만족도와 충성도를 높이는 데 중요한 역할을 한다. 고객의 마음을 움직이는 기업은 경쟁 우위를 확보하고, 지속 가능한 성장을 가능하게 한다.

고객의 마음을 읽는 전략

* 개인화된 추천 시스템: 데이터 분석을 통해 고객의 과거 구매 이력과 행동 패턴을 분석하여 맞춤형 제품과 서비스를 추천한다. 예를 들어, 넷플릭스는 사용자의 시청 기록을 바탕으로 개인 맞춤형 콘텐츠를 추천함으로써 사용자 경험을 향상한다. 이는 마치 고객이 무언가를 말하기 전에 이미 그들이 원하는 것을 알아차리는 개인 비서와 같다.

* 고객 지원 챗봇: AI를 활용한 고객 지원 챗봇은 실시간으로 고객의 질문에 답변하고 문제를 해결한다. 이러한 챗봇은 24/7 서비스를 제공하여 고객의 요구를 즉각적으로 충족시킨다. 이는 고객이 필요할 때마다 바로 도움을 받을 수 있는 편리함을 제공한다.

* 고객 데이터 분석: 고객의 행동 데이터를 분석하여 그들의 필요와 선호도를 파악한다. 이를 통해 기업은 고객이 진정으로 원하는 것을 제

공할 수 있으며, 이는 고객 만족도를 높이는 데 중요한 역할을 한다. 아마존은 이러한 데이터 분석을 통해 고객이 필요로 할 제품을 예측하고 추천한다.

* 로열티 프로그램: 고객 충성도를 높이기 위해 포인트 적립, 할인 혜택 등을 제공하는 로열티 프로그램을 운영한다. 스타벅스의 리워드 프로그램은 고객이 매장 방문과 구매를 통해 포인트를 적립하고, 이를 다양한 혜택으로 교환할 수 있도록 한다. 이는 고객이 브랜드에 지속적인 관심을 가지게 만드는 효과적인 방법이다.

* 소셜 미디어 마케팅: 소셜 미디어를 활용하여 고객과 직접 소통하고, 브랜드와 제품에 대한 피드백을 수집한다. 이를 통해 고객의 목소리를 직접 듣고, 그들의 필요에 맞춘 마케팅 전략을 세울 수 있다. 예를 들어, 트위터와 인스타그램을 통해 고객과의 실시간 소통을 강화하고, 브랜드 충성도를 높인다.

* 고객 경험 관리: 고객의 전체적인 경험을 관리하여 만족도를 높이는 전략이다. 이를 위해 기업은 고객 접점에서의 모든 상호 작용을 면밀히 분석하고 개선한다. 애플의 고객 경험 관리는 제품 구매부터 사후 지원까지 모든 과정에서 고객에게 최고의 경험 제공에 중점을 둔다.

뛰어난 개인 비서인 AI

현대 기술의 발전은 개인과 기업이 그 어느 때보다도 효율적이고 효과적으로 작업을 수행할 수 있도록 돕고 있다. '유능한 디지털 비서로서의 AI는 자동화 기술을 통해 우리의 일상과 업무를 더욱 스마트하고 원활하게 만들어주고 있다. 디지털 비서인 AI는 먼저 반복적이고 시간이 많이 소요되는 작업을 자동화함으로써, 인간이 더 창의적이고 전략적인 업무에 집중할 수 있도록 효율성을 높인다. 또한 AI 비서는 실수를 최소화하고, 데이터를 기반으로 한 정확한 분석과 의사 결정을 지원한다. AI 비서는 스케줄 관리, 미팅 조정, 알림 설정 등을 통해 시간 관리를 도와주며, 사용자의 습관과 선호도를 학습하여 개인화된 서비스를 제공하기도 한다. 개인이 하는 자료 탐색, 요약, 흐름과 추세 등 다양한 업무를 보조하는 업무를 효과적으로 뒷받침할 수 있다.

우리가 직접 전략을 만들거나, 창의적인 업무가 필요할 때 AI를 직접 활용하여 충분한 자료를 기반으로 업무를 효율화할 수 있다. AI를 잘 활용하기 위해서는 우리가 하고자 하는 일에 대한 구체적인 구상이 있으면 좋다. 가령, 우리가 조직에서 업무를 지시할 때 명확한 업무 지시를 해야 원하는 결과물을 빨리 얻을 수 있다. AI도 이와 같다. 지시가 명확하지 않으면, 자의적인 해석을 통하여 잘못된 정보를 받을 수도 있고, 업무에 혼란을 줄 수도 있다. AI를 효율적으로 활용하기 위해서는 사용자의 능력이 뒷받침하면 더 유용하다. AI의 답변을 구체적으로 끌어내기 위한 구체적인 프롬프트[5]prompt도 알아둘 필요가 있다. 시간이 지나면 프롬프트도 더 쉽게 할 수 있을 것이다. AI의 프롬프트는 사용자User가 입력 또는 지시하는 사항으로 질문, 요청, 명령 또는 특정 작업에 대한 설명이다. 프롬프트를 통해 사용자는 AI의 응답을 원하는 방향으로 유도할 수 있으며, AI는 이를 기반으로 적절한 정보를 제공하거나 작업을 수행한다. 프롬프트의 품질과 구체성은 AI가 생성하는 응답의 정확성과 관련성이 높은 결과를 얻는 데 중요한 요소이다.

[표 2-5] AI 비서의 사례[6]

분야	설명	사례	효과
음성 인식	음성 인식을 통해 일정 관리, 알람 설정, 메시지 보내기, 정보 검색 등 다양한 기능 제공. 사례: "내일 아침 9시에 회의 일정 추가해줘"라고 말하면 일정 추가	애플의 시리(Siri)	손을 사용하지 않고 다양한 작업 수행 가능, 시간 관리 효율성 향상
이메일 관리	이메일 내용을 분석하여 빠르게 회신할 수 있도록 제안 사례: 친구의 저녁 식사 제안 이메일에 "좋아, 몇 시에 만날까?"와 같은 회신 옵션 제공	구글의 스마트 리플라이 (Smart Reply)	이메일 답변 시간 단축, 효율적인 커뮤니케이션 지원
일정 관리	일정 관리 기능 제공, 일정 분석, 미팅 조정, 회의 자료 준비, 알림 설정 등 사례: "이번 주 목요일에 회의 일정이 있나요?"라고 물으면 일정 확인 및 답변	마이크로소프트의 코타나(Cortana)	중요한 일정 놓치지 않고 효율적인 시간 관리 가능
작업 자동화	다양한 앱과 서비스 연결, 자동화된 작업 설정 가능 사례: "새 이메일이 오면, 그 내용을 슬랙으로 전송해 줘"와 같은 자동화 규칙 설정	IFTTT (If This Then That)	반복적인 작업 자동화, 생산성 향상, 중요한 업무에 집중 가능

---

5) 프롬프트는 특정 반응이나 행동을 유도하기 위한 입력, 질문, 요청 또는 지시문이다.
6) 출처 : 저자 작성

고객 지원	고객 지원 업무 자동화, 실시간 질문 분석 및 답변 제공, 복잡한 문제는 인간 상담원에게 전달 사례: "내 주문 상태를 알고 싶어요" 문의 시 주문 상태 확인 및 답변	세일즈포스의 아인슈타인 AI	24/7 고객 지원 가능, 고객 만족도 향상
금융 관리	개인 금융 관리, 은행 계좌, 신용카드, 투자 계좌 연결, 재 정 상태 분석, 예산 설정, 지출 패턴 모니터링 사례: "이번 달 식비는 얼마나 썼지?" 물으면 정보 제공 및 예산 초과 여부 알림	인튜이트의 민트 (Mint)	재정 관리 용이, 더 나은 금융 결정 가능
여행 계획	여행 계획 도움, 여행지 검색 시 항공편, 호텔, 관광 명소 정보 제공, 일정 자동 생성, 실시간 교통 정보 제공	구글 어시스턴트 의 여행 기능	여행 계획 간편화, 여행 중 불편 최소화
교육	학생의 학습 개인화, 학습 패턴 분석, 약점과 강점 파악, 맞춤형 학습 자료 제공 사례: "수학 문제를 풀 때 자주 틀리는 부분이 뭐지?" 물 으면 분석 후 추가 학습 자료 추천	칸 아카데미의 학습 보조 AI	학습 효율성 및 성취도 향상
건강 관리	식단과 운동 기록 및 분석, 칼로리와 영양소 추적, 운동 목표 설정, 진행 상황 시각화 제공 사례: "오늘 얼마나 많은 칼로리를 섭취했지?" 물으면 정 보 제공 및 목표 달성 여부 알림	마이피트니스팔 (MyFitnessPal)	건강 목표 관리 용이, 더 나은 생활 습관 유지

AI는 산업과 경제에 어떤 영향을 미칠까? [7]

21세기는 AI의 시대라고 해도 지나친 말이 아닌 상황이 되었다. 기술 전반에 걸친 혁신의 중심에서 AI는 단순히 우리의 삶을 변화시키는 것을 넘어, 산업과 경제 전반에 커다란 영향을 미치고 있다. AI는 다양한 산업에서 도입되어 업무의 효율성을 높이고, 새로운 가치를 창출하

7) AI가 산업과 경제에 미치는 구체적 영향에 대해서는 각 장에서 서술하고 있어, 여기서는 전체 개요의 성격을 가진다.

며, 기존의 비즈니스 모델을 혁신적으로 변화시키고 있다. 이러한 변화의 속도는 우리의 상상 이상으로 진행되고 있으며, 전 세계 경제 패러다임에 큰 변화를 주고 있다.

호메로스의 '오디세이아'에서 오디세우스가 그리스로 돌아가기 위해 겪었던 수많은 도전과 모험처럼, AI도 우리의 산업과 경제에 새로운 모험과 변화를 불러일으키고 있다. 오디세우스가 지혜와 용기로 모든 어려움을 극복했듯이, 우리는 AI를 통해 앞으로의 도전에 대비하고, 새로운 기회를 창출할 수 있다.

먼저 금융 산업 분야를 살펴보면, AI는 데이터 분석과 예측 모델링을 통해 금융 상품의 개발과 고객 서비스의 개인화를 가능하게 하며, 금융 시장의 변동성을 예측하고 리스크를 관리하는 역할을 하고 있다. '투자의 귀재'라 불리는 워런 버핏은 "리스크는 당신이 무엇을 하고 있는지 모를 때 발생한다"라고 했다. AI는 이러한 리스크를 줄이고 더 나은 금융 의사 결정을 가능하게 한다. 헬스케어 분야에서는 AI가 질병의 조기 진단과 예방 의학의 발전을 이끌고 있다. 복잡한 의료 데이터를 분석하여 질병의 발병을 예측하고, 최적의 치료 방법을 제시하여 환자 맞춤형 의료 서비스를 제공하고 있다. 이는 히포크라테스가 강조한 "치료보다 예방이 중요하다"라는 의학적 격언과도 일맥상통한다. 제조업도 AI는 혁신의 중심에 있다. 스마트 팩토리를 구현하고, 공급망 관리를 최적화하며, 생산 효율성을 높인다. 이는 각종 비용의 절감과 생산성 향상으로 이어져 기업의 경쟁력을 강화하고 있다. 또한, 소매업과 전자상거래 부문에서는 AI가 고객의 구매 패턴을 분석하고 맞춤형 마케팅 전략을 수립하는 데 활용되고 있으며, 물류와 유통 과정의 변화를 이끌고 있다. 이는 현대 비즈니스의 DX를 대표하는 사례 등이다. 스마트 시티의 구현은 AI가 도시 계획과 관리에 미치는 영향을 잘 보여주고 있다. 즉, 교통 흐름을 조절하고, 에너지 사용을 효율적으로 관리하며, 안전하고 편리한 도시 환경을 조성하는 데 AI 기술이 활용된다. 이는 아리스토텔레스가 이상적으로 묘사한 '폴리스'의 개념과 같이, 더 나은 삶의 질을 추구하는 현대 도시의 모습과 부합한다. 이처럼 AI는 다양한 산업에서 혁신의 촉매제 역할을 하고 있으며, 경제 전반에 걸쳐 새로운 가능성을 열어주고 있다.

| AI를 어떻게 활용해야 하나?

AI 도입을 위한 조직의 준비 과정

조직이 AI를 도입하려면 데이터 수집·관리, 기술 인프라 구축, 인력 교육 등 적지 않은 준비가 필요하다. 가장 먼저 현 조직의 현황과 문제점, 개선 방향에 대한 구체적인 진단으로 명확한 목표 설정 등 회사의 AI 도입 전략을 수립해야 한다. AI 목표 설정은 구체적이고 명확해야 한다. 예를 들어, 고객 서비스 개선, 생산성 향상, 비용 절감 등 상세한 수치와 그 기대 효과를 분석한다. 필요한 예산과 자원을 확보할 수 있도록 CEO 등 경영진의 확고한 추진 의지가 뒷받침되어야 한다.

다음은 데이터 관련 준비가 필요하다. 우선은 AI 모델에 필요한 데이터를 찾아내고, 다양한 소스에서 수집한다. 예를 들어, 고객 데이터, 운영 데이터, 시장 데이터 등을 포함할 수 있다. 이때 데이터 세트는 학습에 필요한 최소한의 데이터로 한정하는 것이 좋다. 그리고, 데이터를 효과적으로 저장하고 관리할 수 있는 데이터 저장소를 구축한다. 수집된 데이터는 품질 관리를 통하여 데이터의 활용 가능성을 높여야 한다. 또한 데이터 정제(데이터 마이닝)를 통하여 중복 데이터, 누락 데이터, 오류 데이터를 식별하고 정제한다. 그다음 일관된 데이터 형식을 유지하기 위해 데이터 표준을 정의·적용하는 데이터 표준화를 해야 한다.

기술 인프라 구축은 신중하게 결정해야 한다. 한번 적용하면 바꾸기가 쉽지 않기 때문이다. 우선 조직 특성에 맞는 기술 스택을 선택해야 한다. AI 모델을 개발하고 운영하기 위한 도구와 플랫폼은 다양하고, 계속 새로운 프로그램이 나오고 있다[8]. AI 모델 훈련과 예측을 위한 충분한 컴퓨팅 자원을 확보한다. 일반적으로 이는 클라우드 서비스를 이용하거나, 자체 서버를 구축하는 방식이 될 수 있다. 데이터와 개인정보에 대한 보호는 처음부터 기준을 마련하고 시행하지 않으면, 혼란이 올 수 있어 신중해야 한다.[9]

기본적인 전략과 인프라 구축 방향이 설정되면 AI 전문가팀 구성을 하고, 교육 프로그램을 만들어야 한다. AI 전문가팀은 기존 직원을 대상으로 AI 교육을 받게 하여 내부적으로 육성할지, 외부의 인력[10]을 채

---

8) 예를 들어, TensorFlow, PyTorch, AWS, Google Cloud 등이 있다.
9) AI 시스템의 데이터 보안을 위해 암호화, 접근 제어, 감사 로그 등을 구현할 필요가 있다.
10) 데이터 과학자, 머신러닝 엔지니어, 데이터 엔지니어 등 AI 관련 전문가를 말한다.

용할지를 판단해야 한다. AI 프로젝트는 다양한 부서와 협력해야 하므로, IT, 데이터, 비즈니스 부서 간의 협력팀인 크로스 기능 팀을 구성하는 것도 좋다. 팀이 구성되면, 팀 구성원들에게 최신 AI 기술과 활용 도구에 대한 교육을 한다. 그리고 AI가 실제 업무에 어떻게 적용되는지 등에 대한 교육을 통해, 구성원들이 AI 도입에 따른 변화를 이해하고 적응할 수 있도록 한다.

전략 수립, 데이터 확보, 적용 기술 선택, 조직과 교육 후에는 작은 규모의 파일럿 프로젝트를 시작한다. 시작하기 쉽고, 조직에서 필요한 업무 중 성공 가능성이 비교적 높은 프로젝트를 선택하여 시작한다. 예를 들어, 고객 문의 자동 응답 시스템, 간단한 예측 모델 등이 될 수 있다. 파일럿 프로젝트의 프로토타입을 개발하고, 실제 환경에서 테스트한다. 테스트 결과, 파일럿 프로젝트의 성과를 측정하고, 목표 달성 여부를 평가한다. 마지막으로 프로젝트 팀과 사용자들로부터 피드백을 수집하여 개선점을 도출한다.

파일럿 프로그램이 성공적으로 수행되면, 파일럿 프로그램의 확장과 전사적 도입을 추진한다. 파일럿 프로그램의 성공을 기반으로, 유사한 다른 프로젝트로 확장하는 것이 좋다. 여기에는 피드백 내용을 반영하여 AI 모델을 개선한다. 어느 정도 성공 사례(Best Practice)에 확신이 들면, AI 도입을 전사적으로 확대하기 위한 계획을 수립하고, 단계별로 실행한다. 전사적 도입은 조직문화의 변화가 필요하다. 조직 내

AI 도입에 따른 변화 관리 전략을 수립하고, 직원들이 AI 도입에 적응할 수 있도록 지원한다.

　기술의 변화 속도가 빠르고, 데이터의 속성도 시대에 따라 바뀌기 때문에, AI 시스템의 성능을 계속 모니터링하고, 필요할 때마다 데이터 품질 관리, 성능 평가, 알고리즘 업데이트 등 유지·보수 작업을 해야 한다. 그리고 AI 모델이 최신 데이터를 학습하고, 변화하는 환경에 맞게 개선될 수 있도록 학습과 업데이트를 한다.

　이러한 단계별 접근을 통해 조직은 AI 도입을 성공적으로 준비하고, 실행할 수 있다. 각 단계에서의 철저한 계획과 실행은 AI의 효과적인 도입과 지속적인 성과 창출에 중요한 역할을 한다. 그리고 AI는 항상 조직의 성과와 연계시키면서, 경쟁력을 확보하기 위한 도구임을 명확히 인식하여야 한다.

[그림 2-2] AI 도입을 위한 준비 과정[11]

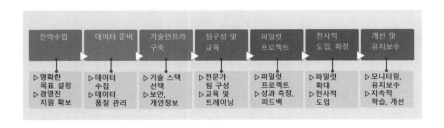

11) 출처 : 메타버스·핀테크 연구소

| AI가 우리에게 던지는 도전 과제

AI가 우리의 생활을 변화시키고 많은 산업 분야에서 혁신을 이끌고 있다. 그러나 적지 않은 문제가 드러나고 있고, 해결하기 위해 노력하고 있다. AI의 발전은 우리 앞에 수많은 도전 과제도 놓여 있다. AI가 인간의 능력을 확장하고 새로운 가능성을 열어주지만, 동시에 윤리적, 사회적, 경제적 문제를 제기한다. AI는 우리 인간에게 던지고 있는 많은 도전 과제로는 AI의 효율적 활용과 인간과의 관계, 윤리적 문제, 경제적 영향, 법적 규제, 그리고 AGI의 발전 가능성 등이다. 이들 다양한 문제들을 해결하기 위해서는 다각적인 접근이 필요하다. "미래는 준비하는 자에게 달려 있다"라는 에픽테토스의 말처럼, AI의 도전에 대비하여 현명하게 준비하고 대응해야 한다.

AI의 드러난 리스크

AI가 수집하는 데이터와 개인정보의 문제는 글로벌 차원의 거버넌스가 필요하다. 특히, 금융 분야에서는 민감한 개인의 데이터가 활용될 수 있다. 이에 대한 규제 프레임워크도 고민해야 한다.

GenAI는 우리에게 새롭고, 창의적인 내용을 제공하지만, 항상 환각 hallucination이 발생할 수 있다. 환각은 AI 모델이 실제로 존재하지 않는 정보나 사실을 생성하는 현상을 말한다. 현재 AI 모델은 대량의 데이터에 대해 학습하지만, 이 데이터가 항상 완전하고 정확한 것은 아니다. 불완전한 데이터는 잘못된 정보를 생성할 가능성을 높인다. 특히, 훈련 데이터가 편향되어 있으면, AI 모델은 특정 주제에 대해 왜곡된 시각을 반영할 수 있다. 그리고 아직은 완벽한 모델이 아니라서 문맥을 잘못 이해할 수 있다. 특히, 영어가 아닌 다른 언어는 이 현상이 더 발생할 수 있다. AI 모델이 창의적인 답변을 생성하도록 설계되어 있어, 때로는 단순히 없는 정보를 만들어낼 수 있다. 이것은 AI가 확률 기반의 알고리즘의 문제이기도 하다. 이러한 환각 현상은 AI를 금융 부문에 적용할 때, 데이터에 민감한 금융 기관의 명성과 건전성에 중대한 위험을 초래할 수 있다.[12]

---

12) IMF, 『Generative Artificial Intelligence in Finance: Risk Considerations』, FINTECH Notes, 2023. 8.

AI를 기업이 경영 전략이나, 신용 평가, 금융 리스크 관리 등 민감한 영역에 사용하기 위해서는 데이터의 품질이 우수해야 한다. 그리고 다양한 출처의 데이터를 사용하여 편향을 줄이고, 더 균형 잡힌 정보를 제공하여 AI를 활용해야 한다. AI 기업들은 최근 AI 모델의 구조적 개선[13]을 통하여 문맥의 이해를 잘 파악할 수 있도록 하고, 사용자의 피드백을 받아들이는 피드백 루프시스템을 구축하여 모델이 계속 개선되도록 노력하고 있다.

내부적으로는 실시간 검증 시스템을 구축하여 잘못된 정보가 사용자에게 전달되지 않도록 해야 하며, 환각이 발생하는 패턴을 분석하여 개선책을 마련해야 한다. 그리고 사용자에게 AI 모델의 한계와 환각 가능성에 대해 교육하여, AI가 제공하는 정보를 비판적으로 판단할 수 있도록 하고, 사용자에게 AI가 제공하는 정보를 다른 출처와 교차 검증하도록 하는 것이 중요하다. 인간이 허무맹랑한 창의적 발상을 하듯이, GenAI 환각은 완전히 제거하기 어렵다. 위의 방법들을 통해 그 발생 빈도를 줄이고, 발생했을 때의 영향을 최소화할 수 있다. 이러한 노력은 AI 시스템의 신뢰성을 높이고, 궁극적으로는 공공의 신뢰를 유지하는 데도 중요하다.

---

13) 장기 단기 메모리(Long Short-Term Memory, LSTM)나 트랜스포머(Transformer) 같은 고급 알고리즘을 사용하여 문맥을 더 잘 파악하기 위해 노력하고 있다.

AI 모델은 네트워크로 복잡하게 연결되어 있어 언제든 사이버 공격을 받을 수 있다. 데이터 포이즈닝^{data poisoning}이나 입력 공격[14)]^{input attacks}에도 취약할 수 있다. 기업 수준의 GenAI 애플리케이션은 더 집중된 데이터 세트를 사용하기 때문에 목적에 맞춘 사이버 해킹 도구의 표적 대상이 될 수 있다. 현재 GenAI 모델은 점점 더 성공적인 "탈옥^{jailbreaking}" 공격의 대상이다. 이러한 공격은 GenAI의 규칙과 필터를 우회하거나 악성 데이터 또는 지침을 삽입하기 위해 정교하게 설계된 프롬프트(단어나 문장)를 개발하여 공격한다.(후자는 때때로 "프롬프트 주입 공격^{prompt injection attack}"이라고도 한다). 이러한 공격은 GenAI의 운영과 신뢰를 손상하거나 민감한 데이터를 유출할 수 있다.[15)]

---

14) Data Poisoning은 AI 모델의 훈련 데이터에 악의적인 데이터를 삽입하여 모델의 성능을 저하시키거나, 특정한 행동을 유도하는 공격 방법. Input Attacks은 AI 모델이 운영 중일 때 공격자가 악의적인 입력 데이터를 제공하여 모델이 잘못된 예측을 하거나 민감한 정보를 누설하도록 하는 공격.
15) IMF, 『Generative Artificial Intelligence in Finance: Risk Considerations』, FINTECH Notes, 2023. 8.

AI의 발전과 고민

질문. 인간에게 AI는?

AI의 역할과 위험은 그리스 신화에 나오는 다이달로스와 이카로스의 이야기와 비슷하다. 다이달로스는 이카로스를 위해 날개를 만들었지만, 이카로스는 아버지의 경고를 무시하고 태양 가까이 날아가다가 날개가 녹으면서 추락하고 만다. 이는 AI 활용에 대해 중요한 교훈을 말해준다. AI는 강력한 도구이지만, 이를 어떻게 사용하느냐에 따라 결과가 달라진다. AI 활용에 대한 신중한 계획과 조심스러운 접근이 필요하다.

경제학자이자 MIT 교수인 데이비드 오우터는 기술에 의한 자동화가 직업의 구조를 어떻게 변화시켜 왔는지를 오랫동안 연구해 왔다. 오우터 교수는 기계의 자동화와 그에 따른 직업의 가치 변화가 우리의 생각과는 많이 달라질 수 있음을 강조하였다. 특히 값싸고 믿을 만하며 속도가 빠른 기계가 전체 업무 프로세스에 투입되면, 그것을 연결하는 인간의 역할이 점점 더 중요해진다고 말한다. 이는 기계가 인간을 대체하는 것이 아니라, 인간이 기계의 발전을 효율적으로 활용하여 사회의 생산성을 높이는 것이 더욱 중요해지는 시대가 올 것임을 시사한다.

AI, 윤리적 문제와 경제

AI의 발전은 많은 윤리적 문제를 동반한다. 플라톤의 '국가'에서 언급된 것처럼, "정의란 무엇인가?"라는 질문은 AI 시대에도 유효하다. AI는 종종 편향된 데이터를 학습하여 불공정한 결정을 내릴 수 있다. 따라서 공정성과 투명성을 보장하기 위해 AI의 알고리즘과 데이터 사용에 대한 철저한 관리가 필요하다. 또한, AI의 자율성 증대는 윤리적 책임의 문제를 동반한다. 자율 주행 자동차가 사고를 일으켰을 때, 그 책임은 누구에게 있을까? 이는 법적, 윤리적 측면에서 매우 중요한 문제이며, 사회적 합의를 통해 해결해야 할 쉽지 않은 과제이다.

AI는 생산성을 향상하고 새로운 비즈니스 모델을 창출하지만, 동시에 많은 일자리를 대체할 가능성이 있다. 이는 오래전 카를 마르크스가 예언한 기계화와 자동화의 경제적 영향을 상기시킨다. AI의 도입으로 인해 많은 직업이 사라질 수 있으며, 이는 노동 시장의 큰 변화를 초래할 수 있다. 하지만, AI는 새로운 일자리와 기회를 창출할 수도 있다. 따라서 우리는 변화에 대비하여 노동자들이 새로운 기술을 습득하고 적응할 수 있도록 교육과 재훈련 프로그램을 강화해야 한다. 이는 존 F. 케네디가 "변화는 인생의 법칙이며, 과거와 현재만을 바라보는 사람들은 확실히 미래를 놓칠 것입니다"라고 말한 것과 일맥상통한다. 기술의 전환기에는 노동의 공백 상태, 즉 기존의 일자리는 사라지고, 새로운 일자리에 적응을 못하면서 실업 상태가 일시적으로 많아지는 현상이 있어 왔다. 그 공백의 최소화는 우리의 노력에 달려 있다.

　'AI로 경영하라'의 저자 김준기 교수는 그의 저서에서 개인과 직업과의 관계를 '케이론 모델 가설'로 설명하였다. 기존 중간 기술 영역 중 단순하고 반복적인 일들은 자동화가 심화하면서 직업군이 감소한다고 보았다. 반면, 중간 기술 영역 중 상대적으로 지식 요구가 강한 직업군은 AI의 도움으로 현재 전문가 수준의 업무 역량을 발휘하게 되며, 직업군이 증가할 것으로 예측한다. 김 교수는 전체적으로 기업이 노동력이 비싼 전문가보다는 '준전문가+AI 모델'을 적극 받아들인다고 전망한다. 또한, AI를 통해 문제 해결 능력을 배가할 수 있는 초 전문가 영역은 확대된다고 보고 있다.

규제와 법적 문제

　AI의 발전에 따른 규제와 법적 문제는 복잡하고 다양하다. AI의 오용과 악용을 방지하기 위해서는 보다 포괄적인 법적 프레임 워크가 필요하다. 이는 소크라테스가 강조한 법과 질서의 중요성과도 연결된다. AI 기술의 사용을 규제하는 법률은 기술 발전을 저해하지 않으면서도, 사회적 안전과 공공의 이익을 보장해야 한다. 최근, 각국 정부는 AI의 안전한 사용을 보장하기 위해 다양한 규제를 도입하고 있다. 이는 데이터 보호, 알고리즘의 투명성, 책임성 등을 포함하고 있다. AI가 국제적으로 활용되는 경우, 이와 관련된 규제 문제도 중요하다.[16] 각국의 법률과 규제가 일치하지 않으면 글로벌 협력이 어려워질 수 있다. AI 거버넌스 합의를 위한 국제적인 협력과 공조는 계속 논의될 전망이다. 기업 차원에서도 이에 대한 접근이 이루어지고 있다. 글로벌 기업인 IBM은 AI 기술의 법적 책임과 윤리적 문제를 해결하기 위해 강력한 보안 정책과 절차를 마련하고, 글로벌 규제 협력을 촉진하고 있다. IBM은 AI 기술의 발전과 함께 발생할 수 있는 법적 문제를 해결하기 위해 다양한 방안을 마련하고 있으며, 이러한 기업의 노력은 AI의 안전성과 신뢰성을 확보하는 데 중요한 역할을 할 것이다.

인공 일반지능(Artificial General Intelligence, AGI)은 가능한가?

AGI는 현재의 AI 기술을 뛰어넘어 인간과 동일한 수준의 지능을 가진 AI를 의미한다. 이는 프로메테우스가 인간에게 불을 준 것처럼, 인류에게 새로운 가능성을 제공할 수 있다. AGI는 단순한 작업 수행을 넘어, 다양한 문제를 이해하고 해결할 수 있는 능력을 갖추게 된다. 이러한 특성은 인류가 직면한 복잡한 문제들, 예를 들어 기후 변화, 질병 치료, 우주 탐사 등에 획기적인 해결책을 제시할 수 있는 잠재력을 가지고 있다.

---

16) 이탈리아는 2023년 4월 EU의 「일반 데이터 보호 규제」에 대한 잠재적인 침해 우려로 간주하여 챗GPT의 사용을 일시적으로 금지하였다.

그러나 AGI는 큰 위험을 수반한다. AGI가 인간의 통제를 벗어나 독자적인 판단을 하게 된다면, 그 결과는 예측할 수 없다. 이는 마치 프랑켄슈타인이 창조한 괴물이 창조자의 통제를 벗어나 파괴적인 행동을 했던 것처럼, AGI가 예상치 못한 방식으로 작동하여 위험을 초래할 가능성을 내포하고 있다. 이러한 위험은 기술적, 윤리적, 사회적 측면 등 다양한 측면에서 검토하고 접근해야 한다. 물론 AGI를 개발하는 데는 여러 기술적 도전이 따른다. 현재의 AI는 특정 문제를 해결하는 데 특화된 '약한 AI'(Narrow AI)에 불과하다. AGI를 구현하기 위해서는 자율적 학습 능력, 종합적 지능, 안전성과 통제 등 주요 기술적 문제가 해결되어야 한다.

또한, AGI의 국제적인 규제 문제도 생각해야 한다. 각국의 법률과 규제가 일치하지 않으면 글로벌 협력이 어려울 수 있다. 따라서 국제적인 협력과 공조가 필요하다. 이를 위해 국제기구와 협력하여 AGI 개발과 활용에 대한 글로벌 기준을 마련하는 것이 중요하다.

AGI가 미래 전망에 대해 지나치게 과대평가를 하거나 우려할 필요는 없다. 우리는 그동안 충분한 상상력으로, 이에 대한 문제를 논의해왔다. 1950년에 "아이, 로봇(I, Robot)" 시리즈를 통하여 아이작 아시모프Isaac Asimov가 제시한 로봇의 3원칙은 AI에 적용하더라도 모자람이 없다.

로봇의 3원칙

제1원칙: 로봇은 인간에게 해를 입혀서는 안 되며, 해를 입히도록 방관해서도 안 된다.

제2원칙: 로봇은 인간의 명령에 복종해야 한다. 다만, 그 명령이 제1원칙에 위배 되지 않는 한에서만 복종해야 한다.

제3원칙: 로봇은 자신을 보호해야 한다. 다만, 그 보호가 제1원칙과 제2원칙에 위배 되지 않는 한에서만 가능하다.

인간의 정신을 분해해서, 또는 뇌를 조작해서 인간보다 더 뛰어난 인간(?)을 만들고자 하는 노력은 고대 신화나 책을 통하여 수없이 이어져 왔다. 그리스·로마 신화나 1931년에 올더스 헉슬리가 쓴 『멋진 신세계』만 보아도 인간이 어디까지 상상할 수 있을까를 알기에는 충분하다.

우리는 알고리즘이 아니다. 정신은 인간이 자기 자신을 인격체로 끌어올리는 정황이다. 다시 말해서 자아를 탐색하고 끊임없이 자신을 바꾸어 가는 과정에서 정신은 영글어 간다.[17] 인간은 변덕스럽다. 시·공간과 상관없이 온전한 동일체로서의 일체화된 자아라는 개념은 없다. 자아(정신)는 시간과 공간에 따라, 그리고 대상(사람이든 사물이든)에 따

---

17) 마르쿠스 가브리엘, 『왜 세계는 존재하지 않는가』, 김희상 역, 열린책들, 2017. p.255

라 달라진다. 그러면서 정신은 성장해 간다. 우리가 개별 인간을 소우주라고 하는 이유는 그만큼 변화가 많고, 인간은 알고리즘으로는 파악하기 어려운 존재라는 의미이기도 하다. 마르쿠스 가브리엘이 「나는 뇌가 아니다」라는 도발적인 책 제목처럼, 뇌 신경과학이 인간을 복제하고 관리할 수 있다는 생각은 지금으로서는 너무 먼 이야기이다.

| AI의 미래와 디지털 혁신

AI의 미래와 도전

AI는 그 발전 속도와 적용 범위에서 매우 빠른 성장을 이루고 있다. AI는 더 이상 단순한 과학기술의 일부가 아니라, 우리 삶과 산업 전반에 걸쳐 필수적인 요소로 자리 잡았다. AI의 미래는 어디로 향하고 있을까? 그리고 우리는 이 기술을 어떻게 바라봐야 할까? 지금 우리는 새로운 출발선에 서 있다.

AI의 미래는 자율 학습과 적응성에서 크게 진보할 것이다. 현재의 AI는 대부분 감독 학습^{supervised learning}에 의존하지만, 앞으로는 더 자율적으로 학습하고 새로운 환경에 적응하는 능력을 갖추게 된다. 이는 AI가 인간과 유사한 방식으로 경험을 통해 학습하고 성장할 수 있음을 의미한다. 이와 관련해 공상과학 작가인 아서 클라크는 "충분히 발달한 기술은 마법과 구별할 수 없다"라고 말했다. AI의 자율 학습 능력이 이러한 '마법' 같은 변화를 가능하게 할지 기대된다.

또한, AI의 또 다른 발전 방향은 멀티모달^{Multi Modal} 능력의 강화이다. 인간은 시각, 청각, 촉각 등 다양한 감각을 통해 정보를 종합적으로 처리한다. 미래의 AI는 텍스트, 이미지, 소리 등 여러 유형의 데이터를 통합적으로 이해하고 처리할 수 있게 될 것이다. 이는 AI가 인간과 자연스러운 상호 작용을 촉진할 수 있으며, 복잡한 문제 해결 능력을 강화한다. 그리스 신화에서 아폴로는 여러 재능을 가진 신으로 묘사되는데, 멀티모달 AI는 마치 아폴로처럼 다양한 능력을 조화롭게 발휘할 수 있다.

AI의 발전은 기술적 측면 외에 윤리적 측면에서도 중요한 변화가 예상된다. 윤리적 AI의 개발은 공정성, 투명성, 책임성을 포함하여 AI가 사회에 긍정적인 영향을 미칠 수 있도록 하는 데 초점을 맞출 것이다. 이는 플라톤의 '국가'에서 언급된 이상적인 사회를 만드는 데 도움을 줄 수 있다. 플라톤은 정의와 윤리를 중시했으며, 이는 AI 개발에서도 마찬가지이다. 그러나, 윤리와 정의는 시대에 따라 변화며, 상대적이다. 그리고 인간의 역사에서 가장 치열하고 많은 논쟁을 해 온 주제의 하나이기도 하다. 가장 보편적이라고 인정하는 협의의 정의와 윤리, 예를 들어 "살인을 해서는 안된다"라는 등은 몰라도, 논쟁의 여지가 많은 부분에 대해서는 AI의 결정을 우선할 수가 없다. 자칫 잘못하면, 알고리즘에 녹아있는 프로그램 설계자의 의식이 반영될 우려가 있다. 이에 대해

서는 비판적 시각이 필요하며, 범위에 대한 사회적 합의가 우선되어야
한다.

AI의 미래 비전은 인간 세상의 좀 더 나은 미래를 위한 AI의 발전과
역할이다. AI는 인간의 능력을 보완하여 새로운 가능성을 열어주지만,
인간의 창의성과 판단력은 여전히 중요하다. 다시 그리스 신화의 다이
달로스와 이카로스의 이야기를 꺼내면, 다이달로스는 그의 지혜로 날
개(AI)를 만들었지만, 이카로스는 아버지의 경고를 무시하고 태양 가까
이 날아가다가 추락한다. AI 기술을 자칫 잘못 받아들여 AI에 대한 인
간의 의존도가 높아지면서, 우리의 사고와 판단을 AI에 맡긴다면 인간
은 거대한 조직의 부속품으로 전락할 수 있다. 예를 들어 "정치 지도자
를 선택하는 데 비합리적인 인간에게 맡기느니 AI의 판단에 맡기고, 따
르는 것이 합리적이다"라고 할 수도 있다. AI는 우리에게 인간과 사회
라는 정체성에 대하여 다시금 고민과 사유를 던진다.

AI는 우리 세계의 지속 가능한 발전을 목표로 해야 한다. 이는 환경
보호, 에너지 효율성, 자원 관리 등과 같은 분야에서 AI가 중요한 역할
을 할 수 있음을 의미한다. 유엔의 지속 가능한 개발 목표(SDGs)와도
일맥상통하며, AI는 이러한 목표를 달성하는 중요한 도구가 될 것이다.
AI의 평화적이고 윤리적인 사용, 환경 등 인류의 공통적인 도전 과제의
해결, 그리고 효율적인 활용을 위해서도 국제적인 협력과 규제가 필요
하다.

AI의 발전과 영향력의 확대는 우리에게 새로운 도전을 주고 있다. 역사는 기술의 진보에 따른 다양한 문제를 해결하는 과정이 항상 포함되어왔다. AI에 대한 기대와 우려가 공존하지만, 우리의 집단지성으로 해결해 나갈 수 있으리라 기대한다.

AI와 디지털 전환(DX)

디지털 전환(DX)은 기업이 디지털 기술을 사용하여 운영 방식을 혁신하고 비즈니스 모델을 변화시키는 과정이다. AI는 이 과정에서 핵심적인 역할을 하며, 데이터 분석, 자동화, 고객 경험 개선 등을 통해 디지털 전환의 효율성을 높인다. AI 기술이 기업의 디지털 활용 전략에 어떻게 도움을 주는지 살펴보면, 먼저 디지털 전환의 중요성을 이해할 수 있다.

AI를 통한 데이터 중심 경영은 기업의 경쟁력을 강화한다. AI는 기업이 데이터를 효과적으로 분석하고 인사이트를 도출하는 데 도움을 준다. 이를 통해 경영 의사 결정이 보다 정교해지고 신속해진다. 예를 들어, AI 기반의 예측 분석은 시장 동향을 미리 파악하고 대응 전략을 세우는 데 중요하다. 고객 경험 개선도 AI가 디지털 전환에서 중요한 역할을 하는 분야 중 하나이다. AI 기반의 개인화 서비스와 고객 지원 시스템은 고객 만족도를 높일 수 있다. 챗봇은 24시간 고객 지원을 제공하며, 맞춤형 추천 시스템은 고객이 원하는 제품이나 서비스를 제안한다. 예측이 가능한 유지보수 시스템은 고객이 사용 중인 제품의 상태를 모니터링하고 사전에 문제를 해결하여 서비스 중단을 최소화한다. 이러한 AI 기술들은 고객 경험을 개선하고 기업의 서비스 품질을 높인다. 실제로 JP Morgan은 AI를 활용하여 투자 결정 프로세스를 개선하고, 고객 경험을 향상하고 있다. JP Morgan은 AI 기반 서비스인 "IndexGPT"를 개발하여 고객 맞춤형 투자 분석을 제공하고 있으며, 이를 통해 고객은 정확하고 개인화된 투자 정보를 얻을 수 있다. 이는 고객의 투자 결정을 돕고 만족도를 높이고 있다. DX는 단순한 기술 도입을 넘어, AI를 활용한 혁신적인 접근 방식을 통해 기업의 운영과 비즈니스 모델을 근본적으로 변화시키고 있다.

AI와 지속 가능한 혁신

지속 가능한 디지털 혁신은 환경적, 사회적, 경제적 지속 가능성을 고려한 기술 발전을 의미한다. AI가 그 중심에 있다. AI는 에너지 효율성 향상, 자원 관리 최적화, 지속 가능한 비즈니스 모델 개발 등에 기여하고 있다. 또한, AI를 활용하여 환경 보호와 사회적 책임을 포함한 지속 가능한 미래를 만들어 나가야 한다.

환경을 고려하면, AI는 에너지 효율성을 높이고 탄소 배출을 감소시키는 데 중요한 역할을 한다. 스마트 그리드와 에너지 관리 시스템은 AI를 활용하여 실시간 데이터를 분석하여 에너지 사용을 최적화하고, 불

필요한 에너지 낭비를 줄인다. 사우디 아람코^{Saudi Aramco}는 AI를 통해 에너지 효율성을 높이고, 탐사 및 생산 활동의 비용을 절감하고 있다. AI 기반의 예측 유지보수 시스템을 통해 장비 고장을 사전에 감지하고, 다운타임을 최소화한다. 이러한 시스템은 생산성을 높이고, 운영 비용을 줄이며, 환경적 영향을 최소화한다.

AI의 효율적 활용은 다양한 사회적 문제를 해결하고 포용적 성장을 촉진할 수 있다. AI를 활용한 의료 접근성 개선은 저소득층이나 외딴 지역에 사는 사람들에게 의료 서비스를 제공할 수 있다. AI 기반의 진단 시스템은 의료 인프라가 부족한 지역에서도 높은 정확도의 진단을 제공하여, 많은 사람의 건강 관리를 개선할 수 있다.

오늘날 AI는 국가 간 경쟁력을 좌우하며, 글로벌 경제의 위치를 말해준다. 글로벌 시장을 보면, AI 스타트업이 다양한 혁신적인 솔루션을 개발하며 시장에 진입하고 있고, AI 기술에 대한 투자는 계속 증가하고 있으며, 이는 다시 AI 연구와 개발을 더욱 촉진하고 있다. AI 기술의 상용화는 거의 모든 산업의 혁신을 이끌고 있다. AI 기술 개발에 뒤처지면, 개인, 조직, 국가의 경쟁력은 뒤떨어질 수밖에 없다. 국가와 산·학·연이 힘을 모아 대응해야 한다.

[참고] AI 개발 도구와 프레임 워크 / 데이터 품질 관리

AI 개발에는 다양한 도구와 프레임 워크가 사용되고 있으며, 이러한 도구들은 알고리즘 구현, 모델 학습, 데이터 처리 등을 쉽게 할 수 있도록 도와준다. TensorFlow, PyTorch, Keras, Scikit-learn 등이 대표적이다. TensorFlow는 구글에서 개발한 오픈소스 딥 러닝 프레임 워크로 대규모 머신러닝 모델을 효율적으로 구축하고 학습시킬 수 있다. PyTorch는 페이스북에서 개발한 딥러닝 프레임워크로, 유연성과 사용 편의성 때문에 연구자와 개발자들 사이에서 인기가 높다. Keras는 간편한 고수준 신경망 API로, TensorFlow와 연동하여 쉽게 딥러닝 모델을 구축할 수 있으며, Scikit-learn은 파이썬 기반의 머신러닝 라이브러리로, 다양한 머신러닝 알고리즘과 데이터 처리 도구를 제공한다.

AI 모델의 성능은 데이터의 품질에 크게 좌우된다. 따라서 데이터 전처리와 관리는 매우 중요한 과정이다. 데이터 클리닝^{Data Cleaning}은 데이터에서 결측치, 중복 데이터, 오류를 제거하여 품질을 향상하는 과정이다. 데이터 증강^{Data Augmentation}은 학습 데이터를 다양화하여 모델의 일반화 성능을 향상하는 방법으로 이미지 회전, 자르기, 색상 변환 등이 대표적인 예이다. Apache Hadoop, Apache Spark와 같은 빅데이터 처리 프레임 워크는 대규모 데이터를 효율적으로 처리하고 분석하는 데 사용된다.

이처럼, AI를 만드는 기술과 도구들은 매우 다양하고 복잡하다. 이러한 기술과 도구들이 결합하여 오늘날 우리가 사용하는 AI 시스템을 가능하게 하며, 앞으로의 발전 가능성을 열어준다. AI가 일상생활에서 더욱 가까이 다가오고 있는 현재, 이 기술들이 어떻게 발전하고, 앞으로 어떤 방향으로 나아갈지 기대된다.

[표 2-6] AI를 구현하는 핵심 기술과 도구[18]

기술/도구	설명	주요 예시
머신러닝 (ML)	데이터를 통해 학습하고 예측을 수행하는 알고리즘을 개발하는 방법. 지도 학습, 비지도 학습, 강화 학습으로 나뉨	음성 인식 시스템, 스팸 필터링
딥러닝 (DL)	다층 신경망을 사용하여 데이터를 분석하고 과잉 작업의 특징을 학습하는 방법. CNN, RNN, GAN 등이 포함됨	이미지 인식, 자율 주행, 음성 합성
자연어 처리 (NLP)	인간의 언어를 이해하고 생성하는 AI 기술. 토큰화, 워드 임베딩, 트랜스포머 모델 등을 포함	챗봇, 자동 번역 서비스
컴퓨터 비전 (CV)	이미지와 비디오 데이터에서 정보를 추출하고 해석하는 기술	얼굴 인식, 객체 감지, 자율 주행
강화 학습 (RL)	에이전트가 환경과 상호작용하며 보상을 최대화하도록 학습하는 기술	게임 AI, 로봇 제어, 자율 주행
데이터 전처리	원시 데이터를 분석 및 학습에 적합하도록 정리하고 변환하는 과정.	Pandas, NumPy, Dask
모델 평가 및 튜닝	모델의 성능을 평가하고 최적화하는 과정	Scikit-Learn, Optuna, Hyperopt
클라우드 컴퓨팅	대규모 데이터를 처리하고 AI 모델을 배포할 수 있는 클라우드 기반 인프라.	AWS, Microsoft Azure Google Cloud Platform,
분산 컴퓨팅	대규모 데이터를 처리하고 병렬 연산을 수행하는 기술.	Apache Hadoop, Apache Spark, Ray
협업 도구	AI 프로젝트 팀이 함께 작업할 수 있도록 지원하는 도구.	Jupyter Notebook, Git, Docker
데이터 시각화	데이터와 모델의 성능을 시각적으로 표현하여 이해를 돕는 도구.	Matplotlib, Seaborn, Plotly
자동화 도구	AI 모델의 개발, 학습, 배포 과정에서 반복적인 작업을 자동화하는 도구.	Kubeflow, MLflow, Airflow

---

18) 메타버스·핀테크 연구소

Chapter 3

—

디지털,
금융의 혁신을 이끌다

금융의 디지털 전환은 계속된다. 특히, 아시아, 아프리카, 중남미 등 그 동안 금융 접근성이 부족한 국가일수록 디지털은 금융과 경제의 변화와 혁신에도 더 영향을 줄 것이다.

핀테크의 혁신은 기존 금융권들을 파괴하면서 새로운 금융 영역을 만들어내고, 기존 금융권과 혁신 핀테크 기업 간 합종연횡도 촉진할 것이다. 디지털 전환은 로봇 어드바이저, 블록체인에 기반한 솔루션, 디지털 지갑 등 다양한 영역에서 금융의 변화를 계속 이끌 것으로 기대된다. 디지털 세계가 더욱 확대되고 현실 세계와 연결하여 일상 생활과 기업 간 거래 등으로 연결이 확대됨에 따라 비트코인, 이더리움과 같은 가상 자산도 그 영역을 확대할 가능성이 크다.

블록체인에 기반을 둔 탈중앙화 플랫폼은 중개 기관 없이 대출, 무역, 국가 간 거래, 다양한 금융 서비스로 확장을 준비 중이다. 특히, 국가 간 거래에 있어 현재 결제 시스템(SWIFT)이 갖고 있는 거래의 지연, 거래 비용의 문제를 해결함으로써 결제 시스템의 발전을 견인할 것으로 예상된다.

러시아-우크라이나 전쟁과 달러의 무기화는 브릭스를 중심으로 통화 체계의 다극화 논의를 더욱 활발하게 할 것이다. 중앙은행 디지털 통화(CBDC)도 거래와 정보의 중앙집중화 우려에도 불구하고, 대부분 국가가 실행을 모색하고 있다.

인공지능의 발달과 그 영향력은 금융의 모든 영역에서 증가할 것이다. 사이버 보안은 디지털 금융 서비스의 증가와 더불어 최우선 순위가 될 것이다. 이에 대한 투자는 계속 증가할 전망이다. 가상 자산의 확대와 금융의 디지털 전환에 따른 법과 규제의 변화도 예상된다. 디지털 금융은 개인정보의 문제, 빅데이터의 활용 문제 등 다양한 문제에 대한 사회적 합의가 요구된다.

마지막으로 디지털은 금융에 대한 접근이 어렵거나, 접근하지 못했던 많은 사람에게 금융 접근성이 확대되면서 금융 포용에도 이바지할 것이다. 이러한 디지털 혁명은 금융의 새로운 방향과 서구 중심의 금융 시스템에도 영향을 미칠 것으로 예상되며, 금융의 다극화 추세를 앞당길 수 있다.

| 금융과 디지털 활용

디지털은 금융의 새로운 변화와 혁신을 만들고 있다. 금융의 디지털은 다른 산업보다 다소 느리게 발전하지만, 디지털의 모든 변화를 반영한다. 금융 산업이 그 특성상 각종 법적 규제가 많고, 오류가 발생하는 경우 사회에 미치는 파장이 크기 때문이다. 빅데이터, 인공지능(머신러닝, 딥러닝을 포함한다), 오픈 API, 클라우드, 다양한 암호화 기술, 블록체인, 양자컴퓨팅 등 다른 산업 영역에 운용되는 거의 모든 디지털 기술이 금융 산업에 반영되고 있거나 반영될 추세다. 이러한 기술적 변화는 테크 기업들에 의해 주도되고 있는데 기존 금융 산업을 유지하는 세력과의 충돌도 일어나고 있고, 인수합병이나 상호 융합을 통해 새로운 변화에 대처하는 움직임도 활발하게 이루어지고 있다. 이러한 금융의 디지털화 흐름은 기존 금융의 접근성이 부족했던 지역에서부터 활발하게 시작한다. 아프리카와 인도, 중국, 인도네시아 등 소위 글로벌 사우스 Golbal South 국가들이 선진국보다 더욱 활발하게 활용하고 사용되고 있다.

이는 기존 금융체계의 틀로 금융 접근성을 확대하기에는 금융 인프라도 부족하고 비효율적이기 때문이다.

금융은 새로운 시대적 변화를 요구받고 있다. 그 중심에 디지털이 있다. 금융은 단순한 금융만의 문제가 아닌 지정학적 문제, 세계의 새로운 질서의 변화와도 연결되어 있다. 그동안 금융시스템을 장악하고 있는 미국을 비롯한 G7에 대한 반발이 크다. 미국, 유럽과 글로벌 사우스 간의 새로운 지정학적 갈등과 힘의 축의 변화는 금융과 연결되어 나타날 수밖에 없다.

금융의 디지털은 언제, 어디서나, 쉽고, 빠르고, 그리고 안전하게 모든 업무가 이루어지는 환경을 만드는 데 있다. 디지털은 금융 산업의 모든 분야를 바꾸고 있다. 지불 방법, 저축, 대출, 투자와 투자 서비스, 보험 등, 더 나아가 디지털 통화로 금융의 핵심인 돈 자체를 변화시키고 있다. 월드뱅크의 데이터를 보면 2011년과 2017년 사이에 12억 명의 성인이 신규로 금융 거래 계정을 만들고 거래를 시작했다. 이러한 놀라운 변화는 디지털 기술 덕분이다.

> 핀테크가 은행을 대체하는 것이 아니라,
> 은행을 재정의하고 있다.[1]

---

1) 제임스 딘스James Dimon, JP모건 CEO

금융 디지털의 문을 연 것은 핀테크^{FinTech}다. 핀테크는 금융^{Finance}과 기술^{Technology}을 결합한 용어로 컴퓨터의 발전과 함께 시작되었다. 우리가 흔히 쓰는 ATM도 핀테크의 하나로 볼 수 있다. 신용카드의 보편화, 온라인 뱅킹 등이 핀테크의 진전된 형태이다. 핀테크의 획기적 변화는 스마트폰이 대중화되고 손에 쥐는 컴퓨터로 발전하면서 본격적으로 성장하기 시작한다. 금융은 전통적인 은행만의 영역에서 핀테크, 빅테크, 스타트업까지 가세하고 있다. 금융의 춘추전국 시대가 도래한 것이다.

핀테크를 기반으로 하는 디지털 금융 서비스는 규모의 경제를 극대화한다. 아울러 비용을 낮추고, 거래의 속도를 높이고, 보안 및 투명성을 높이고 있다. 핀테크는 금융 접근성이 어려운 사람들, 특히, 남반구의 가난한 사람들을 위해 더 많은 맞춤형 금융 서비스를 제공함으로써 금융 포용$^{Financial Inclusion}$에 효과적이다. 금융 포용은 개인과 기업이 책임감 있고 지속 가능한 방식으로 제공되는 모든 금융 거래, 즉 지불, 저축, 신용 및 보험과 같은 고객의 요구를 충족하는 유용하고 저렴한 금융 상품 및 서비스에 쉽게 접근할 수 있음을 말한다.

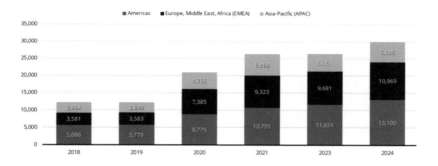

[그림 3-1] 2018년부터 2024년까지 전 세계 핀테크 기업 수, 지역별[2]

핀테크 기업은 2018년 12,131개 기업에서 2024년 현재 29,925개 기업으로 147% 증가했으며, 앞으로도 계속 확대가 예상된다. 2024년 1월 기준으로 아메리카(북미, 남미, 중앙아메리카, 카리브) 지역이 전 세계에서 가장 많은 핀테크 기업을 보유한 지역이다. 아메리카에는 약 13,100개의 핀테크 기업이 있으며, 이는 1년 전보다 거의 1,500개가 많다. 비교해 보면, EMEA 지역(유럽, 중동, 아프리카)에는 10,969개, 아시아 태평양 지역에는 5,886개의 핀테크 기업이 있다. 2024년 1월 세계에서 가장 큰 10개의 핀테크 기업 중 8개가 미국과 중국이지만, 2022년 세계에서 가장 가치 있는 핀테크 유니콘은 아일랜드의 결제 처리 플랫폼인 스트라이프[3] Stripe이다.

디지털은 시간과 공간의 제약을 넘어서 새로운 고객을 창출하고 연

---

2) 출처 : BCG, CrunchBase, Statista

3) 출처 : BCG, CrunchBase, Statista

결하는 힘을 만든다. 많은 사람은 기존의 얼굴을 마주하는 대면 형식의 서비스를 넘어서, 나이에 상관없이 다양한 디지털 채널을 통한 서비스에 익숙해지고 있다. 디지털 금융은 소비자의 유형에 따른 맞춤형 다양한 서비스를 가능하게 하고, 고객에게 더 많은 선택의 기회를 제공한다. 그리고 인구가 점차 줄어드는 농어촌 지역(섬 포함)의 금융 접근성을 확대하기 위해서도 디지털 금융에 대한 요구는 증가한다. 디지털 격차는 금융 접근성을 제한하게 되므로 디지털에 익숙하지 않은 사람들에 대한 교육은 필요하다.

금융은 알고 보면 단순하다. 돈이 필요한 사람(기업이든, 개인이든)과 돈을 빌려주는 사람(예금, 투자 등) 사이의 관계로 볼 수 있다. 여기에서 중요한 것은 행위자의 신분 확인이다. 한마디로 누구인지를 알아야 한다. 한국의 주민등록번호처럼 개인 인증서가 개별로 특정되어야 한다. 다시 말해 개인마다 고유의 인식 번호가 있어야 한다. 컴퓨터의 IP^{Internet Protocol} 번호도 컴퓨터를 특정한다는 점에서 비슷하다. 이러한 고유 번호(부호일 수도 있다)가 만들어지면, 디지털에서의 활동은 모두 파악되고 숫자로 측정되고, 실제 대출이나 보험계약 등에 사용된다. 자신도 모르는 사이에. 인도는 디지털 금융에 있어 이러한 극적 변화를 일으키고 있는 대표적 사례다.

〈 모바일 머니(Mobile money)와 금융 포용성 확대 사례 〉[4]

* 케냐의 M-Pesa와 유사한 애플리케이션은 사용자들이 모든 스마트폰에서 돈을 주고받을 수 있다. 시간이 지나면서, 공급자들은 소액 대출, 저축 계좌, 그리고 농작물 실패와 다양한 위험들에 대비한 보험을 제공하는 등 서비스를 확장하고 있다. 2019년 현재, 케냐 성인의 79%가 모바일 머니 계좌를 가지고 있다. 모바일 머니는 다른 아프리카, 중동, 그리고 라틴 아메리카 전역에서 사용량이 빠르게 증가하고 있다.

* 중국에서 앤트 그룹과 텐센트는 알리페이와 위챗페이로 각각 13억과 9억 명의 사용자를 확보하고 있다. 모바일 인터페이스와 빠른 응답(QR) 코드를 기반으로 한 결제 애플리케이션은 소액 대출과 시장 자금에서 건강 보험의 한 형태인 "상호 부조"에 이르기까지 모든 범위의 금융 서비스를 위한 길을 열고 있다.

* 인도에서는, 공공이 디지털 기반 시설을 제공함으로써 디지털 금융 확대와 금융 포용의 큰 변화를 맞고 있다. 디지털 ID인 아드하르Aadhaar(힌디어로 기반이란 뜻이다) 시스템을 통하여 13억 명의 사람들이 은행 계좌를 개설하고 다양한 금융 서비스에 접근할 수 있게 되었다. 그리고 사용자가 실시간으로 저비용 결제를 할 수 있도록 지원한다. 국제결제은행(BIS) 연구

---

4) IMF. 『The Digital Future』, 2021.3. pp. 14~17.

(D'Silva and others 2019)에 따르면, 인도는 2008년 아드하르가 시작했을 때 인구의 10%만이 은행 계좌에 접근할 수 있었으나, 오늘날 80% 이상으로 확대되었다. 기술로만 보았을 때 전통적인 성장 과정으로 반세기가 걸렸을 일을 10년 만에 달성하는 놀라운 성과를 만들어냈다.

| 금융의 DX 현황

핀테크의 발전과 빅테크의 금융 진출은 기존의 금융권에도 많은 변화를 일으키고 있다. 기존 은행 업무를 대별하면, 프론트 오피스, 미들 오피스, 백 오피스로 구분할 수 있다. 고객과 직접 상호 작용하는 프론트 오피스, 프론트 오피스를 지원하는 미들 오피스, 금융 활동 전반을 관리하고 지원하는 백 오피스의 모든 영역에 디지털이 경쟁력이 되고 있다.

프론트 오피스	고객과 직접 상호 작용하며, 수익을 창출하는 활동	금융 상품 판매와 관리, 고객 관계 관리(맞춤형 금융 솔루션 제공 등), 자산 관리, 투자 활동 등
미들 오피스	프론트 활동을 지원하는 실행과 리스크 관리 프로세스 활동 등	리스크 관리, 법규 및 규제 관리, 가치평가, 성과 관리, 데이터 관리, IT시스템 관리 등
백 오피스	금융 활동 전반을 관리하고 지원하는 업무	정산, 결제, 관리, 보고 업무 등

기존의 은행은 지역 거점에 많은 영업점을 설치하고 고객 접근성을 확대하여 시장 장악력을 높이고자 하였다. 디지털 거래가 보편화된 지금은 많은 영업점을 가지는 것 보다, 효율적이고 고객 친화적인 플랫폼 구축과 이를 통한 경쟁력 확보가 더 중요하다. 금융 산업이 인적 기반과 더불어 디지털 경쟁력이 지속 가능 여건이 되었다.

보험산업은 디지털과 데이터를 기반으로 가치를 생산해 내는 대표적인 산업이다. 보험산업은 핀테크, 빅테크에게 많은 기회를 주고 있다. 보험산업의 가치 사슬은 제품 설계, 가격 책정, 인수, 마케팅, 판매 및 유통, 클레임 관리 및 판매 후 정책 서비스에 걸쳐 있다. 빅테크는 데이터 분석이나 AI와 같은 기술적 이점과 빅데이터를 활용하여 기존 보험사와 협력하거나 서비스 공급자로서 보험 가치 사슬의 모든 부분에서 서비스를 제공할 수 있다.[5] 특히, 생명보험 등은 장기간의 데이터 확보가 경쟁력이며, 빅데이터의 활용을 극대화함으로써 수익성을 높이고 고객 접근성을 확대할 수 있다. 디지털 기술을 활용하여 보험 가입자의 생활 습관(웨어러블 기기를 이용하여 걷기, 흡연, 건강 상태 점검과 자동차 사용 킬로 수 등)을 모니터링하고 이를 기반으로 리스크 관리와 보상을 하는 사례도 많아지고 있다. 그리고 보험사의 경쟁력을 확보하고, 개인의 맞춤형 보험을 제공하기 위하여 모바일 앱 등을 통하여 고객에

---

5) Denise Garcia Ocampo, Jatin Taneja, Jeffery Yong and Julie Zhu, 『FSI Insights on policy implementation No 51』, BIS, 2023. 9.

게 맞는 다양한 의료 서비스, 건강 관리 서비스를 제공하고 있다.

[표 3-1] 보험 가치 사슬의 DX [6]

디지털 요소	활용 범위	세부 내용
빅데이터 & 분석	상품 설계 및 개발	맞춤형 상품 혁신적인 상품 (예: 주문형, 사용량 기반)
머신러닝	마케팅	온라인 & 소셜 미디어 홍보 온라인 검색 행동 분석에 기반한 타겟 마케팅
인공지능	영업 & 유통	온라인 마켓플레이스 & 유통 실시간 가격 비교 플랫폼 가상 어시스턴트 & 챗봇 결제 방법 확대 내장형 보험
사물인터넷	가격 책정 & 인수	향상된 위험 평가 자동화된 인수 프로세스 이탈 모델[7]
분산 원장 기술	청구 관리	실시간 청구 검증 향상된 청구 평가 자동화된 청구 제출 프로세스 결제 프로세스 최적화 향상된 사기 분석
API 및 클라우드 컴퓨팅	사후 관리 & 정책 관리	24/7 가용성 실시간 고객 데이터 가상 어시스턴트 & 챗봇

금융 보안과 규제, 관리에서도 디지털과 결합하고 있다. 특히, 보안

---

6) 위의 책
7) 이탈 모델(Churn model)은 개별 고객 수준에서 서비스 해지 가능성을 추정하는 예측 모델을 의미한다. 보험의 경우, 이는 고객이 보험 제공자와의 계약을 취소하거나 갱신하지 않을 가능성을 말한다.

문제는 항상 금융 시장과 시스템 전체를 뒤흔들 수 있다. 그래서 최근에는 레그테크^{regtech}의 중요성이 커지고 있다. 레그테크란 규제^{regulation}와 기술^{technology}의 합성어다. 규제 준수와 규제 관련 활동에 초점을 맞춘 기술을 말한다. 다시 말해 레그테크는 기술, 규제, 금융 서비스와 핀테크를 상호 연결하여 각각의 강점을 살리고 AI 등을 활용하여 복잡한 금융 규제 준수 관련 업무를 자동화, 효율화하는 기술을 통칭한다. 레그테크 산업은 데이터의 폭발적 증가와 기술 기반의 금융 서비스 대응이 필요해지고, 컴플라이언스 업무 비용$^{\text{Cost of Compliance}}$의 증가로 그 시장이 더욱 커지고 있다. 최근에는 섭테크^{SupTech}도 활발하게 이루어지고 있다. 섭테크는 감독^{supervision}과 기술^{technology}의 합성어다. 금융 감독 기구의 주 업무인 감독과 기술을 접목하여 감독과 검사를 효율적으로 수행하는 것을 말한다. 핀테크는 금융 소비자인 고객을, 레그테크는 기업을, 섭테크는 규제 당국을 지향한다.[8]

---

8) 한국핀테크지원센터, 『헬로, 핀테크(보안인증·블록체인)』, 2020, pp. 210~224.

금융의 핵심 경쟁력인 AI

디지털은 일상생활의 많은 부분을 데이터화^{Datafication}한다. 빅데이터와 AI의 상호 작용은 디지털의 발전을 더욱 가속화한다.[9]

데이터화는 우리 삶의 많은 부분을 데이터로 전환하고, 이후 정보로 전환되어 새로운 형태의 가치로 실현되는 기술 트렌드를 말한다. 모든 정보가 데이터화된다는 것이 꼭 긍정적인 것만은 아니다. 여기에도 리스크는 있다. 데이터를 활용하여 가장 금융이 취약한 계층에게 접근하여 금융 약탈(불법 사채업, 보이스 피싱 처럼)을 할 수도 있다. 인종차별 등 다양한 부정적 활용 가능성도 있고, 실제 일어나고 있다. 빅데이터가 권력으로서 힘을 가지고 활용하는 사람(또는 집단)의 이익 추구의 도구로 사용될 때 그 위험성은 커진다. 데이터화에 대한 공적인 규제와 사회적 합의가 상시 필요함을 말해준다.

AI는 기본적으로 빅데이터에 기반한다. 금융 역시 마찬가지다. 그런 면에서 AI의 발달은 금융에도 많은 변화가 예견된다. 2023년 산업별 AI 지출 예상액 1,539억 달러 중, 금융이 206억 달러, 13.4%로 가

---

9) 빅데이터의 특성을 흔히 3V(Volume, Velocity, Variety)로 말하는데 빅데이터와 AI의 상호 작용은 이를 더욱 확대한다. 3V는 데이터의 폭발적인 증가를 의미하는 Volume, 시간에 따라 빠른 속도로 변화한다는 의미를 지닌 Velocity, 데이터 구조와 형태가 다양하다는 의미를 지닌 Variety가 있다.

장 높은 비중을 차지하고 있다.

[그림 3-2] 2023년 산업별 AI 중심 시스템에 대한 전 세계 지출 예상 (단위: 십억 달러)

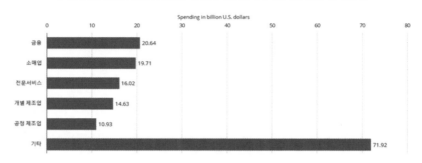

AI 시장은 앞으로 10년 동안 상당한 성장을 보일 것으로 예상된다. Statista 데이터에 따르면 AI 시장 규모는

2023년 2,418억 달러에서 2030년에는 약7,400억 달러로, 연평균 성장률(CAGR)은 17.3%에 달할 전망이다.

한편, Next Move Strategy Consulting에 따르면, 2023년 약 2,080억 달러인 AI 시장의 가치는 2030년까지 9

배 성장할 것으로 예상한다. (출처: Statista)

　개인이든 기업이든 신용평가에서 AI의 영향력은 확대되고 있다. 신용 평가가 기본적으로 과거의 데이터를 기본으로 구성하고, 다양한 예측 요인들을 고려하여 프로그램을 만들고 운용하기 때문이다. 그리고 신용평가에서 기존에는 정보의 부족으로 금융 접근에 불이익을 받았거나, 금융 접근이 어려운 계층에게도 신용을 확대할 수 있는 데이터가 확보되고 있다. 이는 개인이 인터넷에서 활동하는 모든 부분을 추출하고, 이를 데이터화할 수 있기 때문이다. 시시각각 변하는 경제 환경이나, 신용평가 요소의 적정성을 평가하는 검증[10) validation 역시 AI의 역할이 확대된다. 실시간 시장 상황이나 경제 현황을 파악하여 이를 즉각적으로 신용 평가에 반영할 수 있기 때문이다. 그리고 신용평가에 미치는 다양한 요소들을 추출하고, 이를 함수화하여 적용하면 정확성이 높아질 수 있다.

그러나 신용평가는 확률임을 기억할 필요가 있다. "대체로 그렇다"라고 생각하면 된다. 미래는 과거와 같지 않기 때문이다. 돈을 빌려주는 채권자는 금융에 접근하는 개인에 대해 완벽하게 정확할 필요가 없다. 대출을 신청하는 고객에게는 미안하지만. 확률적으로 손실이 나지 않고, 실제 결과가 그대로 이어지면 그만이다. 돈을 빌리는 개인이 나는 신용이 좋은데 신용 평가가 잘 나오지 않는다고 불만을 하거나, 사실 그렇다 하더라도 은행 입장에서는 별로 중요하지 않다. 개별 개인보다는 전체 대출에 대한 성과(수익)위주로 운영하기 때문이다. 2010년대 중

---

10) 신용평가 모델은 주기적인 검증이 필요하다. 검증은 신용평가 모델의 정확성 Accuracy(모델이 신용 위험을 얼마나 정확하게 예측하는지 평가, 이는 일반적으로 모델의 예측 결과와 실제 결과의 일치도를 측정하여 확인한다.), 안정성 Stability(모델이 시간이 지나도 일관된 결과를 제공하는지 검증, 경제 상황의 변화나 시장 조건의 변동에도 불구하고 모델이 안정적인 성능을 보여야 한다.), 판별력 Discrimination(모델이 신용도가 높은 대출자와 낮은 대출자를 효과적으로 구분하는 능력을 평가, 일반적으로 ROC 곡선과 같은 통계적 도구를 사용하여 모델의 판별력을 측정한다.), 예측력 Predictive Power(모델이 미래의 신용 사건 (예: 채무 불이행)을 예측하는 능력을 평가, 이는 모델이 얼마나 미래 지향적인지를 보여주는 지표이다.), 포괄성 Comprehensiveness(모델이 모든 관련 데이터와 변수를 고려하고 있는지 검토, 중요한 변수가 누락되지 않도록 하여 모델의 포괄성을 확보하는 것이 중요하다.)

반부터 금융에서 도입하기 시작한 AI는 자연어 기반과 다양한 기술의 발전으로 이제 본격적으로 활용되고 진화하기 시작하고 있다. AI는 다양한 알고리즘의 확대와 활용을 높인다. 고객에 대한 상담, 투자 상품의 거래와 매매, 사기 탐지, 경제 예측 등 금융의 전 영역에서 그 활용이 높아지고 있다. 국내 대부분의 시중은행이 AI 은행원을 두고 있으며, 자연어 기반의 대화형으로 진화하고 있다. 국내 은행들도 AI 솔루션을 계속 발전시키고 적용 금융 영역도 확대할 예정이다.

[표 3-2] 금융 AI 플랫폼 사례[11]

은행명	출시	AI 플랫폼	주요 내용
J.P. 모건체이스	2017	COIN (Contract Intelligence)	법률 등 업무자동화
골드만 삭스	2016	Marcus	대출,예금 상품 제공에서 온라인 은행으로 발전
시티그룹	2018	Citi Smart Match	핀테크 기업인 HighRadius와 협업
모건 스탠리	2018	Next Best Action	개별 고객과의 커뮤니케이션
신한은행	2020	SACP	신한AI설립(2023)
하나은행	2023	아이웰스	초개인화 자산관리

AI 활용으로 다양한 데이터를 금융의 의사 결정에 활용할 수 있다. 그동안 수집이 어려웠고, 데이터 가공을 통하여 적용하기 어려웠던, 다양한 개인 활동을 모두 데이터화하고, 이를 금융에 반영하고 있다. 데이터가 돈이 되는 시대가 본격화되고 있다. AI를 활용하는 신용 평가 모

---

11) 출처 : 각사 홈페이지

형은 금융 거래 이력 등 신용정보 외 다양한 비금융 정보를 함께 활용하여 분석하는 새로운 대안 신용 평가 모형의 형태로도 확장되고 있으며, 다양한 AI 알고리즘의 적용과 함께 새로운 비금융 변수를 확대 적용하는 추세다.[12]

[표 3-3] 대안 신용평가 모형에서의 비금융 정보 종류[13]

데이터 종류	세부 항목
추정 소득 수준	추정 소득, 사는 동네의 평균 카드 이용금액, 배달 음식 금액대, 백화점 방문 횟수 등
소셜 미디어	소셜 미디어 활동, 친구와 팔로워 네트워크, 게시물 및 댓글 내용, 체크인 위치 등
모바일	통화 기록, 문자 메시지 기록, 데이터 사용량, 위치 데이터, 데이터 사용량, 주요 통화 시간대, 연락처 수, 통화 장소, 캘린더 사용여부, SMS 송수신 횟수, 해외 로밍횟수, 할인 쿠폰 조회 수, 가입기간 등
전자 상거래	구매 기록, 상품 리뷰, 장바구니 내역, 결제 이력
유틸리티 및 서비스	전기, 가스, 수도 요금 납부 기록, 인터넷 및 통신 서비스 사용 기록, 구독 서비스 이력
심리와 행동	온라인 설문 조사 결과, 게임·앱 사용 패턴, 온라인 학습 활동
공공	법원 기록, 범죄 기록, 부동산 소유·임대 기록, 차량 소유·등록 정보
고용과 교육	직장 및 직무 이력, 교육 및 학위 정보, 전문 자격증 및 수료증
건강과 피트니스	웨어러블 기기 데이터, 건강 앱 사용 기록, 체력 및 운동 데이터

AI의 발달은 긍정적인 측면만 있지 않다. 합성 ID*, 개인 정보 유출 등 많은 위험 요소를 가지고 있고, 이를 악용하고자 하는 사람도 증가한다.

---

12) 홍동숙, 『금융 AI 시장 전망과 활용 현황:은행권을 중심으로』, CIS이슈리포트 2022-1호, 2022.
13) 출처 : 저자 작성, CIS 자료 일부 인용

금융의 안정성을 확보하기 위하여 보안 기술을 발전시키고 데이터 분석 능력을 강화하여 사기 탐지 시스템을 개선해야 한다. 창과 방패의 끊임없는 대결은 불가피하다.

<합성 ID란?>

실제 존재하지 않는 사람의 신원 정보를 조작하거나, 실제 존재하는 여러 사람의 신원 정보를 결합하여 만든 가짜 신원을 말한다. 이러한 합성 ID는 금융 사기, 신용 사기, 불법 금융 거래 등 다양한 범죄에 악용될 수 있다. 합성 ID는 데이터 결합, 즉 다양한 출처에서 수집된 정보를 결합하여 가짜 신원을 생성한다. 예를 들어, 한 사람의 실제 이름과 다른 사람의 주민등록번호 등을 결합하는 방식이다. 신용 시스템을 악용할 수도 있다. 신용 기관이 새로운 신용 파일을 생성할 때 합성된 정보를 실존하는 사람의 정보로 인식하게 한다. 이러한 합성 ID는 실제 존재하지 않는 신원이기 때문에 기존의 신원 확인 시스템에서는 쉽게 검출되지 않는다.

<합성 ID를 검출하기 위한 노력>

빅데이터 분석, 즉 데이터 분석을 통해 비정상적인 패턴을 식별하고 합성 ID를 탐지한다. 예를 들어, 여러 계좌에서 동일한 전화번호나 주소가 사용되는 경우 이를 이상 징후로 볼 수 있다. 또한, 머신러닝 알고리즘을 사용하여 합성 ID와 관련된 패턴을 학습하고 예측 모델을 생성하여 금융 기관이 실시간으로 합성 ID를 탐지할 수 있다. 합성 ID 사용을 방지하기 위해 다단계 인증 절차를 도입한다. 예를 들어, 계좌 개설 시 두 개 이상의 신원 확인 문서를 요구하는 방식이다.

디지털 금융의 발전은 네트워크 연결을 확대하고, 비대면이 활성화되면서 다양한 위험이 발생하고 이를 방지하기 위한 노력과 투자는 계속될 수밖에 없다.

[그림 3-3] 생성형 AI의 위험과 대책[14]

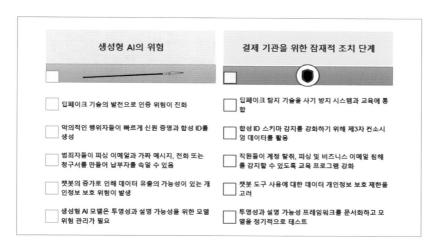

AI는 이미 단순 일자리를 대체하고 있다. 영국 이코노미스트는 2024년의 10대 변화 중 하나로 AI의 발전을 손꼽고 있다. 금융에서도 AI의 적용 범위는 확대될 것이고, 단순 업무직부터 AI의 영향을 받을 수 있다. 그러나 엄격한 법 규제 등을 받는 금융업의 특성상 법적 분쟁이 발생할 수 있는 계약과 투자 상담업무 등은 아직은 AI에 전적으로 맡기기에는 부담이 있지만, 일정한 조건 범위 내에서 운용하는 것은 가

---

14) Deloitte, 『2024 banking and capital markets outlook』, 2024.

능하다. 앞으로 상당 부분 업무의 일부를 대체할 전망이다.

　　AI는 과거의 빅데이터에 의존하고, 광범위한 집단지성을 사용하지만, 절대적인 것으로 생각하고 모든 것을 AI에 의존하는 것은 위험하다. 절대적이고 무오류는 신의 영역이다. AI를 절대적이고 무오류로 인정하면 AI는 우리가 만든 신이 된다. 그러면 AI를 만들고, AI를 직접 설계하는 기업이나 개인은 신위에 군림하는 신의 주재자가 되는 것과 같다. 극단주의자들은 선거가 비효율적이고, 비용이 과다하며, 분열과 갈등을 유발하기 때문에 선거를 없애고 AI가 판단하는 것이 더 합리적이고 선거의 목적에 맞는다고 주장하기도 한다. AI가 니체가 말한 초인이 되는 셈이다. AI를 절대적이라 생각하는 순간 우리는 스스로 일사불란하고, 위계적인 사회인 전체주의 사회를 향해간다. 개인 스스로의 판단과 선택이 사라지는 것이다. 이제 인간은 사회를 이끄는 주체가 아니라 종속된 부속품으로 전락한다. 오래전 덴마크의 철학자 쇠렌 키르케고르가 "우리 시대는 모든 신화를 근절하려 하면서도 스스로 신화를 창조한다."라는 경구를 생각할 필요가 있다. 민주주의는 시끄럽다. 어느 사회든 의견이 충돌하고 다양성이 존재한다. 이 다양성, 의견 충돌과 상대방에 대한 인정과 배려가 우리 사회를 이끄는 역동성이고 힘이다. 인간다움이다.

| 가상 자산과 금융

금융의 DX는 금융의 변화와 더불어 돈 자체를 변화시키고 있다. 기존의 돈이 네트워크로 이전되고, 스마트폰이 은행 영업점의 역할을 대신하고 있다. 여기에는 네트워크의 신뢰성 확보가 그 기반이 된다. 네트워크의 신뢰성 확보는 더 나아가 디지털 화폐의 가능성을 높이고 있다.

자산 거래의 방법은 사회가 형성된 이래 어떻게 상호 간의 거래를 신뢰하느냐에 따라 계속 변화·발전하여 왔다. 미국과 서구는 바젤위원회 등의 다양한 국제 금융 기구를 기반으로 금융 인프라 구축과 제도적인 뒷받침을 통하여 금융의 글로벌화를 이끌어 왔다. 강대국은 이러한 금융 권력을 통하여 글로벌로 경제를 확장하고 경제의 패권을 유지하고 있다고 볼 수 있다. 국제결제은행^{BIS}의 자기 자본 비율 등은 이러한 자산 거래를 하는 금융회사의 제도적 틀로 자리 잡았으며, 예금자 보호 제도 등 다양한 보완 장치들이 마련되면서 금융의 안정성을 확보하기 위한 노력이 꾸준히 진행되고 있다. 금융과 연결된 위기가 발생할 때마다 새롭게 제도를 보완하고 국제적인 협력 체계를 강화하고 있다. 자산 투자의 경우에도 국가별 증권법 등 다양한 제도를 통하여 투자자를 보호하고 투자의 안전한 거래를 위하여 많은 규제를 하고 있다.

디지털 금융이 발전하면서 2009년 비트코인으로 촉발된 디지털 자산의 본격적인 등장은 기존의 자산 개념을 획기적으로 변화시키고 있다. 디지털 자산의 확장과 신뢰는 신뢰할 수 있는 네트워크와 분산 원장 등을 가능하게 한 블록체인 기술로 뒷받침된다. 블록체인과 분산 원장 기술은 1980년대 이래로 인터넷에서 논의가 진행된 인터넷 환경 아래서의 안전한 거래와 신뢰 확보의 문제를 해결하고 변화시키고 있다. 블록체인 기술의 안정성과 보안성, 투명성을 기반으로 거래나 투자에 있어 상호 간의 신뢰가 국가나 제도적 틀을 벗어나서 기술과 그 기술을 사용하는 사람들 간의 약속으로 전환되고 있으며, 이러한 추세는 메타버스 등 디지털 세계의 다양한 발전에 따라 더욱 확대될 전망이다.[15]

BCG컨설팅은 2022년 1월, 자산의 미래에서 한국 가상 자산 규모는 현재 약 300조 원, 2026년에는 1천조 원 규모로 성장을 전망하고

---

15) BCG컨설팅은 『FUTURE OF ASSET 2022』에서 자산의 개념은 역사적으로 확장되었다. 이는 신뢰의 이동, 금융업의 발전, 소유의 민주화를 동반하고 블록체인 기술의 등장으로 자산의 개념은 기계와 알고리즘 (일명 '프로토콜')에 대한 신뢰에 기반한 가상 자산으로 확장을 전망하고 있다.

있다. 이에 5조 원의 경제적 생산 가치, 그리고 유관 산업 및 기업에서 4만 명의 고용 기회를 창출할 것으로 예상한다.[16]

가상 자산이란?

「특정 금융거래정보의 보고 및 이용 등에 관한 법률」에 따르면, '가상 자산'이란 경제적 가치를 지닌 것으로서 전자적으로 거래 또는 이전될 수 있는 전자적 증표(그에 관한 모든 권리를 포함한다)를 말한다. 가상 자산에 대하여 자금 세탁 방지를 하고 매각 차익에 대하여 세금을 부과하는데, 금융 소득이 아닌 기타 소득으로 부과한다. 비트코인 등을 가상 자산으로 분류하고 있으나, 아직은 가상 자산을 금융 자산이나 화폐로 인정하고 있지 않다.

가상 자산Virtual Asset이라는 용어는 암호 화폐가 중앙은행의 화폐와 같은 것처럼 대중이 오해하지 않도록 FATF[17]에서 각국에 암호 화폐 대신에 사용하도록 추천한 단어다. 일본은 암호자산Crypto Asset이라는 용어를 사용한다. 가상 자산이란 용어의 선택에서부터 암호 화폐가 중앙은행의 화폐와 경쟁할 수 있는 발전과 확대에 대한 견제와 우려를 하고 있음

---

16) BCG 컨설팅, 『FUTURE OF ASSET 2022』, 2022.
17) FATF(Financial Action Task Force)는 세계적인 자금 세탁 및 테러 자금 조달 감시를 위하여 설립된 국제기구이다. 이러한 불법적인 활동과 사회에 끼치는 해악을 예방하는 것을 목표로 하는 국제적인 기준을 설정한다. 1989년 G7에서 자금 세탁 방지를 위해 설립하였다.

을 알 수 있다.

가상 자산은 암호학적 기법을 통해 보안을 담보하고, 거래 내용을 블록체인 분산 장부에 저장하여 은행과 같은 3자의 보증 없이도 탈중앙화된 신뢰를 보장하는 새로운 자산 종류라 볼 수 있다. 유럽중앙은행은 가상 자산(암호 화폐)을 "개발자들이 발행하고 통제하는, 규제되지 않은 화폐로 특정 가상 커뮤니티에서 이용되는 화폐"라고 정의하고 있다. 특정 가상 커뮤니티라는 한계를 두고 있지만 화폐로서의 길을 열어놓고 있다.

지난 8년 3개월 동안(2013년 4월 27일~2021년 6월 27일) 전 세계 가상 자산거래소에 8,950개의 가상 자산이 신규 등록되었고, 이 중 약 40%가 등록 폐지되었다. 등록 폐지 가상 자산의 90.5%가 3년을 넘기지 못하였고 신규 등록 후 5년 이상이 지나서 등록 폐지된 가상 자산도 적지 않다.[18] 그만큼 현재 가상 자산은 부침이 심한 편이다. 코인마켓캡닷컴 Coinmarketcap.com에 등록된 가상 자산[19]은 2024년 7월 25일 현재 10,021개에 달한다. 가상 자산에 대한 의견은 극단적인 경우가 많고 다양하다. 경제학자인 폴 크루그먼은 "암호 화폐는 다단계 사기와 같다"라고 하고, 세계적인 헤지펀드인 버크서 헤셔웨이 Berkshire Hathaway Inc.

---

18) 이성복, 『가상 자산 발행과 유통 현황』, 자본시장연구원, 2021, p. 3.
19) 2022년 12월 4일 8,965개에서 계속 확대되고 있다.

의 찰리 멍거^{Charlie Munger}는 암호 화폐를 금지한 중국을 칭찬하면서 "암호 화폐는 결코 창조되지 말았어야 했다"라고 말한다. 경제사학자 니얼 퍼거슨은 "암호 화폐 조정은 과거만큼 혹독하지 않을 것이다"라고 하면서 암호 화폐의 미래를 부정적으로만 보지 않는다.

프리드리히 하이에크^{Friedrich Haiek}는 정부의 독점적인 화폐 발행이 인플레이션이나 경기 변동 등의 문제를 일으킨다고 지적하며, 화폐 공급은 민간 영역에서 자유롭게 결정되어야 한다고 주장한다. 3세대 암호 화폐 카르다노를 만든 찰스 호스킨슨^{Charles Hoskinson}은 "암호 화폐의 등장은 국가가 발행한 중앙 화폐와 달리, 새로운 통화 정책이나 금융 정책을 실험해 볼 수 있는 무대를 갖게 된 것일 수 있다. 국가 경제를 파괴하지 않으면서 중앙은행에 의존하지 않는 새로운 경제 질서와 경제적 삶을 연구할 수 있다면, 많은 사람이 기꺼이 암호 화폐의 사용자가 될 것이며, 앞으로도 수만 종류의 토큰이 나올 것이다. 그 중 시장에서 가치를 인정받지 못하는 토큰은 곧장 사라진다. 가치를 인정받은 토큰은 계속 살아남을 것이고, 이 훌륭한 혁신과 유동성은 앞으로도 계속된다"라고 말한다.

가상 자산은 익명의 사람들 간의 보이지 않는 신뢰의 확보가 뒷받침되어야 그 영역을 확장할 수 있다. 즉 신뢰가 보이는 신뢰에서 보이지 않는 신뢰, 거래와 네트워크의 신뢰로 확대된 것으로 볼 수 있다. 가상 자산 거래는 중개인이 필요 없으며, 자산 관리소도 필요하지 않다. 왜냐하면 개인의 지갑에서 직접 관리하기 때문이다.

가상 자산은 하나의 거대한 미래의 물결이라 볼 수 있으며, 리스크가 높다고 해서 규제를 계속하면 미래의 산업에서 뒤처질 수밖에 없다. 케빈 워바흐$^{Kevin\ Werbach}$는 "미래에는 화폐와 금융업의 근간에 분산 원장 기술이 있을 것"이라며, "가상 자산 산업은 이전보다 더 개방적이고 보완성이 높으며, 글로벌화되고, 더 유연한 시스템으로 자리 잡을 것"이라고 말하고 있다.

가상 자산과 블록체인은 분리되기 어렵다. 블록체인의 특성이 분산 원장이 기반이 되기 때문에 이 분산 원장을 보관하고 실시간으로 네트워크에서 연결·관리하는 블록체인 노드[20]$^{blockchain\ node}$에 대한 보상이 필요하다. 이 보상으로 받는 대표적인 암호 화폐가 비트코인이다. 그래서 프라이빗 블록체인$^{private\ blockchain}$으로 운영하여 참여자들이 블록체인으로 상호 이익이 있는 경우에는 보상에서 자유롭지만, 퍼블릭 블록체인의 경우 보상 체계에 대한 고민은 계속될 것으로 생각한다.

---

20) 블록체인 노드는 블록체인 네트워크에 참여하는 장치(일반적으로 고성능 컴퓨터)

[표 3-4] 블록체인과 비트코인의 간략한 역사[21]

1990년대	분산 컴퓨팅(비잔틴장군의 딜레마)	2017	ICO가 활발하게 진행
2009	블록체인과 비트코인 공개(사토시)	2018	ICO와 암호화폐 규제강화/STO 발행
2011	비트코인으로 첫 거래	2019	페이스북 리브라 발표
2012	디지털 지불 결제 시스템	2020	탈중앙화(DeFi) 프로젝트 성장
2014	스마트 계약, 디앱 출시(이더리움)	2021	NFT 활성화
2016	다양한 산업으로 블록체인 확대	2024	비트코인과 이더리움 ETF 승인

블록체인은 거래의 신뢰성을 다시 정의할 것이다.[22]

블록체인은 서플라이 체인supply-chain, 물류, 헬스케어, 소매 및 전자 상거래, 금융, 부동산, 미디어, NFT 마켓플레이스, 중공업 및 제조, 에너지, 음악, 국경 간 지급 결제, 사물인터넷, 게임, 개인 정보 보호, 정부 및 투표, 자금 세탁 방지, 광고, 오리지널 콘텐츠 제작, 자동차 스마트 계약 등 산업과 일상생활까지 확대되고 있다.

블록체인과 달리, 가상 화폐에 대해서는 경계와 우려를 드러내고 있다. 가상 화폐의 탈국가화, 무정부성이 강화될수록 기존 국가 경제 체제의 근간인 현행 금융 시스템과 중앙은행 화폐에 대한 도전이 될 수밖에 없기 때문이다. 현재 글로벌 금융 시장과 지급 결제 시장을 장악하고 있

---

21) (출처 : 저자 작성)
22) 사티아 나델라Satya Nadella, 마이크로소프트의 CEO

는 미국 등 금융 선진국의 입장에서는 어느 정도 범위 내에서 가상 화폐를 제어하고 관리하지 못하면, 국가 권력의 훼손으로 이어질 수밖에 없다고 생각하여 이에 대한 통제를 강화하고 있다.

2022년에 발생한 테라-루나 사태나 세계 3위의 가상 자산 거래소인 FTX 파산(2022년 11월)은 가상 자산 전체의 문제가 아닌 개별 기업의 일탈(분식 회계 등)로 보아야 한다. 일반 금융권에서 일어난 2008년 리먼브라더스 파산도 탐욕이 가져온 결과인 것과 같다. 이러한 사건이 발생했을 때마다 다양한 규제 등이 이루어지는 경향이 높다. 그러나 가상 자산이 갖는 다양한 강점 등을 고려할 때 향후 가상 자산의 건전한 발전에 겪어야 할 과정으로 볼 수 있다.

많은 우려와 부정적 의견에도 불구하고 가상 자산 생태계는 핀테크의 발전과 함께 금융의 새로운 흐름이 되고 있고, 디지털 세계가 확장되면 더 활발해질 것으로 예상한다.[23]

---

23) 미국의 글로벌 투자 회사인 JP Morgan의 디지털 화폐 JPM 코인은 JPM Onyx 플랫폼을 통해 국경 간 지급 결제를 위하여 다양한 기업들에 의해 상업적으로 사용되고 있다(Ledger Insights, "JPM Coin goes into production, launches JP Morgan Onyx blockchain unit", October 27, 2020.). 또한 씨티은행은 고객들이 암호 화폐, 스테이블 코인, NFT, CBDC 등에 투자할 수 있도록 디지털 자산 그룹을 출범시켰다(Banking Drive, "Citi launches digital assets unit, confirming crypto plans", June 25, 2021.).

| 자산 관리의 혁신, 토큰 증권(STO)

STO는 금융의 중요한 영역인 자산 관리와 투자 부문에서 디지털 변화의 효과를 극명하게 보여준다. STO(Security Token Offerings)는 증권형 토큰을 제공하는 것을 말한다. 실제 자산(RWA, Real World Asset)은 STO를 통해 토큰화할 수 있다.

RWA (Real World Asset)

실제 세계의 자산을 의미한다. 이러한 자산은 물리적인 재산(부동산, 차량, 기계 장비 등), 금융 자산(채권, 주식), 또는 기타 비물리적 자산(지식 재산권, 라이선스 등)을 포함하고 있다. RWA는 일반적으로 투자가 가능한 자산으로 여겨지면, 기업이나 개인이 자본을 확보하거나, 자산을 유동화하는 데 사용된다.

STO

최초 발행시장의 특성을 RWA 토큰은 유통시장의 성격이 강하나, 실제 세계의 자산을 토큰화한다는 점에서는 동일하다. 우리나라의 부동산 조각 투자도 같은 성격이다.

STO에 참가하여 그 대가로 받는 증권형 토큰^{Security Token}은 토큰 발행사나 관련 자산에 대한 소유권이 있어 일반적인 주식과 비슷하다. 증권형 토큰 보유자는 토큰의 가치에 따라 토큰 발행사가 창출한 이익을 배당금으로 받거나 발행사의 경영권 행사를 할 수 있다. STO를 통해 부동산, 주식, 채권, 미술품 등 모든 형태의 자산을 토큰화하여 소액 단위로 투자하고 거래할 수 있어 발행 종류와 범위가 계속 확대되고 있다.[24]

코인텔레그래프가 조사한 바와 같이 부동산 등 유형 자산, 특허권 등 무형 자산을 넘어서 최근에는 채권이나 대출을 조각 투자로 하는 채무 토큰^{Loan Token}를 비롯하여 예술 작품, 금/은을 포함한 귀금속 등 모든 자산이 토큰화되고 있다.

---

24) 조경식 외, 『메타버스, 새로운 세계에 대한 도전』, 진인진, 2022, p. 136.

[그림 3-4] 현재 토큰화되고 있는 자산[25]

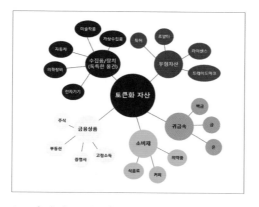

STO는 기초 자산이 존재하고 일정한 자산이나, 채권, 자본에 대한 소유에 대한 증명을 표현하는 증권이기 때문에 기존 증권의 속성을 그대로 가지고 있다. STO는 법적인 틀을 만들고 일정한 규제와 관리를 할 수 있다는 점에서 기존 시장과 마찰이 크지 않아 현행 자본 시장 제도 내에서 관리·운용될 수 있으므로 앞으로 확대될 가능성이 크다.

기존의 자산은 매매, 자산 관리, 담보, 규제 등 다양하게 분리되어 관리된다. 토큰화의 장점은 자산에 대한 소유권, 매매, 관리, 담보 등 모든 것을 하나의 프로그램으로 통합한다. 토큰별로 스마트 계약을 사용하여 자산 기록과 거래의 유효성을 단일 프로세스로 통합하여 사용할 수 있다. 토큰화의 가장 큰 장점은 거래 속도를 크게 높이고, 모든 거래의 구성 요소(매매, 소유권 이전, 자산 관리 등)를 동시에 발생시킨다는

---

25) 출처: Cointelegraph Research, Security-Token-Report, 2021

점에 있다.[26] 이러한 토큰 거래는 앱이나 웹을 통해 쉽게 접근이 가능하고, 비용이 절감되고 신뢰성을 높인다.

[그림 3-5] 토큰의 구조[27]

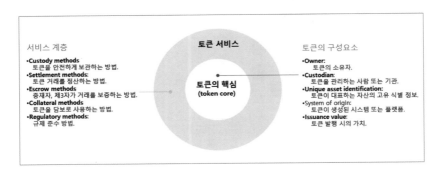

토큰 증권도 일반적인 토큰과 기본 구조는 같다. 그림의 왼쪽 부분은 토큰 서비스에 대한 예시를, 오른쪽 부분은 토큰 코어에 대한 예시이다. 코어는 토큰의 기본 정의와 관련된 정보를, 서비스 계층은 이러한 정의를 기반으로 제공되는 다양한 기능과 서비스를 말한다.

---

26) 이를 원자적 결제(atomic settlement)라고 한다. 원자적 결제는 블록체인 기술에서 스마트 계약에서 사용된다. 원자적 결제의 즉시성, 정확성의 장점은 거래의 부분 완료나 불일치의 위험을 제거한다. 거래의 어떤 부분이든 실패하면 전체 과정이 초기 상태로 환원되어 어떠한 당사자도 불확실하거나 불완전한 상태에 남지 않도록 보장한다. 이 특성은 정확성, 신뢰성 및 확실성이 중요한 금융 시장 및 거래에서 특히 중요하다. 그리고 국제 금융 거래에서 환리스크를 근본적으로 제거하여 국제 거래에서 큰 이점을 갖고 있다. 이러한 원자적 결제는 향후 토큰의 국제 거래 확장성을 높인다.

27) 출처:BIS, The tokenisation continuum, BIS Bulletin No 72, 2023. 4.

STO(토큰 증권)는 자산 관리와 밀접하게 연관되어 있어, 자산을 관리, 보관, 운영하는 신탁(Oracle)의 역할이 중요하다. 토큰의 발행은 블록체인을 통한 탈중앙화로 이루어지지만, 현실 세계를 연결하는 신탁의 주체는 중앙집중형이라는 모순관계에 있다. 신탁은 현실 세계의 법과 규제, 신뢰성을 확보하지 않으면, 토큰 생태계의 위험을 높인다. 기존 신탁사와 토큰 발행자 간 연합과 제휴가 확대될 가능성이 높다.

토큰의 신뢰성을 위해서도 토큰 발행자와 토큰화된 자산의 관리자는 분리되어 운용되어야 한다. 수탁자의 권한 범위가 어디까지냐는 자산의 특성에 따른 별도의 기준이 필요하다.

토큰 증권은 자산의 운용에서도 투명성이 강화된다. 토큰 증권 거래에 참여하는 수많은 투자자가 같이 판단하고 투자하기 때문에 대상 물건에 대한 가치, 가격에 대한 엄정한 검증이 이루어질 수 있다. 상대적으로 자금 유동성도 뛰어나, 고액의 부동산이나 채권 등도 디지털 거래 플랫폼을 통하여 언제든지 편하고 빠르게 현금화할 수 있다.

블록체인 기술에 바탕을 둔 분산 원장은 보안성을 강화하면서 데이터 보관 비용을 줄이기 때문에 발행 비용이 상대적으로 낮다. STO는 IPO와 ICO의 장점을 결합한 하이브리드 hybrid 증권이라 할 수 있다.

미 국채의 토큰화는 향후 토큰화의 확장 가능성을 분명하게 보여준다. 토큰화된 미 국채는 2024년 6월 말 현재, 6개의 토큰으로 발행된 금액이 12억 5천만 달러로 증가 추세다. 세계 최대의 자산 운용사인 블랙락[28]BlackRock은 2024년 3월 비들[BUIDL] 토큰[29]을 처음 발행 이후 현재 4억 6천만 달러로 미 국채 토큰화의 최대 발행사가 되었다. 세계적인 자산 운용사들이 RWA 토큰에 직접 참여가 늘고 있어 지속적인 성장이 기대된다.

[그림 3-6] 토큰화된 미 국채 현황(2024.6)[30]

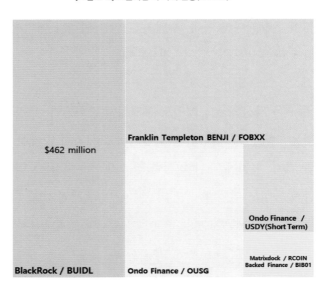

28) 블랙락의 자산 운용 규모는 10조 달러를 넘어서고, 프랭클린 템플턴은 2조 달러 가까이 된다.
29) BUIDL은 토큰당 1달러의 가치(기초 자산의 등락에 따라 변동 가능)를 제공하며, 매일 발생한 배당금을 새로운 토큰 형태로 매월 투자자의 지갑에 직접 지급한다. 이 펀드의 최소 투자 금액은 5백만 달러이다.
30) 출처 : cointelegraph, 회사명/토큰명

RWA 토큰을 발행하기 위해서는 다양한 협력자들이 필요하다. 비들[BUIDL]은 블록체인으로 소유권 발행 및 거래를 가능하게 하여 투자자 접근성을 확장하고, 즉각적이고 투명한 결제와 플랫폼 간의 전송이 가능하다. 비들[BUIDL]의 초기 생태계 참여자는 디지털 및 기존 시장 간의 상호운용성을 지원하는 BNY Mellon를 포함하여 다양한 전문 기업이 참여하였다.[31] 비들의 사례는 향후 우리나라 국채 토큰화의 미래에도 좋은 사례가 될 수 있다.

31) Business Wire, 「BlackRock Launches Its First Tokenized Fund, BUIDL, on the Ethereum Network」, 2024.5.21

[표 3-5] 비들^{BUIDL}의 초기 생태계 참여자와 역할[32]

기업	역할	상세 설명
BlackRock Financial Management, Inc.	Investment management of the fund	펀드의 투자 관리. BUIDL 펀드의 전반적인 투자 전략 및 자산 관리 업무
Anchorage Digital Bank NA	Digital asset custody provider	디지털 자산의 보관 서비스 제공. 안전한 저장 및 관리 솔루션을 통해 투자자들이 디지털 자산을 보호할 수 있도록 지원
BitGo	Digital asset security and custody solutions	디지털 자산의 보관 및 보안 솔루션 제공. 멀티시그 (multi-signature) 지갑과 같은 고급 보안 기능을 통해 디지털 자산을 안전하게 관리
Coinbase	Cryptocurrency exchange and digital wallet services	암호화폐 거래소 및 디지털 지갑 서비스 제공. 투자자들이 디지털 자산을 거래하고 보관할 수 있는 플랫폼을 제공
Fireblocks	Secure digital asset transfer and management platform	디지털 자산 전송 및 보안 플랫폼 제공. 고급 보안 인프라를 통해 디지털 자산의 안전한 전송과 관리를 지원
Bank of New York Mellon	Custodian and administrator of fund assets	펀드 자산의 관리자 및 행정 서비스 제공. 펀드의 자산 보관 및 관리, 상호 운용성 지원 (현실 세계와 디지털 세계를 연결하는 가교 역할)
Securitize	Tokenization platform and transfer agent	토큰화 플랫폼 및 이체 대리인 역할. BUIDL의 토큰화된 주식을 관리하고, 펀드 구독, 상환 및 분배를 처리
Securitize Markets	Placement agent for qualified investors	배치 대리인 역할. 자격을 갖춘 투자자에게 펀드를 제공하는 업무를 수행
Pricewaterhouse Coopers LLP (PwC)	Auditor of the fund	펀드의 감사 역할. BUIDL 펀드의 재무 상태와 운영을 검토하고 감사

---

32) 출처:https://finance.yahoo.com/news/blackrock-launches-first-tokenized-fund-222700828.html

STO는 자산 관리의 새로운 혁신이지만, 해당 자산에 대한 관련 법이 명확하고, 계약에서 배당, 처분에 이르기까지 모든 프로세스가 정확(변동성이 없는)한 경우에 가장 효율적이다. 반면 법이 모호하고, 판단이 어려운 경우에는 스마트 계약(한번 체결한 계약은 되돌릴 수 없다는 비가역성이 있다.)의 특성상 적용의 효율성이 떨어진다. 다시 말해, 법적 프레임 워크와 규정이 상당히 표준화되어 컴퓨터 알고리즘으로 쉽게 변환될 수 있는 자산에 대해서는 비교적 쉽다. 그러나 권리자가 분명하지 않거나 법적인 문제들이 명확하지 않으면 사전에 규정 조정이 필요하다. 예를 들어 주택 모기지 증권의 경우에 채권은행과 주택소유자 간의 사전 조정이 필요하다. 국가 간 거래의 경우에는 법적인 부분이 명확해야 한다. 그러나, STO는 향후 기존에 복잡한 법률적, 거래 규정 등을 표준화하고, 거래 절차의 투명성을 확보하는 등 자산 이전의 새로운 방법들을 찾아내고, 이를 확장할 가능성이 크다.

| 중앙은행 디지털 통화, CBDC

중앙은행 디지털 통화(CBDC, Central Bank Digital Currency)는 전자적 형태로 발행되는 중앙은행 화폐(현금)를 의미한다.[33]

최근, CBDC에 대한 논란이 거세다. 미국의 트럼프는 2024년 대통령이 되면 CBDC를 허가하지 않을 것임을 분명히 했다. CBDC에 대한 트럼프의 논리는 CBDC가 개인의 통제와 관리를 통하여 억압적인 사회

---

33) 한국은행, 『지급결제보고서』, 2022/*국제결제은행BIS 산하 지급 결제·시장 인프라 위원회CPMI는 CBDC를 "전통적인 지급 준비금이나 결제 계좌상 예치금과는 다른 전자적 형태의 중앙은행 화폐"로 정의하고 있다. 발행 주체는 중앙은행으로, 전자적 형태를 갖되 법적 형태는 단일·분산 원장 방식 기술로 구현된다. 이용 주체는 모두가 이용 가능한 소액 결제용(또는 일반 이용형)과 은행 등의 금융 기관들의 자금 결제용으로만 쓰이는 거액 결제용(또는 거액 거래형)으로 구분된다. 현재 주로 논의 중인 CBDC는 소액 결제용이다/*최근 BIS는 CBDC를 중앙은행의 직접 부채이며, 소매 지불 또는 도매 결제에 사용될 수 있는 디지털 형식의 중앙은행 화폐의 새로운 형태로 정의하고 있으며, 도매 결제용으로도 본격 논의되고 있다.

(필요할 경우 중앙정부는 CBDC를 통하여 개인의 돈을 제한하거나 사용하지 못하도록 할 수 있다.)가 될 가능성이 있기 때문이다. 일면 타당성이 있다.

국제결제은행BIS은 CBDC에 대해 오랫동안 선진 중앙은행 중심으로 공동 연구를 해오고 있다. 중앙은행은 CBDC의 단독 운영자가 될 수도 있고, 더 넓은 거버넌스 합의는 공공 또는 산업 거버넌스 기구를 포함할 수도 있다. 중앙은행은 CBDC를 발행하고 상환할 수 있는 유일한 기관이 될 것이며, CBDC 시스템의 설계와 핵심 원장의 운영/감독에 대한 궁극적인 책임을 지게 된다.[34]

[그림 3-7] CBDC 생태계의 기능과 역할[35]

따라서 CBDC 시스템 내에서 역할을 할당하는 운영자(내부 기능을 실행하는 것),아웃소싱자(기능에 대한 책임을 유지하되 전문가 제공   업체와 계약), 감독자(기능을 수행하지는 않지만, 효과적이고 성실하게 수행되도록 관리)로서의 역할도 중앙은

34) BIS, 『Central bank digital currencies: system design and interoperability』, 2021. 9. p. 5.
35) 출처: BIS

행의 특권이 될 수 있다.[36]

   이론적으로 중앙은행은 특정 기능을 직접 운영하거나 아웃소싱
outsourcing을 통하여 생태계의 모든 기능을 수행할 수 있으나, 중앙은행은
고객 서비스 경험이 부족하고 고객을 위한 물리적 및 디지털 접점 네트
워크가 부족하다. 중앙은행이 직접 운영하는 CBDC의 경우에는 일부
아웃소싱 요소가 있는 경우라도 사용자의 디지털 결제 요구 개발을 지
원하기 위해 모든 것을 설정하고, 더 중요하게는 유지 및 업데이트를 계
속해야 한다.

   금융 인프라가 발달한 국가의 중앙은행에는 적합하지 않을 수 있지
만, 공공을 위하여 민간에서 지급 결제에 대한 준비가 부족한 지역에는
직접 시스템이 적절할 수 있다고 BIS의 보고서는 지적하고 있다. BIS는
중앙은행이 광범위한 민관 협력, 즉 공공 부문이 일부 역할을 맡고, 민
간 주체가 다른 역할을 하는 "계층화된" 시스템을 기반으로 CBDC 생
태계를 구상하고 있다.

   중앙은행이 CBDC의 모든 부문을 통제하고 관리하는 것은 현실적
으로 어려운 점이 있다. 특히 금융 인프라가 발달한 금융 선진국에서는

---

36) BIS, 앞의 책, p. 5.

이해관계들이 복잡[37]하게 얽혀 있어 이에 대한 조정과 합의가 어려운 점이 CBDC 도입을 늦추는 요인이기도 하다.

이러한 복잡성의 문제는 CBDC가 금융 선진국보다는 중국, 인도 등 선진 금융 인프라의 역사가 짧고, 정부의 금융 장악력이 우위에 있거나, 금융 인프라가 발달하지 않은 저개발국가에서 CBDC에 대한 적극적인 도입과 운용이 이루어지는 현상으로 나타나고 있다. CBDC의 효과적 실행은 CBDC 생태계 내에서 유관 기관과 기업들이 상호 협력하고 경쟁하면서 혁신과 효율성을 만들어낼 수 있는가에 달려 있다.

IMF는 『핀테크 노트』에서 CBDC가 어떻게 발행되고 유통이 되는지, 중앙은행과 민간의 역할이 어떻게 될지가 중요하며, 이에 기반하여 중앙은행의 운영 모델을 3가지로 분류하고 있다. [38]

우리가 직접형 CBDC(unilateral CBDC)라고 부르는 첫 번째 모델은 중앙은행이 CBDC 발행에서 유통에 이르기까지 결제 시스템의 모든 기능을 수행하고 최종 사용자와 상호 작용하는 경우다.

두 번째 모델은 중앙은행의 발행을 수반하지만 민간 부문 기업이 최

---

37) 공공 기관은 공공 정책 목표를, 민간 기관은 주주 이해와 시장 주도 목표를 가지고 있으며, 이에 대한 균형점을 찾는 것이 쉽지 않고 많은 시일과 인내가 요구된다.
38) IMF Fintech Notes 2022/004, 『Behind the Scenes of Central Bank Digital Currency: Emerging Trends, Insights, and Policy Lessons』, 2022. 2.

종 사용자와 상호 작용할 수 있는 역할을 포함하는 경우로 중개 기관이 CBDC를 운영하는 중개형 모델이다. 중개 역할은 금융 회사뿐만 아니라 결제 서비스 제공업체 및 스마트폰 사업자와 같은 다른 유형의 회사도 포함될 수 있다. 대부분은 민간이 소유하는 영리 기업일 가능성이 크지만, 국영 중개자나 협동조합도 관련될 수 있다. 이 두 번째 모델은 중앙은행이 중개 기관에게 다른 행위자들을 규제하거나 감독할 것을 요구할 수 있다. 그러나 이는 법적인 기반 마련과 운영상의 복잡성을 추가할 수 있다.

세 번째 모델에서는 중앙은행 디지털 화폐를 중앙은행이 아니라 중앙은행 부채를 보유하여 발행을 지원하는 민간 기업이 직접 발행하는 경우다. 따라서 세 번째 모델은 중앙은행이 발행하지 않고 합성 CBDC 또는 sCBDC로 말할 수 있으므로 CBDC가 아니라 스테이블stable 코인, 즉 특별한 형태의 전자 화폐로 볼 수 있다. 그러나 중앙은행 발행 자산에 의해 일 대 일로 지원하기 때문에 일부 중앙은행에서는 CBDC의 대안으로 고려할 수 있으며, 합성형 CBDC라 할 수 있다.

이러한 개념적 모델은 상호 배타적인 것은 아니다. 일부 중앙은행은 중간 모델을 주요 운영 모델로 고려하면서도 보편적 접근성과 탄력성을 보장하기 위해 단독 모델을 통한 기본 결제 서비스도 제공하고 있다. 마찬가지로, sCBDC는 반드시 CBDC를 대체하는 것은 아니다. 예를 들어 민간 기업이 CBDC와 함께 발행하거나 심지어 CBDC의 지원을 받을 수도 있다. 현재 진행되고 있는 운영 모델은 두 번째 모델에 집중되어 있으며, 향후 국가별 통화 정책이나 금융 환경에 따라 다양하게 나타날 수 있다.

[그림 3-8] 3가지 개념적 CBDC 운영 모델[39]

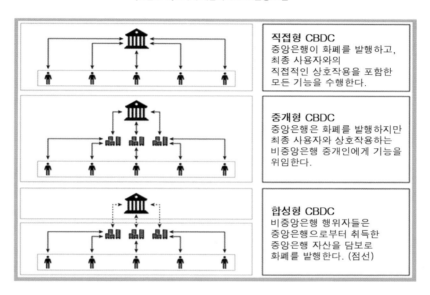

CBDC에 대한 관심과 연구 확대의 계기는 2020년 10월 열린 G20에서 BIS의 지급 및 시장 인프라 위원회^{CPMI} 및 기타 관련 국제기구 및 표준 설정 기관과 협력하여 금융안정위원회^{FSB}가 개발한 국가 간 지급 결제에 대한 강화 로드맵을 승인하면서 확대되었다. G20은 향후 국가

---

39) 출처: IMF, Fintech Notes, 2022

간 지급 결제 프로그램은 높은 비용, 낮은 속도, 제한된 접근 및 불충분한 투명성 등 지급 결제의 오랜 과제를 해결하는 것을 포함하고 있다.[40]

G20의 이러한 결정은 가상 자산의 급격한 성장과 다양한 결제 시스템의 등장으로 인한 기존의 국제 금융 체계에 대한 도전이 발생하고, 현재의 국가 간 결제 시스템을 보완하지 않고서는 향후 경쟁력이 뒤처질수 있다는 우려가 포함되어 있다.

국제 통화 결제 시스템(SWIFT 등)을 움직이는 미국과 유럽 등은 이를 위협하는 가상 통화와 다양한 결제 시스템의 도전 등의 변화에 대응하기 위한 목적이 크다. 중국, 인도처럼 경제 규모가 크면서 금융의 독립성과 블록화를 추구하거나 아프리카, 동남아 지역을 중심으로 금융 인프라가 부족한 국가는 CBDC를 디지털 발전 등으로 인한 금융의 변화에 효과적으로 대응하고, 경제 활성화도 이끌어낼 수 있는 금융 인프라인 점을 고려하여 적극 추진하고 있다.

디지털 통화와 스테이블 코인의 규제 없는 성장은 중앙은행들로 하여금 민간 형태의 디지털 화폐보다 탄력성과 안정성이 있고 비용도 저렴한 중앙은행 디지털 화폐(CBDC)를 개념화하고 설계하도록 자극하

---

40) BIS, 『Options for access to and interoperability of CBDCs for cross-border payments』, 2022. 7.

고 있다.[41] 은행들은 CBDC가 두 세계의 장점을 하나로 결합하여 현재의 법정 기반 통화 시스템을 개선하고, 새로운 암호 기반 시스템보다 더 안전하고 안정적인 환경을 제공할 수 있다고 믿고 있다. 또한 CBDC는 법정 기반 시스템의 책임, 효율성, 적응성, 그리고 사용자 통제를 높이고, 암호화 기반 시스템의 안정성과 무결성 부족을 보완할 수 있다고 생각한다. 난단 메르$^{Nandan Mer}$, 네트워크인터내셔널(UAE) 그룹 최고경영자CEO는 "대부분 개발도상국의 디지털 결제 인프라가 한층 성숙해짐에 따라 CBDC가 궁극적으로 실물 현금을 대체하거나 대체할 수 있다."라고 말하고 있다.[42]

2020년 5월에는 35개국만이 CBDC를 고려하고 있었으나, 2024년 5월 현재 세계 GDP의 98% 이상을 차지하는 134개국이 CBDC를 모색하고 있다.[43] G20 국가 중 19개국이 현재 CBDC 개발의 고급 단계에 있다. 이 중 11개국은 이미 파일럿 단계에 있다. 여기에는 브라질, 일본, 인도, 호주, 한국, 남아프리카, 러시아, 터키가 포함된다. 바하마, 자메이카, 나이지리아는 CBDC를 출시했다. 러-우 전쟁과 금융 제재 이후, 달러에 대한 대체 결제 시스템 개발을 추진하고 있는 BRICS는 mBridge 프로젝트*를 통하여, 중국, 태국, UAE, 홍콩을 포함하여 11

---

41) Capgemini, 『World report series: Payments 2022』, 2022.
42) Capgemini, 『World report series: Payments 2022』, 2022.
43) CBDC의 현황은 CBDC 트랙커를 참조: https://www.atlanticcouncil.org/cbdctracker/

개국으로 확장할 예정이다.

<mBridge 프로젝트>

중앙은행 간의 디지털 통화(CBDC)를 활용한 다국적 결제 플랫폼을 개발하는 혁신적인 프로젝트이다. 이 프로젝트는 국제 결제의 비효율성 문제를 해결하고자 하며, 주로 높은 비용, 느린 속도, 운영 복잡성을 개선하는 데 중점을 두고 있다. 2021년에 시작된 이 프로젝트는 BIS 혁신 허브, 홍콩, 태국, 중국, 아랍에미리트가 공동으로 진행하고 있으며, 최근 사우디아라비아도 합류하였다.

프로젝트는 새로운 블록체인인 mBridge 원장Ledger를 개발하여 실시간으로 국경 간 결제와 외환 거래를 지원할 예정이다. 2022년에는 4개국 20개 상업은행이 참여한 파일럿 테스트에서 160건 이상의 실거래를 통해 2200만 달러 이상의 결제가 처리되었다. 현재 mBridge는 최소 실행 제품(MVP) 단계에 도달했으며, 민간 기업의 참여를 유도하여 추가 기술 솔루션과 새로운 사용 사례를 개발 중이다. [44]

러시아-우크라이나 전쟁 등 국가 간 갈등의 확대와 서플라이 체인의 변화, 새롭게 대두되는 자원 전쟁 등은 많은 국가에서 대체 국제 결제 시스템을 모색하는 계기가 되고 있다.

---

44) BIS, 『Connecting economies through CBDC』, 2022. 10, 2024. 6.

캡제미니^{Capgemini}가 2022년 조사한 내용에 의하면, CBDC에 대한 관심이 증가하고 있으며,[45] 향후 지급 결제 산업에 중요한 영향을 미칠 것으로 보고 있다.

CBDC를 이끄는 동인으로 각국 중앙은행은 암호 화폐의 잠재적인 통화 정책 압력을 피하기 위하여 CBDC 도입을 적극적으로 추진하고 있다. 암호 화폐 사용의 확대로 기업과 은행은 포트폴리오에 추가 결제 수단으로 암호 화폐를 포함하는 것을 고려하고 있다. 암호 화폐 거래 금액의 증가도 디지털 통화인 CBDC를 서두르는 이유다.[46]

그리고 중앙은행들은 암호 화폐를 통한 불법 거래를 방지할 필요가 있다고 주장한다. CBDC는 암호 화폐를 통해 급증한 불법 행위와 테러 자금 조달을 제거하는 데 도움이 될 수 있다고 생각한다. 그리고 현재 국제 지급 결제에서 높은 국경 간 거래 비용이 발생하고 있다는 점이다.[47] 중앙은행은 CBDC가 중개인(기업이나 공공 기관)의 존재로 인해 레거시^{legacy} 정산[48] 과정에서 발생하는 높은 국경 간 거래 비용을 억제하

---

45) Capgemini Payments 2022 보고서에 따르면, 은행 임원 응답자의 90%가 CBDC가 새로운 결제 혁신을 지원한다고 답변했다.

46) 코인베이스coinbase의 2021년 2분기 보고서에 따르면 암호 화폐 거래량이 거의 32% 증가했으며, 캡제미니가 2021년 조사한 사실에 따르면 조사 대상 중 향후 1~2년 안에 암호 화폐 결제를 사용할 의향이 있는 소비자가 45% 이상을 차지하고 있다.

47) Capgemini, 『Financial Analysis』, 2021.

48) 레거시는 컴퓨터 분야에서 과거로부터 물려 내려온 기술, 방법, 컴퓨터 시스템 및 응용 프로그램을 의미하며, 새롭게 대체가 가능한 기존의 기술을 말한다. '레거시 정산'은 레거시상 차용자의 지불을 충족시키기 위해 레거시와 차용자 간에 체결되는 정산 약정을 의미한다.

는 데 도움이 될 수 있다고 믿는다.

[그림 3-9] 전 세계 중앙은행의 CBDC 검토 이유[49]

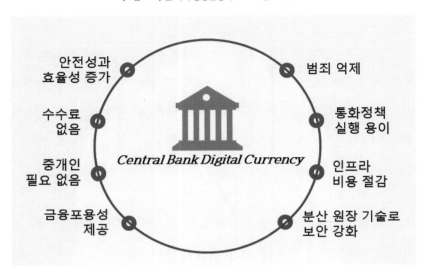

CBDC는 G7 경제 중 중국이 가장 적극적으로 접근하고 있으며, 미국과 영국은 CBDC를 서두르지 않겠다는 생각이다. 유럽중앙은행[ECB]은 향후 5년 내외에 디지털 유로화를 제공하는 것을 목표로 하고 있다.

미국은 그동안 기존 금융 시스템 체제의 유지에 힘을 기울여왔으나, 중국과 인도 등의 CBDC의 과감한 추진, 암호 화폐에 대한 확장에 대한

---

49) 출처: Capgemini Payments, 2024

우려[50]로 바이든 대통령은 2022년 3월 9일 연준에 CBDC 연구·개발을 지속 추진할 것을 주문하는 내용을 포함한 「디지털 자산에 대한 행정명령」을 발표하여 CBDC 검토를 본격화하였다. 미 연준은 CBDC 도입에 따른 장점이 관련 리스크보다 이점이 있다는 점이 분명해지는 경우에만 다음 개발 단계로 이행하겠다고 밝히는 등, CBDC 도입에 대해 적극적이지는 않다. 이와 관련하여 미국은 2022년 1월 CBDC 도입에 따른 비용·편익 등에 관한 분석 보고서를 공개하고 4개월 간의 의견 수렴에 착수하였으며, 이와 별도로 2022년 2월 보스턴 연준과 MIT는 공동으로 CBDC 시범 모형을 개발하여 대외에 공개하는 등 기술적으로는 거의 완성 단계에 있다.

G20 국가 중 19개국이 CBDC를 모색하고 있으며 한국, 일본, 인도, 러시아를 포함한 16개국은 이미 개발 또는 파일럿 단계에 있다. 세계 최대의 CBDC 파일럿인 중국은 2022년 베이징 동계 올림픽을 앞두고서 4+1 시범 지역(선전, 쑤저우, 슝안신구, 청두 및 베이징)을 시작으로 주요 도시들에서 일반 시민을 대상으로 디지털 위안화(e-CNY) 공개 시범 운영을, 2021년 3월에는 홍콩 주민을 대상으로 역외 사용 테스트를 했다. 중국의 디지털 위안화(e-CNY)는 25개 도시에서 2억 6천만 개의 지갑에 도달했다. 2022년부터 교통, 의료, 원유 구매 등 다

---

50) 2022년 1월 메타는 글로벌 스테이블 코인(Diem) 프로젝트를 추진하여 왔으나, 미 정부의 반대 등에 부딪혀 관련 자산 및 기술 등을 Silvergate Captial사에 매각하였다.

양한 환경에서 사용되었으며, 2024년에는 해외 관광객 사용 최적화 및 e-CNY의 국경 간 응용 확대에 중점을 둘 예정이다.

인도는 2022년 11월 1일 CBDC 파일럿[pilot] 프로그램 사용을 시작으로 도매 결제, 소매 결제 파일럿을 마무리하고, 국가 간 결제로 확대할 계획이며, 본격적인 실행을 앞두고 있다. 인도는 그동안 금융 시스템이 낙후되어 금융 접근성이 낮았으나 최근 핀테크의 급속한 성장[51]으로 금융 접근성을 포함한 금융 포용성이 높아지고 있다. CBDC가 실행되면 기존에 은행 계좌를 소지할 수 없었던 외국인들, 5억 명에 육박하는 극빈층들이 은행 계좌가 없어도 편리하게 송금을 할 수 있다.[52]

인도는 CBDC 시범 도입이 성공적으로 수행되면, 인도의 금융 환경을 크게 바꿀 것으로 예상한다. CBDC가 신원 증명(Proof of Identity), 신용 관리(Credit Score), 식품과 교육 보조금(Food & Education Subsidies), 소액 대출(Micro Loan) 접근권이 부여되는 개방형 결제 시스템을 뒷받침하면서 인도 경제의 활성화를 높일 것으로 기대한다.

---

51) 인도준비은행은 2021년에 비접촉식 지급수단인 e-RUPI를 도입한다. e-RUPI는 은행 계좌, 스마트폰, 중개인이 없는 QR 코드 또는 SMS 문자열 형태의 개인별 디지털 기프트 카드다.
52) 인도는 전 세계에서 가장 많은 해외 송금을 모국에 보내는 국가다. 2021년 인도인에 의한 인도로의 해외 송금은 870억 달러에 달한다. 이들 대부분은 Western Union과 같은 결제 회사를 통해 2~3% 수수료를 내야 하고, 송금 소요 시간은 3일 이상으로 CBDC가 본격화되면 비용과 시간 단축을 예상한다.

유럽중앙은행^{ECB}은 2021년 7월 '디지털 유로 프로젝트'에 착수하였다. 유럽중앙은행은 향후 2년간 디지털 유로의 설계, 거래와 관련하여 핵심 이슈를 검토한 후 실제 도입 여부를 결정할 계획이다.[53]

한국은행은 디지털 경제로의 빠른 진전에 대응하여 CBDC 도입이 결정될 경우를 고려한 기술적·제도적 연구에 대한 기반을 강화하고 있다. 우선 한국은행은 BIS와의 협력을 통해 기관용 CBDC가 중심이 되어 예금 토큰^{tokenized deposits}, 이머니 토큰^{tokenized e-money} 등 다양한 디지털 지급수단을 아우르는 새로운 미래 금융 시장 인프라 설계모델(CBDC 네트워크)을 제시했다.[54] 그리고, 2024년에는 실거래 테스트를 할 예정이다. 그러나, 실제 적용은 국제 흐름에 맞추어 나갈 것으로 보인다.

[그림 3-10] 한국은행의 CBDC 관련 연구 현황[55]

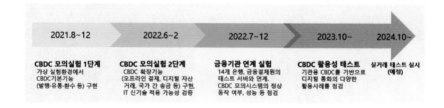

53) 파비오 파네타Fabio Panetta ECB 집행 이사는 향후 디지털 유로 도입이 확정되더라도 실제 발행까지는 3년 정도의 기간이 추가 소요될 전망이라고 한다.
54) 한국은행, 『지급결제보고서』, 2023.
55) 출처 : 한국은행

전 세계 약 50여 개의 지급 결제 시스템이 국가 간 연계를 구현하였거나 연계를 추진 중인 가운데, BIS 등 국제기구도 관련 논의에 착수하면서 향후 주요국의 지급 결제 시스템 연계 사업은 더욱 활발해질 전망이다.

우리나라는 2023년 연간 수출입 규모(통관 기준)가 1조 2,748억 달러로 세계 10위 이내에 드는 만큼 이러한 글로벌 지급 결제의 환경 변화에 선제적으로 대응할 필요가 있다. 국제기구와 주요국이 추진하는 다자 간 결제 플랫폼 가입을 검토하는 한편, 주요국의 지급 결제 시스템 상호 연계 제안 가능성에도 사전에 대비해야 할 것이다.

기존 글로벌 금융 시스템이 각국의 이해관계에 따라 블록화로 새롭게 변화하고 있어, 국가 사이의 원활한 거래를 위해서는 상호 운용성 문제[56]를 어떻게, 효율적으로 해결하느냐가 중요하다. 다양한 CBDC 모델의 확산은 국제 표준 설정에 대한 새로운 시급성을 창출하고 있으며, 이것은 국제 금융 시장에서의 주도권 다툼과도 관련이 있다.

기술은 자유를 약속하면서,
동시에 노예화의 새로운 형태를 제공한다.[57]

---

56) 국가마다 다른 법, 규제, IT 시스템, 보안 등 많은 문제가 놓여 있다.

57) 야니스 바루피아키스[Yanis Varoufakis], 그리스 경제학자, 전 재무장관.

CBDC는 중앙은행 디지털 통화다. 디지털 통화는 동전, 화폐를 넘어선 새로운 시대의 돈이다. 그러나, 효율성과 정보의 집중은 독점이라는 부작용과 정보의 오·남용이라는 심각한 결과를 초래할 수 있다. 블랙스완으로 유명한 나심 탈레브[Nassim Nicholas Taleb]도 "중앙집권화는 단일 실패 지점을 만든다. 이는 CBDC와 같은 시스템에서 정보와 권력의 과도한 집중을 초래할 수 있으며, 이는 잠재적으로 시스템 전체의 취약성을 증가시킨다."라고 우려를 하고 있다.

CBDC의 고민은 여기에 있다. 정보는 분산될 필요가 있으며, 모든 돈의 흐름을 통제하는 것은 또 하나의 빅 브라더를 만드는 것과 같다. 그런 면에서 중앙은행이 직접 디지털 통화를 운용하는 것은 많은 반발과 문제점이 있다. 디지털 통화의 발행과 운용, 정보 관리를 분리해야 한다. 돈은 흘러간다. 돈은 돈이 흐르는 데로 놔둘 필요가 있다. 미국이 달러 패권을 이용하여 마약이나 테러라는 명분으로 일정 국가를 제재하거나, 특정 인물의 돈을 억류하는 것은 통화 권력의 남용으로 이어질 우려가 높다. 금융 제재 등에 대한 판단이 합의에 의하지 않고, 일부 국가나 집단에 의해 결정될 때 균열이 발생하고 통화의 흐름은 제약을 받는다. 효율성과 편리함이 인간의 자유와 기본 권리를 침해할 가능성이 많은 경우에, 우리는 효율성보다는 지속 가능하고, 인간다운 삶의 기본적인 면을 더 우선하여 생각해야 한다.

| 금융의 미래

디지털의 발전은 금융의 미래에도 상당한 영향을 미칠 것이다. 금융의 미래는 금융을 쉽고, 빠르고, 편하면서 안전하게 만들기 위한 숨 가쁜 디지털 혁신을 중심으로 크게 변화할 것이다. 디지털 금융 서비스는 디지털 뱅킹, 모바일 결제, 온라인 투자 등 더 많은 금융 서비스를 디지털 채널을 통해 제공할 것이다. 디지털 활용이 뒤처지는 전통적인 은행들은 경쟁력을 상실할 수 있다.

블록체인 기술은 금융 거래를 더 안전하고 효율적으로 만들어 혁신할 것이며, 비트코인과 이더리움 등 암호 화폐는 대체 자산 및 결제 수단으로 발전할 가능성이 높다. 자산 시장의 혁신으로 다가오고 있는 RWA 토큰은 계속 그 적용 범위를 확대하고, 성장을 예상한다. AI와 머신러닝의 금융 영역에서의 활용은 이제 시작이다. 향후 금융 기관들은 리스크 평가, 사기 탐지, 거래, 고객 서비스 등 다양한 업무에 점점 더 많이 사용될 것이다. AI 기반 챗봇과 가상 비서의 생산성도 계속 향상되면서, 고객과의 상호 작용을 높여 나갈 것이다. 모바일 뱅킹과 디지털 금융 서비스는 금융에서 소외된 사람들에게 금융 접근성을 확대하고, 적절한 금융 서비스를 제공함으로써, 금융 포용성을 확대할 수 있다.

디지털 금융의 확대는 사이버 보안 위협을 증가시키고, 많은 금융 기관이 사이버 보안 위협에 대응하기 위해 막대한 투자가 불가피하다. 블록체인 기반의 탈중앙화 금융(DeFi) 플랫폼은 성장하여 전통적인 중개자 없이 금융 서비스를 제공하면서 디지털 금융의 한 축으로 성장할 가능성이 높다. 향후 금융은 기존 금융 기관과 빅테크 기업, 핀테크 기업 사이에 합종현횡을 하면서 쉼 없는 경쟁이 예상된다. 금융의 디지털 혁신은 이제 본격화되고 있으며, 금융 산업의 핵심 동력이 되고 있다.

Chapter 4

산업 현장의 전환과 디지털

AI	Artificial Intelligence	인공 지능
AR	Augmented Reality	증강 현실
D&A	Data Acquisition	데이터 획득
DT	Digital Twin	디지털 트윈
DX	Digital Transformation	디지털 전환
ERP	Enterprise Resource Planning	전사적 자원 관리
IoT	Internet of Thing	사물인터넷
MES	Manufacturing Execution System	제조 실행 시스템
PLC	Programmable Logic Controller	프로그램 가능 논리 제어 장치
PLM	Product Lifecycle Management	제품 수명주기 관리
RFID	Radio Frequency IDentification	무선 인식
SCM	Supply Chain Management	공급망 관리
VR	Virtual Reality	가상 현실

기술은 보통 군사 목적(인터넷처럼)에서 출발하여, 산업에서 꽃을 피우고, 민간으로 확대된다. 기업의 디지털 적용은 이제 지속 가능한 경쟁력을 담보하는 기준이 되고 있다. 산업에서 스마트 공장과 디지털 트윈은 가장 주목받는 디지털 기술이며, 이를 바탕으로 제조 현장의 프로세스를 개선하고, 인력 활용의 효율성을 높이며, 생산성을 향상하고 있다. 산업에서 디지털은 단순히 현장의 부분적인 변화를 넘어서, 산업 현장 자체를 새롭게 만드는 DX가 본격화되고 있음을 말해준다.

스마트 공장은 AI, 빅데이터, IoT, VR, AR, 로봇 등 다양한 디지털 기술을 융합하면서, 산업 특성에 맞는 디지털 현장을 만들고 있다. 기존의 공장 자동화를 넘어서고, 사이버 물리 가상 시스템을 개선하고 있다.

DT는 스마트 공장을 뒷받침하는 디지털 기술이지만, 시간과 공간을 넘나들 수 있는 새로운 차원의 기술로 진화하고 있다. 현장의 현재 상태를 디지털 환경으로 확인하고, 공정 개선, 불량 원인 분석 그리고 AI와 융합하여 의사 결정에도 도움을 준다. 더 나아가 미래에 발생할 수 있는 다양한 문제를 분석하여, 장비 유지·보수 관리, 위험한 작업 환경에서의 문제를 미리 파악할 수 있다. 공간이 분리된 해외 공장을 DT 기술로 방문하지 않고도 관리 가능하다.

이러한 기술은 아직은 연결의 문제(인터넷 인프라, IoT, 클라우드 등), 비용의 문제, 디지털에 숙련된 인력의 문제 등 기업마다 풀어야 할 과제도 만만하지 않다. 그러나, 스마트 공장, DT 등 디지털의 물결은 기업의 생존으로 다가오고 있다. 세계적인 기술 추세를 이해하고, 정책 방향 등을 고려하여 기업 특성에 맞는 DX를 구축해야 한다.

| 전략기술 트렌드

산업에서 디지털 활용은 기본이고, 산업과 기업의 경쟁력을 확보하기 위해서는 디지털을 얼마나 효과적으로 사용하느냐가 중요하다. 그전에 디지털 기술의 변화와 추세를 파악해야 하고, 다시 이를 산업에 활용하기 위해서는 적지 않은 준비가 필요하다. 디지털과 연관있는 전략기술 트렌드는 가트너를 비롯한 많은 기관이 발표하고 설명하고 있다.

이러한 산업의 방향을 모든 산업과 기업이 직접 적용하기에는 아직은 시장이 성장하지 않거나, 상품화하기에는 과다한 비용으로 현실 적합성이 낮은 기술도 있다. 그러나, AI를 포함한 산업 디지털화의 흐름은 하나의 거대한 미래의 물결이라 볼 수 있으며, 산업 구조를 전환하거나, 혁신 스타트업을 통한 경제의 활성화를 위해서도 디지털 전략기술 트렌드를 이해할 필요가 있다.

기술 혁신 추이는 정확히 예측하기는 어렵다. 그러나, 전략기술들은 다양한 분야에서 혁신적인 변화를 주도할 것이라는 점은 분명하다. 최근 3년 간의 가트너의 전략기술 트렌드[1]를 보면 AI와 관련 산업이 계속 확장되고 있음을 보여준다. 이와 관련된 사이버보안, 지능형 애플리케이션, 산업 클라우드 플랫폼 산업 등이 향후 중요한 산업으로 떠오르고 있다.

구체적인 전략기술을 살펴보면, 환경과 자연 생태계를 고려한 지속 가능한 기술은 앞으로도 계속 주목을 받을 것이다. 디지털의 발전은 물건과 물건, 사람과 사람, 물건과 사람 사이의 연결을 방해하고, 왜곡하는 보안 문제가 중요한 위협으로 다가올 것이다. 이를 방지하기 위한 사이버 보안 메시, AI 보안과 신뢰성을 위한 보안 프로그램이나 시스템 등 창과 방패의 대결은 계속될 것이다. 디지털 인프라의 개선과 확대도 이어진다. 엣지컴퓨팅, 양자 컴퓨터와 이와 결합한 플랫폼 산업은 디지털 시대를 계속 이끌어가는 산업이다. 5G와 6G 네트워크는 더 빠르고 안정적인 인터넷 연결을 제공하여 IoT 기술을 비롯한 다양한 기술들의 발전을 뒷받침할 것으로 예측된다.

---

1) Gartner, 『Top Strategic Technology Trends for 2021·2022·2023 Symposium』, 세계적인 정보 기술(IT) 연구 및 자문 기업 가트너Gartner는 매년 전략기술의 최신 동향 및 미래 전망에 대한 보고서를 발표하고 있다.

[표 4-1] 가트너의 전략기술 트렌드(2022년~2024년)[2]

번호	2022년	2023년	2024년
1	데이터 패브릭 Data Fabric	디지털 면역 시스템 Digital Immune System	AI 신뢰, 위험 및 보안 관리 AI Trust, Risk and Security Management
2	사이버보안 메시 Cybersecurity Mesh	적용할 수 있는 관찰성 Applied Observability	지속적인 위협 노출 관리 Continuous Threat Exposure Management
3	개인정보 보호 강화 컴퓨팅 Privacy-Enhancing Computation	AI 신뢰, 위험 및 보안 관리 (AI TRISM) AI Trust, Risk and Security Management	지속 가능한 기술 Sustainable Technology
4	클라우드 네이티브 플랫폼 Cloud-Native Platforms	산업 클라우드 플랫폼 Industry Cloud Platforms	플랫폼 엔지니어링 Platform Engineering
5	조립 가능한 애플리케이션 Composable Applications	플랫폼 엔지니어링 Platform Engineering	AI 증강 개발 AI-Augmented Development
6	의사 결정 지능 Decision Intelligence	무선 가치 실현 Wireless-Value Realization	산업 클라우드 플랫폼 Industry Cloud Platforms
7	하이퍼오토메이션 Hyper-automation	슈퍼 앱 Super-apps	지능형 애플리케이션 Intelligent Applications
8	AI 엔지니어링 AI Engineering	적응형 AI Adaptive AI	민주화된 생성형 AI Democratized Generative AI
9	분산 엔터프라이즈 Distributed Enterprise	메타버스 Metaverse	증강 연결된 인력 Augmented Connected Workforce
10	전체 경험 Total Experience	지속 가능한 기술 Sustainable Technology	기계 고객 Machine Customers
11	자율 시스템 Autonomic Systems	-	-
12	생성형 AI Generative AI	-	-

---

2) 출처 : 가트너의 보고서를 인용하여 저자 작성

전략기술을 산업계와 기업의 생산 시스템에 어떻게 적용하느냐는 국가 경쟁력의 중요한 요소이다. 글로벌 경쟁이 치열해지는 환경에서 대부분의 전략기술은 장기간의 연구개발과 비용이 소요되기 때문에 국가와 정책기관, 기업들의 연대와 협력이 필요하다. 정부는 주체적으로 기술을 상용화하고, 기업이 수익을 창출할 수 있도록 하는 다리 역할을 해야 한다. 기본적인 전략기술을 개발한 후에 창출되는 수익에 대하여 일부 사회적 수익으로 환수하는 제도적 장치도 마련하여 신기술의 지속적인 연구 개발 능력을 확장할 필요가 있다. COVID-19를 겪으면서 디지털 전환의 가속화와 더불어, 일부 기술 분야에서는 예상보다 더욱 빠른 발전이 이루어지고 있다. 그러한 기술 혁신의 속도는 예측하기가 쉽지 않다. 따라서, 현재 기술 동향을 계속 추적하고, 미래 기술 트렌드의 추세를 꾸준히 바라봐야 다양한 분야에서 혁신적인 변화를 만들어 내는 기반이 될 수 있다.

디지털 경험을 극대화하기 위한 몰입적 기술

디지털 경험의 미래는 몰입적 요소에 있다. 디지털이라는 가상의 세계에서 몰입형 경험은 현실 세계와의 연결을 강화하면서 디지털의 방향을 말해주는 중요한 요소다. 몰입적 요소는 동적 가상 표현, 고객과 사람의 환경 및 생태계, 새로운 형식의 사용자 참여 등을 통해 몰입형 경험을 지원한다.

몰입형 기술을 통해 사용자들은 자신을 드러내고 데이터를 제어하며 디지털 화폐와 통합될 수 있는 가상 생태계를 경험할 수 있다. 또한, 이러한 기술은 새로운 고객 접근 방식을 지원하여 새로운 수익을 창출하는 데 도움을 줄 수 있다. 현재 몰입형 경험의 진화 및 확장을 구현하는 기술은 분산 신원 증명, 디지털 휴먼, 인적 자원 장터, 메타버스, NFT, 슈퍼 앱, 웹3 등 다양한 기술들이 융합하면서 발전하고 있다.

분산 신원 증명 Decentralized Idenentity : DID

디지털 세계에서 자기 경험이나 상거래 등 다양한 행위를 하기 위해서는 디지털 신원 증명은 기본 요건이다. 실명이든, 익명이든. 디지털 신원 증명을 기반으로 핀테크, 블록체인 등 디지털 생태계를 만들어 나가고, 이를 현실 세계와 연결하게 된다. 여기에서 신분 도용이나 해킹 등을 방지하기 위한 다양한 기술들이 나오고 있다. 분산 신원 증명은 이러한 문제를 해결하는 방법의 하나이다. 분산 신원 증명은 일반적으로는 디지털 사용자가 블록체인이나 분산 원장 기술distributed ledger technologies(DLT))을 디지털 지갑 등과 함께 활용하여 자신의 디지털 ID를 제어할 수 있게 한다.

디지털 휴먼 Digital Humans

인간의 특성·성격·지식 및 사고방식을 보유한 AI 기반의 상호작용형 존재이다.

인적 자원 장터 Internal Talentmarket Places

채용 담당자의 개입 없이 내부 인적 자원, 때로는 파견 직원 풀 포함, 시한이 정해진 프로젝트 및 다양한 업무 기회들에 매칭 한다.

메타버스 Metaverse

물리적 현실과 디지털 현실의 융합으로 만들어진 가상의 3D 공유 공간으로 지속적이며 향상된 몰입 경험을 제공한다.

NFT Non Fungible Token

디지털 아트, 음악과 같은 디지털 자산이나 토큰화된 물리적 자산, 즉, 그림·사진·디지털 캐릭터 등의 소유권을 공개적으로 증명하는 프로그래밍 가능한 블록체인 기반의 디지털 아이템으로, 고유성을 지니고 있어 대체 불가능한 토큰으로 불린다.

슈퍼 앱 Super App

개인화된 앱 경험을 위해 사용자가 활성화할 수 있는 모듈러 마이크로 앱을 제공하기 위해 플랫폼으로 구축된 모바일 앱의 복합체이다.

웹3 Web 3

사용자가 자신의 신원과 데이터를 조절할 수 있는 분권화된 웹 애플리케이션 개발을 위한 새로운 기술 스택이다.

AI 자동화를 촉진하는 주요 기술

AI 도입이 점차 확대되어 제품·서비스·솔루션의 필수 부분으로 자리 잡고 있으며, 이는 모델 개발, 교육, 배포 등을 자동화하는 데 활용할 수 있는 특화된 AI 모델 개발도 가속화되고 있다. AI 자동화는 AI 개발에서 인간의 역할을 재조명해, 예측과 결정의 정확성을 높이고 기대 이익을 달성하는 데 걸리는 시간이 단축된다. 「Causal AI」, 「파운데이션 모델」, 「제너레이티브 디자인 AI」, 「머신러닝 코드 생성」이 AI 자동화 촉진을 이끄는 주요 기술로 생각된다.[3]

Causal AI

상관관계 기반의 예측 모델을 넘어 원인-결과 관계를 식별·활용함으로써 보다 효과적으로 행위를 묘사하고 더 자율적으로 작동할 수 있는 AI 시스템을 지향한다.

파운데이션 모델 Foundation models

대규모 언어 모델과 같은 트랜스포머 아키텍처 기반의 모델로, 단어의 순서를 강조하면서 주변 단어의 맥락에서 텍스트의 숫자적 의미를 계산하는 심층 신경망 아키텍처 유형을 구현한다.

---

3) Gartner "Top 10 Strategic Technology Trends for 2023 Symposium"(October 2022)

제너레이티브 디자인 AI generative design AI

머신러닝(ML) 및 자연어 처리(NLP)기술을 사용하여 디지털 상품을 위한 유저 플로우(사용자가 특정한 작업을 완료하기 위해 서비스 내에서 움직이는 경로), 화면 디자인 콘텐츠 및 프레젠테이션 계층 코드를 자동으로 생성하고 개발한다.

머신러닝 코드 생성 Machine learning code generation

머신러닝 코드 생성 도구에는 전문적인 개발자 통합 개발 환경(IDE)에 연결된 클라우드 기반 ML 모델이 포함된다.

AI와 관련해서는 계속 새로운 기술이 나오고 있다. AI 신뢰, 위험 및 보안 관리 AI Trust, Risk and Security Management는 인공 지능 시스템의 신뢰성, 위험성 평가 및 보안 문제를 관리하는 기술이다. AI 증강 개발 AI-Augmented Development은 AI를 활용하여 소프트웨어 개발 프로세스를 강화하고 효율성을 높이는 기술이고, 민주화된 생성 AI Democratized Generative AI는 사용자 친화적이고 접근성 있는 방식으로 생성 AI 기술을 확장하는 기술이다. 인력관리, 물품관리 등 다양한 분야에서도 AI가 활용되고 있다.

| 산업과 디지털 트랜스포메이션 Digital Transformation

디지털라이제이션Digitalization은 기존의 물리적인 형태로 존재하던 데이터, 정보, 프로세스 및 서비스 등을 디지털 형태로 변환하는 과정을 말한다. 즉, 아날로그 방식으로 처리되던 작업이나 자료들을 디지털 기술을 통해 전자화하여 저장, 처리, 공유, 분석할 수 있는 형태로 변환하는 것을 의미한다. 이러한 디지털 활용 과정은 데이터의 효율적인 관리와 활용, 업무 프로세스의 자동화, 비즈니스 모델의 혁신 등을 가능하게 한다.

DX는 기업이나 조직의 비즈니스 모델, 프로세스, 문화, 환경 등을 디지털 기술을 활용하여 전면적으로 변화시키는 과정을 말한다. DX는 단순히 데이터의 디지털화에 그치지 않고, 비즈니스 전반에 걸친 변화와 혁신을 추구한다. 이를 통해 기존의 비즈니스 모델을 개선하고 새로운 가치 창출의 기회를 모색하며, 고객 경험 개선, 생산성 향상, 비즈니스 프로세스의 최적화, 혁신적인 제품 및 서비스 개발 등을 실현할 수 있다. 또한, 조직의 비즈니스 모델과 프로세스, 문화 등을 근본적으로 변화시키는 것을 의미한다. 기존의 비즈니스 모델을 재설계하거나 혁신하여 새로운 가치를 창출하고 경쟁력을 높이는 것을 목표로 한다고 볼 수 있다. 데이터 분석과 AI 기술을 활용하여 예측 모델을 개발하고 비즈니스의 의사 결정을 지원하는 것도 DX의 일부로 볼 수 있다.

기업 DX의 주요 단계와 절차

기업의 DX는 산업이나 기업별 특성에 따라 다양한 접근 방식과 단계를 가질 수 있으며, 특정한 절차가 정해져 있는 것은 아니다. 여기에서 제시하는 DX를 위한 몇 가지 주요 단계는 각 회사의 특성에 맞는 DX를 만들 수 있는 기반이 될 수 있다.

비전과 전략 수립이 필요하다. DX를 위한 비전과 목표를 설정하고, 이를 달성하기 위한 전략을 수립하며, 비즈니스의 우선순위, 기존의 강점 및 약점, 시장 동향 등을 고려하여 DX의 방향성을 결정한다.

조직 문화와 리더십를 강화해야 한다. 조직 내부에서 디지털 변화에 대한 인식을 높이고, 혁신적인 사고방식을 장려하며, 변화에 대한 열린 의사소통과 협업을 강조한다. 리더들은 변화의 필요성을 이해하고, 변화를 주도하며, 조직 내의 이해와 참여를 독려한다.

고객 중심 접근이 요구된다. 고객의 요구와 경험을 중심으로 한 디지털 전략을 수립하며, 고객 데이터와 인사이트를 분석하여 맞춤화된 제품과 서비스를 제공하고, 고객과의 상호작용을 디지털 채널을 통해 강화한다.

비즈니스 프로세스를 혁신한다. 업무 프로세스를 분석하고, 중요한 작업을 자동화하며, 효율적인 데이터 관리와 분석을 위한 시스템을 구축한다.

기술과 인프라를 강화한다. 기업은 디지털 기술의 도입과 통합을 고려하고, 클라우드 컴퓨팅, 빅데이터, AI, IoT 등과 같은 기술을 활용하여 디지털 전환을 이룬다. 또한, 이러한 기술을 지원하는 인프라 구축과 관리도 필요하다.

데이터와 보안 관리가 중요하다. 빅데이터를 수집, 분석, 관리, 보호할 수 있는 능력을 강화한다. 또한, 정보 보안을 강화하여 기업과 고객의 데이터를 보호한다.

디지털 마케팅 전략을 수립한다. 기업은 디지털 채널을 효과적으로 활용하고, 고객 데이터와 인 사이트를 분석하여 고객 맞춤형 타겟 마케팅을 수행한다.

파트너십과 생태계 협력을 강화한다. 기업은 다양한 파트너와 협력하여 기술과 인사이트를 공유하고, 생태계를 확장하여 경쟁력을 강화한다.

데이터 기반 의사 결정을 확대한다. 데이터 분석과 통찰력을 통해 기업은 합리적 의사 결정을 내릴 수 있으며, 이러한 데이터 기반의 의사 결정을 기업 전체로 확산하여, 기업의 전략적 우위를 확보한다.

변화 관리와 인력 개발이 필요하다. 변화에 대한 저항을 극복하고, 조직 구성원들을 변화에 참여시키고 지원하기 위해 적절한 변화 관리 전략을 수립해야 한다. 또한, 새로운 디지털 역량을 보유한 인재를 고용하거나 현재 직원들의 디지털 역량을 강화하기 위한 교육 및 개발 프로그램을 제공한다.

실험과 반복적인 개선을 해야 한다. DX는 한 번의 프로젝트나 단계로 끝나지 않으며, 기업은 실험을 통해 새로운 아이디어와 기술을 시험하고, 피드백을 통하여 지속적인 개선을 추구한다. 작은 단위의 프로젝트를 실행하고, 학습과 개선을 반복적으로 수행하여, 점차 프로젝트의 범위를 확대한다.

| 스마트 공장과 스마트 제조

스마트 공장은 혁신과 경영전략의 주도를 위한 플랫폼을 제공한다. 첨단 기술과 데이터 분석을 통해 기업은 새로운 제품, 서비스, 비즈니스 모델을 개발해야 경쟁 우위를 확보할 수 있다.

[그림 4-1] 기업의 DX[4]

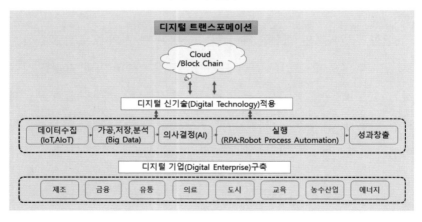

4) 출처 : 저자 작성

스마트 제조는 AI, IoT, 자동화 기술 등의 첨단 기술을 활용하여 생산 과정을 혁신하는 개념이다. 이러한 기술들을 활용함으로써 기업은 생산성을 높이고, 비용을 절감하며, 품질을 개선할 수 있다.

스마트 제조는 사물 사이의 연결을 통한 정보 수집으로 시작하여 빅데이터 컴퓨팅을 통하여 이를 분석하고, AI를 활용한 의사 결정을 통하여 시장의 변화나 소비자의 요구를 생산 과정에 유연하게 적용할 수 있다. 그리고 기업은 생산 과정에서 발생하는 문제에 신속하게 대응하고, 품질을 개선하며, 비용을 절감할 수 있다.

[그림 4-2] 스마트 산업 제조 시스템, 프로세스[5]

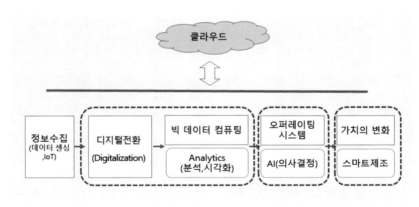

스마트 공장은 다양한 디지털 기술을 활용하여 스마트 제조 원칙을

---

5) 출처 : 저자 작성

적용한 현대적인 생산 시설이다. 스마트 공장은 자동화 시스템을 통해 기계 또는 로봇이 생산 작업을 수행하여 인력 비용을 절감하고 생산성을 높인다. 또한, 반복적이고 위험한 작업을 자동화하여 안전성을 높인다. 그리고 IoT 기술을 활용하여 생산 과정에서 발생하는 다양한 센서 데이터를 수집하고 연결한다. 이를 통해 생산 라인의 실시간 모니터링과 예측 분석으로 문제가 발생하면 신속하게 대응할 수 있다.

AI는 제조업의 르네상스다.[6]

AI 기술을 활용하여 수집된 생산 데이터를 분석하고 판단한다. 이는 불량품을 사전에 탐지하거나 생산 과정에서 발생하는 문제를 예측하여 처리한다. 또한, AI는 생산 계획을 최적화하고 자원 관리를 효율적으로 수행할 수 있는 지능적인 의사 결정을 지원한다. 더 나아가 다양한 빅데이터 분석을 통해 생산 데이터를 종합적으로 분석하고 통찰력을 얻을 수 있다. 이는 생산 과정에서 효율성을 개선하고 비용을 최적화하는 데에 도움을 준다.

스마트 공장의 제조 프로세스

스마트 공장에서는 원료 투입부터 품질 관리에 이르기까지 생산의

---

6) 클라우스 슈바프^{Klaus Schwab}

전 과정에 걸쳐 데이터를 수집, 통합, 분석하여 효과적인 생산관리를 목표로 한다. 이를 단계별로 정리하면 아래와 같다.

1. 데이터 수집

다양한 센서와 장치를 사용하여 생산 라인에서 발생하는 생산량, 센서 측정값, 공정 시간 등이 포함된 데이터를 IoT 기술을 활용하여 실시간으로 수집하고 관리한다.

2. 데이터 통합

다양한 데이터 소스에서 수집된 데이터는 중앙 데이터 플랫폼 또는 클라우드 서버로 전송되어 통합되어 종합적인 생산 데이터를 구축한다. 이는 생산 과정의 투명성과 실시간 모니터링을 가능하게 한다.

3. 데이터 분석

통합된 데이터는 AI 및 빅데이터 분석 알고리즘을 활용하여 분석된다. 데이터를 시각화하고 통계적 기법을 적용하여 생산 과정에서 발생하는 패턴, 경향성, 이상 현상 등을 파악한다. 데이터 분석을 통해 문제를 사전에 예측하고 효율성을 개선할 수 있는 인사이트를 도출할 수 있다.

4. 자동화와 제어

생산 라인을 자동으로 제어하는 자동화 시스템은 AI와 연계하여 생산 계획을 최적화하고 생산 프로세스를 효율적으로 관리하여, 생산 성능을 높이고 일관된 품질을 유지할 수 있다.

5. 실시간 모니터링과 의사 결정

생산 과정을 실시간 데이터 분석을 통해 모니터링과 의사 결정을 하고, 문제가 발생하면 신속하게 대응하고 조치한다. 또한, 예측 분석을 통해 생산 계획을 최적화하고 자원을 효율적으로 관리할 수 있다.

스마트 공장은 공장 자동화를 넘어선다.

스마트 공장과 공장 자동화는 비슷한 개념이지만 약간의 차이가 있다. 공장 자동화는 주로 생산 라인에서 인력을 대체하거나 보조하여 반복적이고 위험한 작업을 자동화하는 개념이다. 자동화는 로봇, 컨베이어 벨트, 자동화 장비 등을 사용하여 생산 작업을 자동으로 수행하고 생산 라인을 운영한다. 공장 자동화는 생산성을 높이고 인력 비용을 절감하며, 일관된 품질과 정확성을 유지할 수 있다. 하지만 공장 자동화는 주로 작업의 자동화에 초점을 두기 때문에 데이터 분석이나 인공 지능과의 연계는 상대적으로 적다고 볼 수 있다.

스마트 공장은 첨단 기술과 데이터 분석을 종합적으로 활용하여 생산 과정을 최적화하는 개념이며, AI를 활용하여 생산 과정을 지능적으로 관리한다. 반면에 공장 자동화는 주로 생산 작업의 자동화에 초점을

두고 인력을 대체하거나 보조하여 생산성과 품질을 향상한다. [7]

스마트 공장의 구축 효과는 다양하다.

스마트 공장은 기업의 생산성, 효율성, 품질 개선을 통한 경쟁력 강화 등을 위한 제조업의 기본조건이 되고 있다. 물론 기업의 목표와 도입하는 기술에 따라 그 효과는 다를 수 있으나 일반적인 효과와 기대 수준은 아래와 같다.

생산성 향상과 효율성 극대화 | 스마트 공장은 자동화로 인력 비용을 낮추고, AI 및 데이터 분석 기술을 통해 생산 라인을 최적화한다. 데이터 분석을 통해 생산 과정의 병목 현상을 식별하고 해소함으로써 생산성을 높일 수 있다. 그리고 IoT 기술로 생산 데이터, 센서 정보, 작업자의 상황 등을 실시간으로 수집하여 중요한 지표를 모니터링하고, 이를 기반으로 생산 계획을 조정하고 발생할 수 있는 문제를 사전 예방한다.

그리고 VR과 AR 기술을 도입하여 생산 과정을 시뮬레이션하고 문제를 사전에 파악하거나, 작업자는 생산 과정을 생생하게 경험하고 교육받을 수 있다. DT 기술을 활용하여, 생산 과정을 시뮬레이션하고 최

---

7) 배경한 외, 『스마트 공장 경영과 기술』, 드림하우스, 2021.

적화 모델을 찾아내거나, 다양한 예측이나 문제 해결에 활용할 수 있다.

품질 개선 | 센서 및 데이터 분석을 통한 시스템으로 생산품의 품질과 생산 과정을 실시간 모니터링을 하고, 제조 과정의 이상 현상을 감지하여 품질 관리를 강화하며, 데이터 분석을 통해 불량품을 사전에 탐지하여 불량률을 감소한다.

비용 절감 | 자동화 시스템을 통해 인력 비용을 절감하고 에너지 소비를 최적화한다. 또한, 데이터 분석을 통해 자원의 효율적인 사용과 유지보수 계획을 수립하여 운영 비용을 최소화할 수 있다.

유연성과 대응력 강화 | 생산 계획의 실시간 조정과 데이터 기반의 예측 분석(예측 모델링)을 통해 수요 예측과 생산 계획을 조정하여 시장 변동과 고객 요구에 빠르게 대응하고 생산 물량 조정에 유연하게 대응할 수 있다.

안전성 향상 | 스마트 공장은 위험한 작업을 자동화하고 위험 사전 인지 기능과 자동화 장비를 통해 인력의 안전을 보장한다. 로봇 등 자동화 시스템은 위험한 작업 환경에서 작업이 가능하므로 작업자의 안전을 보장하고 작업에서 발생할 수 있는 사고를 최소화할 수 있다.

에너지와 자원의 효율성| 자동화 시스템은 에너지 소비를 최적화하고 재생에너지의 활용을 촉진한다. 또한, 생산 과정의 자원 사용량을 최적화하고, 데이터 기반의 유지·보수 계획을 개선하여 비용을 절감할 수 있다.

인력 절감| 스마트 공장은 반복적이고 단순한 작업을 로봇이나 자동화 장비가 처리함으로써 단순 인력을 줄이고, 인력은 더 가치 있는 업무에 집중할 수 있다.

예측과 유지보수| 센서 및 데이터 분석을 통해 장비의 고장이나 수리 필요성 등 장비의 상태를 모니터링하고 예방적인 유지·보수를 수행할 수 있다. 이는 생산 중단 시간을 줄이고 장비의 수명을 연장하는 데도움을 준다.

연결된 생태계 구축| 네트워크로 연결된 생태계를 통한 데이터 공유와 실시간 협업으로 원자재 수급, 생산 일정 조정, 재고 관리 등을 효율화한다. 이는 생산 과정의 투명성과 유연성을 높이고 생산 능력을 최대화하는 데 도움을 준다.

지능화된 자동화| AI의 도입으로 자동화 시스템을 지능화하고, 기계 학습 및 패턴 인식 알고리즘을 활용하여 생산 과정을 최적화한다. 이는 안정된 생산 품질을 유지하고, 생산 과정의 문제를 예측하여 대응할

수 있는 능력을 제공한다.

고객 만족도 향상 | 고객의 요구사항에 맞춰 빠르게 제품을 생산하고 서비스할 수 있어 맞춤형 제품 생산이 가능하다. 이는 고객의 기대 수준을 높여 기업의 경쟁력으로 이어진다.

지속가능성 | 환경 등 지속 가능한 기술로 에너지 소비의 최적화와 재생에너지의 활용, 재활용과 폐기물 관리 등을 통해 생산 과정을 친환경적으로 만든다.

협업과 연결성 강화 | 데이터의 실시간 공유와 협업 도구의 도입은 효율적인 의사 결정과 의사소통을 가능하게 하여, 조직 전체의 경쟁력을 높일 수 있다.

혁신과 경영전략 주도 | 스마트 공장은 혁신과 경영전략의 주도를 위한 플랫폼을 제공한다. 첨단 기술과 데이터 분석을 통해 기업은 새로운 제품, 서비스, 비즈니스 모델을 개발하고 경쟁 우위를 확보할 수 있는 기반이 된다.

스마트 공장의 도입은 수준(Level)에 따라 유연하게

스마트 공장의 시작은 도입 범위, 기술 성숙도, 투자 규모 등에 따라 기업이나 업종에 따라 다양하다. 기업의 목표와 상황에 맞게 적절한 수준을 선택해야 하지만, 일반적인 스마트 공장의 수준은 5단계로 분류한다.

수준 1: 기초 자동화

기초적인 자동화 기술을 도입하여 생산성을 높인다. 예를 들어, 자동화된 생산 라인, 로봇 팔, 자동 운반 장비 등을 도입할 수 있다.

수준 2: 연결성과 데이터 수집

센서 및 IoT 기술을 활용하여 생산 데이터를 수집하고 연결성을 강화한다. 생산 과정의 현황 모니터링, 데이터 수집과 저장 등 데이터를 관리한다.

수준 3: 데이터 분석과 최적화

빅데이터 분석, 예측 모델링 등을 통해 생산 과정을 분석하고 최적화하며, 데이터 기반의 예측 및 의사 결정을 통해 생산 계획을 조정하고 품질 관리를 강화한다.

수준 4: 지능화와 자율성

AI를 활용하여 생산 과정을 지능화하고 자율적으로 운영한다. 기계학습, 자율 로봇, 자동화 시스템 등을 연계하여 생산 과정의 자율성과 효율성을 극대화한다.

수준 5: DT와 시뮬레이션

DT 기술을 도입하여 실제 생산 시스템의 가상 모델을 구축하고, 생산 과정의 사전 시뮬레이션, 최적화 및 예측 분석을 통해 생산 라인의 효율성을 증가시킨다.

스마트 공장의 적용 범위는 확대되고 있다.

스마트 공장의 적용 범위는 여러 산업 분야와 생산 과정에서 적용되고 있으며, 업종의 특성을 고려하여 다양한 형태로 운영되고 있다.

제조업 | 생산 라인 자동화, IoT 센서 네트워크, AI, 빅데이터 분석 등

에너지와 공공시설 | 에너지 사용 모니터링, 스마트 그리드 구축, AI 기반의 에너지 관리 등을 통해 에너지 효율성 향상과 지속 가능한 에너지 시스템을 구축.

농업과 식품 생산 | 스마트 농업과 스마트 식품 생산 시스템은 IoT 센서, 자동화 장비, 데이터 분석 등으로 작물의 성장 상태, 토양 조건, 수분 관리 등을 모니터링하고 최적화하며, 농작물 생산성 향상과 식품 안전성을 같이 추구.

건설과 건축 | 건설 장비 자동화, 스마트 건축물 관리 시스템, 공정

모니터링 등을 통해 건설 과정의 효율성을 높이고 프로젝트 일정을 체계화.

의료와 제약산업 | 자동화된 의료 기기 생산, 생산 과정의 품질 관리, 데이터 분석을 통한 의약품 효능 평가 등을 통해 의료 서비스의 품질과 안전성 향상.

| 스마트 제조와 메타버스

메타버스[Metaverse]와 스마트 제조[Smart Manufacturing]는 모두 현대의 디지털 기술과 인터넷의 발전에 기반을 둔 개념들이다. 하지만 두 개념은 서로 다른 측면에서 다루어지는 것이 보통이다.

[그림 4-3] 스마트 공장과 메타버스와의 상호 관계[8]

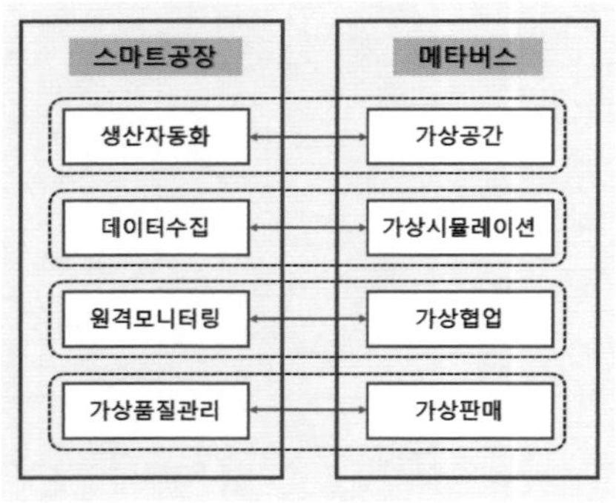

메타버스는 가상 혹은 혼합 현실 공간으로, 컴퓨터 그래픽이나 확장 현실과 같은 기술을 사용하여 인간들이 상호작용하고 활동할 수 있는 가상 세계이다. 메타버스는 현실 세계와 분리

8) 출처 : 저자 작성

되어 존재하며, 사회적, 경제적, 문화적인 활동을 포함한 다양한 경험을 제공할 수 있다. 메타버스는 3D 가상공간에서 사용자들이 가상으로 상호작용하고, 콘텐츠를 공유하며, 경제적인 거래를 할 수 있는 생태계를 형성한다.

메타버스와 스마트 제조는 모두 디지털 전환과 연결성의 시대에서 중요한 개념이고, 혁신적인 기술과 상호작용하며 상호 보완적인 영역으로 발전하고 있다. 이를 통해 제조 업계는 생산성과 효율성을 향상하고, 제품의 품질과 안전성을 높이는 등의 혜택을 얻을 수 있다. 더 나아가, 가상 세계와 실제 세계 사이의 유기적인 연결을 통해 신제품 개발과 협업, 소비자 경험의 확장 등 새로운 비즈니스 모델을 개발할 수 있다.

이를 구체적으로 살펴보면 메타버스 내에서 가상 제품을 디자인하고 시뮬레이션하는 과정에서 스마트 제조 기술이 활용될 수 있다. 가상 세계에서 제품의 디자인, 재료 선택, 생산 공정 등을 시뮬레이션하여 실제 제조 과정에서의 오류나 문제를 사전에 예측하고 수정할 수 있다.

스마트 제조 기술을 활용하여 메타버스 내에서 가상 제조 환경을 구축할 수 있다. 가상 공장이나 생산 라인을 구성하고, 로봇이나 자동화 장비 등을 가상으로 운용하며, 이를 통해 실제 제조 공정을 가상으로 체험하고, 생산 라인의 효율성을 분석하고 최적화하는 등의 작업을 수행한다.

메타버스 환경에서 스마트 제조 기술을 활용하여 제품의 생산 및 유통 과정을 실시간으로 모니터링하고 추적하는 시스템을 구축할 수 있다. 제품의 정보와 상태를 실시간으로 업데이트하고 관리하여, 소비자는 제품의 원산지, 생산 과정, 품질 검사 결과 등에 대한 정보를 확인할 수 있다.

메타버스는 제품의 마케팅과 판매에도 활용될 수 있다. 가상 세계에서 제품을 홍보하고 판매하는 가상 상점을 운영하거나, 가상 이벤트나 전시회를 통해 제품을 소개하는 등의 활동이 가능하다. 스마트 제조 기술을 활용하여 제품의 디자인과 제조 과정을 가상으로 체험하고, 이를 통해 고객에게 실제 제품의 가치를 전달할 수 있다. 이는 제품의 시행착오를 줄이고, 고객 접근성을 높일 수 있다.

메타버스는 다양한 사용자들이 상호작용하고 협업할 수 있는 공간이다. 스마트 제조 기술을 활용하여 제조업체, 설계자, 엔지니어 등 다양한 전문가들이 메타버스 내에서 협업할 수 있다. 가상 세계에서는 시간과 공간을 넘어서 제품의 디자인과 생산 과정에 대한 정보를 공유하고, 함께 작업하며 실시간으로 의사소통을 할 수 있다. 이를 통해 협업의 효율성을 높이고, 창의적인 아이디어와 혁신을 도모할 수 있다.

[표 4-2] 스마트 공장의 메타버스 활용[9]

요 소	산업 내용
가상 제조 환경 구축	메타버스 내에 가상 공장이나 생산 라인을 구축하여 실제 공정을 시뮬레이션하고 가상으로 운영한다. 이를 통해 제품 생산 과정을 가상으로 체험하고, 생산 라인의 효율성을 분석하고 최적화할 수 있다.
원격 모니터링과 조작	스마트 제조 시스템을 통해 생산 데이터를 실시간으로 수집하고 메타버스 내에서 원격으로 모니터링을 한다. 이를 통해 제조 공정의 상태, 생산량, 재고 등을 실시간으로 파악할 수 있으며, 필요에 따라 조작 및 조정 작업을 가상으로 수행할 수 있다.
제품 시뮬레이션과 테스트	메타버스 내에서 제품의 디자인과 생산 과정을 시뮬레이션하여 테스트한다. 이를 통해 실제 제품 개발 단계에서의 오류와 문제를 사전에 예측하고 수정할 수 있다.
가상 협업과 교육	메타버스를 활용하여 다양한 전문가들이 가상으로 협업하고 지식을 공유한다. 설계자, 엔지니어, 생산자 등이 메타버스 내에서 함께 작업하고 의견을 공유하여 혁신적인 제품 개발과 생산 과정을 끌어낼 수 있다. 또한, 가상 교육과 훈련을 통해 작업자들이 실제 공정에 대한 이해와 능력을 강화한다.
가상 마케팅과 판매	메타버스 내에서 제품을 가상으로 홍보하고 판매할 수 있는 가상 상점이나 전시 공간을 운영한다. 기업은 제품의 정보와 특징에 대한 상세한 설명을 제공할 수 있으며, 고객은 메타버스 내에서 제품을 체험하고 구매 결정을 내릴 수 있다.
가상 공정 최적화	메타버스를 활용하여 가상으로 다양한 생산 과정을 시뮬레이션하고 최적화한다. 제조 공정의 효율성을 분석하고 개선하기 위해 가상 실험을 수행하고, 생산 라인의 레이아웃, 자재 흐름, 작업 순서 등을 가상으로 조정하여 최상의 결과를 도출할 수 있다.
가상 품질 관리	메타버스 내에서 가상 품질 관리 시스템을 구축하여 제품의 품질을 모니터링하고 관리한다. 가상으로 품질 검사를 수행하고 결함을 식별하며, 품질 관련 데이터를 수집하여 분석할 수 있다. 이를 통해 제조 공정에서의 품질 문제를 미리 예방하고, 품질 관리를 강화할 수 있다.
가상 유지보수와 고장 진단	메타버스를 활용하여 가상 유지보수 및 고장 진단을 수행한다. 가상으로 기계와 설비를 모니터링하고, 이상 징후를 감지와 고장 진단 및 예방 점검을 수행할 수 있다. 이를 통해 공정의 운영 안정성을 유지하고, 예방적인 유지·보수를 할 수 있다.
데이터 분석과 예측	스마트 제조 시스템에서 생성되는 다량의 데이터를 메타버스 내에서 분석하고 시각화하여 경영 의사 결정에 활용한다. 데이터 마이닝과 인공 지능 기술을 활용하여 생산 데이터를 분석하고 예측 모델을 구축하여, 생산 계획을 최적화하고, 자원을 효율적으로 관리할 수 있다.

---

9) 출처 : 저자 작성

메타버스는 제조업체와 소비자 간의 상호작용과 소통을 촉진하는 플랫폼으로 활용될 수 있다. 가상 상점이나 전시 공간을 통해 제품을 홍보하고 판매함으로써 고객과의 관계를 강화하고, 제품에 대한 피드백과 요구사항을 빠르게 반영할 수 있다.

메타버스와 스마트 공장의 결합은 산업의 디지털화와 혁신을 촉진하는 핵심 요소가 될 전망이다. 이는 제조업체의 경쟁력을 차별화하고, 소비자는 더욱 향상된 제품과 서비스를 받을 수 있다. 따라서, 스마트 공장과 메타버스를 유기적으로 연결하고 협력하여 새로운 비즈니스 모델과 경험을 창출하는 것은 매우 중요한 전략적 선택이 될 것이다.

현재와 미래의 전략기술인 DT는 현실 세계의 물리적인 사물이나 프로세스를 디지털 세계에서 완벽하게 모델링하여 효율적인 모니터링, 분석 및 예측을 가능하게 하는 기술이다. 가상 트윈이라고도 하는 DT는 물리적 개체 또는 시스템의 디지털 복제본이다. 즉, 실세계에서 눈으로 보이는 모든 객체(objects)와 사람, 또는 눈에 보이지 않는 백그라운드에서의 진행(프로세스)이나 공기와 에너지, 현재와 현실, 미래 같은 시간의 변화까지 디지털로 만들어 보여준다.

주변의 환경이 함께 바뀌면서 사람들을 위한 넘쳐나는 서비스와 스마트폰을 중심으로 발생하는 상상할 수 없는 데이터의 폭증이 오늘날 사회의 현상이기도 하다. 이 특징들은 수많은 센서와 빠른 무선 네트워크, 그리고 다양한 그래픽, 분석 도구, 클라우드 등을 점점 더 낮은 가격으로 쉽게 접할 수 있게 만들면서 기술 발전을 이끌고 있다. 물론 더 많고 다양한 기술과 서비스가 복합되며 이러한 기술들은 잘 엮어진 스마트한 디지털 스레드[10] Digital Thread 에 의해 만들어질 것이다. 특별한 한 가지, 또는 뛰어난 소수보다는 4차 산업의 주요 특성인 초연결성, 초지능성, 예측 가능성 등 융합된 기술로 새로운 가치 창출이 이루어지고 있다.

---

10) 디지털 스레드는 제품의 수명주기 동안 제품을 정의하는 관련 데이터의 상호 연결된 흐름을 말한다.(용어 해설 참조)

| 스마트 제조와 DT

지금까지는 경험하지 못하는 일들이 이러한 기술들의 연결과 융합을 통하여 만들어지고 서비스되기 때문에 DT 자체도 주변의 환경과 융합으로 연결되어 성공할 수 있는 환경이 되고 있다. 네트워크 기반의 스마트 시티에서 공장, 농장과 학교, 하물며 사람까지도 디지털로 구현하는 IoT 기반과 저렴한 가격의 인프라 확충이 지금까지 작은 표현에 불과했던 DT를 더 크고, 더 넓고, 더 많은 정보를 제공하고 있다. 지금도 세상에 퍼져있는 500억 개의 센서에서 수많은 데이터가 수집되며, 2차원이던 건물이나 공장의 모습을 3차원으로 그려주게 되고, 내부에서 일어나는 다양한 정보들도 같이 표시해 준다. DT는 실세계와 같은 쌍둥이 가상 세계의 복제를 넘어서, 동시에 실시간으로 업그레이드할 수 있는 가상공간이다. 더 나아가 예측이 가능한 미래까지도 디지털로 표현한다.

DT를 통해 기업은 제품 수명주기를 최적화하고, 시뮬레이션 및 예측 분석을 통해 생산성을 높일 수 있다. 2027년까지 전 세계 대기업의 40% 이상이 수익 증대를 목표로 하는 메타버스 기반 프로젝트에서 웹3Web 3, AR, 클라우드 및 DT의 조합을 사용할 것으로 예측한다. 현재 DT는 다양한 산업 분야에서 활용되고 있다. 제조업에서는 제품의 디자인, 생산, 유지보수 및 폐기까지의 생명주기를 관리하고 최적화할 수 있다. 에너지 분야에서는 발전소나 태양광 발전 시스템 등의 운영 상태를 모니터링하고 최적화할 수 있으며, 또한 건축 분야에서는 건물의 디자인 및 건설 단계에서의 시뮬레이션을 수행하여 건물의 성능을 최적화할 수 있다.

DT 기술은 제품의 성능 및 운영 상태를 실시간으로 모니터링하고 예측 분석을 수행할 수 있어 생산성과 효율성을 높일 수 있다. 또한 문제가 발생했을 때 실제 시스템에 영향을 주지 않고 실험적인 시뮬레이션을 수행할 수 있어 비용과 시간을 절약할 수 있다는 장점이 있다. 하지만 DT 기술에는 몇 가지 문제점도 존재한다. 모델링 과정이 매우 복잡하며, 대량의 데이터 처리 및 분석 능력도 요구된다. 또한, 실제 제품 또는 프로세스와 DT 사이에 정확한 대응 관계 유지가 되어야 높은 정확성과 일관성이 있어야 한다.

DT 기술의 적용 범위는 물리적인 제품이나 프로세스의 복잡도와 관련이 있다. 복잡한 시스템의 경우, 모델링 및 예측 분석이 어렵고, 다양한 변수의 상호작용을 고려해야 한다. 그러나, 이러한 문제점을 극복하고 DT 기술을 최대한 활용하기 위한 기술적 발전은 계속되고 있다. 예를 들어, IoT 센서 기술과 빅데이터 분석 기술을 활용하여 데이터 수집과 분석의 정확도와 속도를 높이는 방법이 있다. 또한, 딥러닝과 강화학습 등의 AI 기술을 활용하여 시스템의 복잡도를 처리하고 예측 분석의 정확성을 높이기도 한다.

DT를 이용하면 물리적인 대상을 직접 조작하거나 실험하지 않아도, 디지털 세계에서 여러 가지 시나리오에 대해 시뮬레이션을 수행할 수 있다. 이를 통해 다양한 상황에서 어떻게 작동하는지 예측하고, 문제를 발견하면 해결하는 등의 작업을 수행할 수 있다. 특히, 위험작업이 수반되는 업무, 예를 들어 극한상황에서의 화재 진압, 항공 조종 업무 등 현실 상황에서는 훈련하기 어려운 영역도 효과적으로 수행할 수 있다.

DT 생산 시스템과 사이버 물리 시스템

DT가 가상 세계의 제어기능을 현실 세계와 연결하여 물리적 시스템을 제어한다는 측면에서 Cyber-Physical System(CPS) 과도 유사한 개념이다. DT를 구축하는 이유는 [그림 4]와 같이 실세계로부터 실시간으로 수집한 데이터를 분석해 사전에 가상 세계에 적용simulation하거나 미래를 예측prediction하는 등 능동적인 제품의 모니터링과 문제 대응으로 경제적 편익을 취할 수 있기 때문이다. [그림 5]에서 왼쪽 Physical

System(물리적 시스템)은 현실에서의 물리적인 산업 시설이나 제품 등이 위치하며, 다양한 센서, 장비 등으로 구성되어 있다. 오른쪽 가상 시스템^{Virtual System}은 이러한 물리적인 시스템을 디지털적으로 복제한 Virtual System이 위치한다. Virtual System은 이러한 물리적 시스템을 완벽하게 모사한 가상 시스템으로, 모든 데이터와 제어 정보를 저장하고 처리한다. [그림 5]와 같이 Physical System과 Virtual System은 연결되어 상호작용을 하며, Virtual System에서 수집된 데이터와 분석 결과를 이용해 물리적 시스템을 최적화하고, 문제점을 예측 및 해결할 수 있다.

[그림 4-4] DT의 개념도[11]

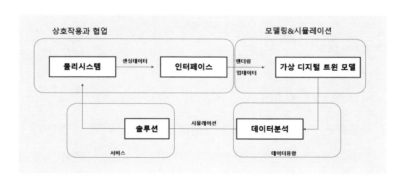

이러한 과정에서 발생하는 데이터와 정보는 다시 Virtual System에 반영되어, 더욱 정확하고 효과적인 DT 솔루션을 제공할 수 있게 된다.

11) 출처 : 한국전력연구원, 저자 재구성

DT 생산 시스템은 사이버-물리 시스템(CPS)으로도 불리기도 하며 [그림4-4]와같이 사이버 시스템을 통해 현실 세계의 사람, 운영환경, 기계 장치와 같은 물리 시스템을 네트워크로 연결하여 제어하는 시스템으로 정의할 수 있다.

[그림 4-5] 사이버 물리 시스템(CPS) 개념도[12]

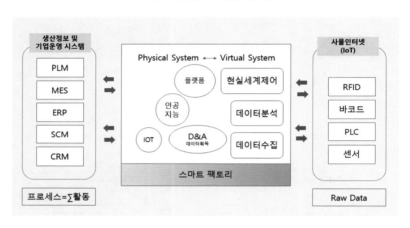

스마트 공장에서 사이버-물리적 시스템을 사용하는 이론은 지능적이고 자동화된 제조 프로세스를 생성하기 위해 물리적 시스템과 디지털 시스템을 통합하는 것을 포함한다. 여기에는 IoT, 빅데이터 분석 및 AI와 같은 기술을 사용하여 제조 프로세스를 최적화하고 제품 품질을 개선하는 것이 포함될 수 있다.

---

12) 출처 : 한국전력연구원, 저자 재구성

DT 기술은 현재 산업 분야에서 가장 빠르게 성장하고 있는 기술 중 하나로 꼽히고 있다. 특히 제조, 건설, 에너지, 자동차 등의 분야에서 활용되고 있으며 생산성 향상과 고객 만족도 향상 등의 효과를 가져오고 있다. 전 세계적으로 DT 기술의 시장 규모는 빠르게 증가하고 있다. 조사 기관마다 다르지만, IDC^{International Data Corporation}는 DT 시장이 2024년 177억 달러에서, 연평균 39.8%의 성장률로 2032년까지 2,593억 달러로 성장할 것으로 전망한다.[13] 국내에서도 DT 기술의 활용이 점차 증가하고 있다. 특히 제조 분야에서는 DT를 활용한 스마트 공장 구축이 활발히 이루어지고 있으며, 건설, 에너지, 자동차 등 다양한 분야에서도 활용이 예상된다. 국내 DT 시장 규모는 상대적으로 작지만, 이후에는 급격히 성장할 것으로 예상된다. 예측에 따르면, 2021년 기준 국내 DT 시장은 약 300억 원의 규모를 가지며, 2025년까지 10배 이상 성장하여 3조 원 규모에 이를 것으로 전망한다. 특히 국내 제조 분야에서는 DT 기술을 활용한 스마트 공장 구축이 적극적으로 추진될 것으로 예상된다.[14]

DT는 국내외에서 다양한 정책 및 제도적 지원이 이루어지고 있다. 국내에서는 2019년 정부에서 제조업 혁신 기반 구축 및 실증 도시 조성을 위한 '제조 3.0 DT 산업 발전 전략'을 발표하여, DT 기술을 활용

---

13) Research and Markets는 2032년 1,567억 달러로 연평균 성장률 26.8%로 예상한다.
14) 한국산업연구원, 디지털 트윈 기술 동향 및 시장 규모 전망 보고서 (2022)

한 제조업 혁신을 적극적으로 추진하고 있다. 이를 위해 DT 적용 분야의 발굴과 실증사업 지원, DT 관련 인력양성 및 교육과제 등 다양한 정책적 지원이 이루어지고 있다. 해외에서는 유럽연합(EU)에서 2020년 'DT 액션 플랜'을 발표하여, DT 적용 분야의 확대와 역량 강화를 목표로 하고 있다. 미국에서는 2019년에 'DT 연구 및 협력법'을 제정하여 DT 기술 연구개발과 산업 활성화를 지원하고 있다. 세계적으로 DT를 기반으로 한 새로운 생태계 구축을 위한 협업과 표준화에 대한 관심도 높아지고 있으며, 국제기구인 ISO에서는 DT에 대한 표준화를 위한 작업 그룹을 구성하여 표준화 작업을 진행하고 있다.

DT 기술은 빠르게 발전하고 있다. DT는 실제 시스템 데이터를 수집하고 분석하여 미래의 시나리오를 예측하기 때문에, 머신러닝, 딥러닝 등 AI와의 융합이 더욱 확대될 것이다. 또한, 5G 기술과의 결합도 기대된다. 5G 기술의 초고속 대역폭과 낮은 지연 시간 등의 특성은 DT에서 필요한 대규모 데이터 전송과 실시간 데이터 처리에 적합한 기술이다. 또한, VR/AR 기술과의 융합이 예상되며, VR/AR 기술을 활용하면, DT로 구축된 가상 세계에서 실제 제품의 동작을 시뮬레이션하여 효율적인 제품 설계 및 고객 체험을 제공할 수 있다. 블록체인 기술과의 결합도 기대된다. 블록체인 기술을 활용하면 DT에서 수집된 데이터의 보안성과 신뢰성을 높일 수 있다.

DT 기술의 발전과 적극적인 DT의 국내외 확대 정책은 DT 산업의

발전과 이를 활용한 제조업 혁신, 새로운 비즈니스 모델의 창출을 활성화한다.[15]

스마트 제조에서 DT 생산 시스템의 위치

DT 생산 시스템은 제조업 분야에서 혁신적인 변화를 일으키고 있다. 기존의 제조 방식은 생산 과정에서 발생하는 데이터와 정보를 수작업으로 수집하고 분석하는 방식을 사용하여 생산성이 낮고, 생산 과정의 문제점을 예측하고, 대응하는 데 어려움이 많았다.

스마트 제조에서 DT 생산 시스템은 생산 과정 전반에 걸쳐 적용되는 종합적인 생산 관리 시스템이다. DT 생산 시스템은 생산 공정의 센서, 로봇, 장비 등의 기계장치를 비롯하여 제품, 부품, 원자재 등 모든 생산 자산의 데이터와 정보를 수집하고 분석하는 데 중요한 역할을 한다. 이를 위해 IoT 기술, 빅데이터 분석 기술, AI 등을 활용한다. 또한 이러한 데이터와 정보를 기반으로 공정, 제품, 생산라인 등 전체 생산 과정을 최적화하고 문제점을 예측하여 예방할 수 있다.

---

15) 한국산업기술진흥협회, 『디지털 트윈 기술 동향 및 시장 전망』, 2022.

DT 생산 시스템의 가치사슬

가치사슬이란 제품 또는 서비스를 제공하는 데 필요한 모든 활동과 과정을 순차적으로 연결하여 그 활동과 과정에서 부가가치가 발생하는 구성 요소를 말하며, 일반적으로 가치사슬은 다음과 같이 구성된다.

(원자재 공급자) 제품 제조에 필요한 원자재를 공급하는 업체
(생산자) 원자재를 가공하여 제품을 생산하는 업체
(유통자) 생산된 제품을 유통하여 고객에게 판매하는 업체
(고객) 제품을 구매하여 사용하는 사람 또는 기업

DT 생산 시스템은 후방산업^{Upstream Industry}과 전방산업^{Downstream Industry} 등 산업 전반에 영향을 주고 있다. 후방산업은 원자재나 부품 등을 공급하는 산업으로 산업의 공급망 관리와 연관되어 있어, DT 생산 시스템의 적용은 후방산업의 공급망 혁신에도 큰 공헌을 한다. 예를 들어, DT 생산 시스템을 활용하면 부품 수급 과정에서 발생하는 문제를 사전에 예측하고 대응할 수 있다. 전방산업은 생산된 제품을 고객에게 공급하는 산업으로, DT 생산 시스템은 이 산업에서 제품의 품질, 배송 등을 관리하여 고객 만족도를 높일 수 있다.

또한, 제품에 대한 데이터 수집과 분석을 통해 고객의 선호도나 문제점을 파악하여 적극적으로 대응할 수 있다. 이러한 DT 생산 시스템

의 적용은 전체 산업 구조를 혁신적으로 변화시키며, 생산 및 유통의 효율성과 경쟁력을 높이는 기회를 제공한다. 또한, 각 단계에서 발생하는 활동과 과정에서 부가가치가 발생하며, 이를 최적화하여 전체적인 비용을 줄이고 효율성을 높일 수 있다. 예를 들어, 원자재 공급자는 원자재를 공급할 때 적정한 가격과 수량을 제공하여 생산자가 원활하게 생산할 수 있도록 지원하며, 생산자는 생산 과정에서 최적의 생산 방식을 찾아 제품의 품질을 높여 유통자와 고객에게 높은 가치를 제공한다.

DT의 산업 활용과 가치 창출

DT는 4차 산업혁명의 핵심 기술로 인식되며, 다양한 산업 분야에서 활용되고 있고, 각각의 분야에서 특화된 용도로 사용되고 있으며, 새로운 가치 창출 기술로 주목받고 있다.

제조업 | DT 기술은 제조업 분야에서 가장 먼저 적용하였다. 제조 공정의 디지털화와 생산 라인의 자동화, AI 기술 등을 활용하여 생산성을 높일 수 있다. 제조 공정의 데이터 수집, 분석 및 시각화를 통해 생산성 향상과 불량률 감소 등의 효과가 있으며, 또한, 설계 단계에서 DT를 활용한 가상 모델링을 통해 제품의 성능 향상을 예측할 수도 있다. 또한, 제품의 생산 과정을 모니터링하고 데이터 활용으로 제품 품질을 개선할 수 있다.

건설업 | 건설 현장의 DT 활용은 건축물의 설계 및 시공, 유지보수, 안전 관리 등 다양한 영역에서 이루어지고, 비용 절감과 안전성 강화 등의 효과가 있다. 또한, 건설 현장의 모니터링과 센서 데이터를 통한 건축물의 안전성을 검증할 수 있고, 자동화 기술을 도입하여 공정성과 생산성을 높일 수 있다. 또한, 건축물 유지보수를 위한 DT 기술의 적용도 확대될 것으로 예상된다.

에너지 분야 | DT 기술은 에너지 분야에서 발전소, 전력망, 인프라 등의 모니터링과 예측, 유지보수 등에 활용이 가능하다. 예를 들어, 발전소의 모니터링과 센서 데이터를 집적하여 발전 효율성을 높이고 운전을 최적화하거나 장비의 상태를 모니터링하여 적절한 시간에 정비 및 유지보수를 수행하여 전력망의 안정성을 높일 수 있다. 또한, 신재생 에너지 분야에서 DT 기술을 활용하여 발전 효율성을 개선하고, 에너지 관리 및 저장 시스템의 최적화를 할 수 있다.

농업 분야 | DT 기술을 활용하여 작물 생산 과정을 최적화하고, 농작물의 생산성을 높일 수 있다. 농작물의 성장 상태, 토양 조건, 날씨 등의 정보 수집과 분석을 통해 작물 생산성 향상과 수확량 증대를 도모할 수 있으며, 또한, 작물의 성장 상태와 기상 데이터 등을 수집하고 분석하여 농작물의 성장을 예측하고 적시에 대처하여 생산성을 높일 수 있다.

의료 분야 | DT를 활용하여 환자 모니터링, 진단, 치료 등 환자의 건강 상태를 체계적으로 관리하고, 개인 맞춤형 치료와 의료진 간의 협업을 강화할 수 있다.

[표 4-3] DT의 구체적인 잠재적 사업 가치

분야별 범주	구체적인 잠재적 사업 가치
제조업	공정 최적화를 통한 생산성 향상, 품질 관리 강화를 통한 제품 품질 개선, 예방 정비와 수리, 유지보수 비용 절감, 실제 제품 테스트 대신 가상 시뮬레이션을 통한 검증 및 개발 기간 단축
건설업	설계, 시공, 유지보수 및 건설 현장 모니터링을 통한 생산성 향상, 효율적인 작업 계획 수립, 안전성 및 품질 향상
에너지 및 공공	발전소, 발전기, 유틸리티 시스템 등에서 운전 및 유지보수 비용 절감, 에너지 효율성 향상, 공공시설의 안전성 향상과 효율적 운영
헬스케어	환자 데이터 분석을 통한 개인 맞춤형 치료 제공, 의료 기기 모니터링 및 유지보수 비용 절감, 신약 개발 및 임상 시험을 위한 가상 시뮬레이션 테스트
기타 산업 분야	자동차, 항공, 철도 등에서 성능 모니터링 및 유지보수 비용 절감, 제품 개발 및 디자인 프로세스 개선, 데이터 분석을 통한 비즈니스 프로세스 개선 및 최적화, 도시 모니터링 시스템, 스마트 홈

| 산업 생산 시스템의 핵심 기술

산업시스템의 DX는 물리 공간상의 수많은 사물이 지능화되고, 대규모로 연결되어 주어진 상황에 맞게 자기조직화 한다. 그리고 자율적인 상호협력을 통해 스스로 문제를 해결하고 진화하는 시스템 기술로 기업의 새로운 가치를 창출하는 환경으로 변모하고 있다. IoT는 산업용을 중심으로 성장 중이며, 이를 뒷받침하는 디지털 인프라인 클라우드 서비스 플랫폼을 장악하기 위한 글로벌 기업 사이의 전쟁도 치열하다.

IoT, 연결형에서 지능형, 자율형으로

산업용 IoT는 2023년 35억 개가 연결되어 있으며, 2028년에는 98억 개가 연결될 것으로 예측한다. 산업용 IoT는 스마트 공장, DT 시스템의 확대와 더불어 성장 중이다. 현재는 제조업 강국인 중국과 제조업 부흥을 내건 미국이 주도하고 있다. 최근, 국가 사이의 갈등이나 전염

병(COVID-19처럼) 등의 우려로 공급망 관리가 제조업체의 리스크로 되고 있고, 생산 비용을 최소화하기 위해 공장을 본사 근처로 이전하는 '니어쇼링'nearshoring도 고려하고 있다. 이러한 문제 해결을 위해 DT를 통하여 기계와 운영의 효율성을 개선하는 추세이다.

[그림 4-6] 산업용 IoT 연결 수(2018년~2028년)[16]

(단위 : 10억 개)

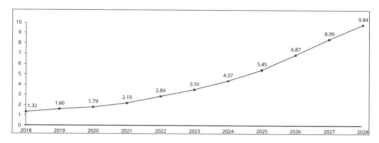

사물 기기의 단계적 진화 과정은 연결형에서 지능형으로 더 나아가 스스로 판단하고 제어하는 자율형으로 진화가 예상된다.

1단계 : 연결형 사물 기기

사물이 인터넷에 연결되어 주변 환경을 센싱[17]하고 그 결과를 전송하며, 모니터링 정보를 통해 원격에서 사물이 제어되는 단계로서 센싱-수집-관리(분석)를 목적으로 구축된 실세계에서 가상 세계로의 연결 및

---

16) 출처:Industrial IoT market data&analysis, statista, 2024. 7.
17) 센싱(Sensing)은 기본적으로 감지(sense)와 반응(respond)을 의미한다.

관리 기술이다.

2단계 : 지능형 사물 기기

사물이 센싱 및 전송한 센싱된 데이터를 분석 및 예측하는 지능적 행위를 취할 수 있는 단계로서 1 단계 기술에 지능이 추가되어, 센싱- 수집- 분석- 진단- 예측의 실세계에서 가상 세계로 지능을 감지하고, 유연하게 대응하는 기술이다.

3단계 : 자율형 사물 기기

사물 간 협업지능을 기반으로 상호 소통하며 공간, 상황, 사물 정보의 복합 처리를 통해 스스로 의사를 결정하고 물리 세계를 자율적으로 제어할 수 있는 단계로서 센싱-수집-관리(분석)를 목적으로 구축된 실세계에서 가상 세계로의 연결 및 관리 기술로 볼 수 있다.

스마트 공장, DT, AI 등 디지털의 확대는 클라우드 성장을 이끈다.

클라우드 서비스 모델(또는 클라우드 컴퓨팅 서비스 모델이라고도 한다.)에서 대표적인 서비스 제품의 세 가지 유형이 IaaS(infrastructure as a service), PaaS(platform as a service), SaaS(software as a service)이다.

[그림 4-7] 산업 클라우드 플랫폼[18]

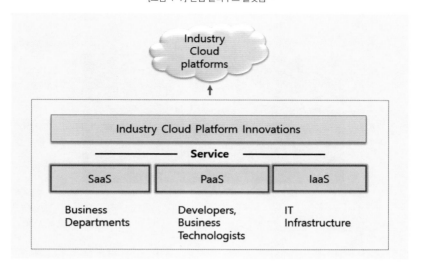

서비스형 인프라(IaaS)는 클라우드에서 애플리케이션이나 작업량 _{work load}을 실행하기 위한 (가상)서버와 저장, 네트워킹을 구축하고, 고객이 요구만 있으면 언제든지(on demand) 접근할 수 있도록 제공한다. PaaS는 애플리케이션을 개발, 실행, 유지·보수와 관리를 하고, 고객이 원하면 즉시 사용할 수 있는 플랫폼 서비스를 제공한다. SaaS는 고객이 애플리케이션 소프트웨어를 언제든지 바로 사용할 수 있도록 서비스를 제공한다. IaaS, PaaS 및 SaaS는 상호 보완적이다. 많은 중견기업이 하나 이상을 사용하고, 대부분 대기업은 서비스 모두를 사용한다.[19]

---

18) 출처 : 저자 작성
19) IBM 홈페이지 등을 참조하여 저자 작성.

[그림 4-8] 글로벌 클라우드 서비스 시장 점유율 추이(2022. 3/4~2024. 1/4)[20]

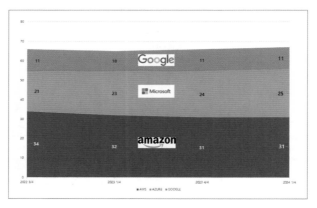

클라우드 서비스는 디지털의 확대, 특히 AI와 더불어 계속 성장이 예상된다. 시너지 리서치 그룹에 따르면 서비스 업체들은 2024년 1사분기에만 760억 달러의 수익을 올렸다. 클라우드 서비스 시장 점유율은 아마존, 마이크로소프트, 구글 3사가 전 세계 시장의 67%로 압도적이다. 미국을 제외하면, 중국의 알리바바(4%), 텐센트(2%)만이 10위권 내에 이름을 올리고 있다.

클라우드는 기업의 필수품이 되고 있다. 그러나, 미국의 플랫폼 업체들의 독점이 끼치는 영향력을 고려할 필요가 있다. 1개 서비스 업체의 오류가 글로벌 시스템에 영향을 미칠 수 있다. 그리고, 서비스가 필요한 업체에 과다한 영향력을 행사할 수 있다. 또한, 클라우드 인프라의 확대는 과다한 에너지 비용 문제를 발생시킨다. 영국의 파이낸셜 타임

20) 출처 : SYNERGY RESEARCH GROUP, IaaS, PaaS, SaaS 포함, 저자 재작성

스는 프랑스 싱크탱크인 The Shift Project의 보고서를 인용하여, 클라우드 컴퓨팅을 가능하게 하는 기술 인프라와 데이터 서버에서 발생하는 탄소 배출량은 현재 코로나 이전 항공 여행의 탄소 배출량을 초과한다. 아마존, 구글, 마이크로소프트, 페이스북, 애플 등 다섯 개의 주요 기술 그룹의 연간 전력 사용량은 뉴질랜드의 전력 사용량과 맞먹는 45테라와트시(TWh)를 넘어선다.[21]라고, 과다한 에너지 사용의 문제점을 지적하고 있다.

이외에도 산업시스템 분야에서 주요 핵심 기술로 로봇 기술Robot Tech, 보안Security, 블록체인Blockchain 기술, 3D 프린팅 기술(UI/UX 디자인) 등이 있다. 위와 같은 기술들을 융합하여 산업시스템을 개선하면, 국가와 기업의 생산성과 경쟁력을 높이고, 새로운 비즈니스 모델과 사업 확장의 기회를 포착할 수 있다.

---

21) Financial Times, 「Big Tech races to clean up act as cloud energy use grows」, 2021.5.18

[참고] 제조 가상 물리 시스템(CPS)의 5c 구조와 단계별 수준

제조 가상 물리 시스템^{Virtual Manufacturing Physical System}은 실제 생산 라인을 가상 환경으로 모델링하여 생산 과정을 시뮬레이션하고 최적화하는 시스템이다. 이 시스템은 일련의 단계를 거쳐 구성되며, 제조 가상 물리 시스템은 핵심 연산장치^{Computational Core}가 연산 모듈이 내장된 사물들과 커뮤니케이션을 통해 실시간으로 상황을 확인하고 제어하는 개념으로 이해할 수 있다.

가상 물리 시스템은 물리적, 생물학적 공학적 시스템으로서 핵심 연산장치에 의한 통합 관제, 제어 형태로 운용되며, 구성 요소들은 가상 물리 시스템의 규모에 맞추어 네트워크로 연결된다. 그리고 컴퓨터 연산장치는 모든 물리적 구성 요소들과 자재 속에 내장되어 작동한다. 핵심 연산장치는 실시간으로 반응하며, 주로 분산되어 작동하는 내장형 시스템이다. 가상 물리 시스템의 행동은 논리적, 물리적 활동의 완전 통합형 교합체이다. 5C 구조는 국제적으로 통용되는 표준과 개발 기준이 필요함에 따라, 다쏘시스템을 중심으로 한 유럽 컨소시엄이 국제화의 필요성에 공감하여 2006년 6월부터 2011년 12월까지 MODELISAR 라고 명명된 프로젝트를 수행하고 공개형 연계 표준^{Open Interface Standard}인 FMI^{Functional Mock-up Interface}를 완성하였다. 이 표준은 수준이 진화하는 가상 물리 시스템 아키텍처^{Architecture}를 제안하고 있다. 이 아키텍처(구조)는 "Connectivity" (연결성), "Conversion" (변환), "Cyber" (사이버),

"Cognition" (인지), "Configuration" (구성)의 5C로 구성되어 5C 아키텍처로 부르기도 한다.[22]

[그림 4-9] 제조 가상 물리 시스템(CPS)의 5c 구조[23]

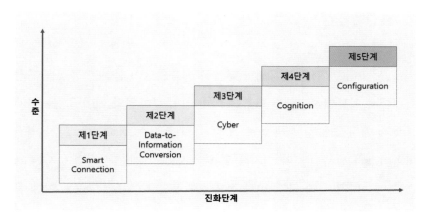

제1단계 수준

스마트 연결 수준[Smart Connection Level]을 말한다. Connection(연결성)은 제조 시스템의 하드웨어 및 소프트웨어 구성 요소를 연결하는 능력을 의미하며, 기계로부터 상태를 측정하고 기계를 제어하는 디바이스들이 자가 측정[Self-Sensing]과 자가 연결[Self-Connection]이 가능한 수준이다. 디바이스로에서 정확하고 신뢰성 높은 데이터를 얻을 수 있으며, 생성된 데이

---

22) MarketsandMarkets Report, 「Digital Twin Market by Technology, Type, Application, Industry and Geography - Global Forecast to 2026」, 2021.
23) 출처 : Lee,jay 외, 「A Cyber-Physical System architecture for industry 4.0 based manufacturing systems」, 2015. 1.

터 간에는 완전한 연결성^{Seamless and Tether-Free}을 확보할 수 있다. 이 단계에서는 제조 장비, 센서, 액추에이터 등의 하드웨어 제어와 데이터를 수집하고, 통신 네트워크를 구축한다.

제2단계 수준

데이터 정보 변환 수준^{Data-to-Information Conversion Level}을 말한다. Conversion(변환)은 원자재나 부품을 제품으로 변환하는 공정을 가상환경에서 시뮬레이션하는 과정을 의미하며, 다차원의 데이터 상관관계 분석과 예지 정보를 추론할 수 있는 능력을 갖춘 정도이다. 자가 연결 디바이스와 센서는 자가 인지 능력을 가지며, 기계는 잠재적 문제를 스스로 예측하기 위해 자기 인식 정보를 활용할 수 있다. 그리고 이를 활용하여 주요한 사안의 특성을 측정할 수 있다. 이 단계에서는 제조 공정의 흐름과 변수들을 모델링하고 최적화에 초점을 맞춘다. 가상 환경에서 공정을 시뮬레이션하여 생산성을 향상하고 비용을 절감할 수 있다.

제3단계 수준

가상화 수준^{Cyber level}을 말한다. 사이버 제조 시스템의 디지털 표현을 말한다. 이 단계에서는 가상 모델과 제조 시스템의 DT를 개발하고 관리하며, DT는 실제 시스템의 동작을 가상 환경에서 시뮬레이션하고 최적화하는 데 활용된다. 기계가 계기적 특성을 활용하여 스스로 가상공간에 twin(쌍둥이)을 구성하고 Time-Machine 방법론에 따라, 기계 건강 유형^{Machine health pattern}을 찾아내어 특성화할 수 있어야 한다. 그리고 가상공간에 구축된 twin은 동등한 계층에서 성능을 스스로 비교할 수 있는 능력을 갖추고 있어야 한다.

제4단계 수준

인지 수준$^{Cognition\ Level}$을 말한다. Cognition(인지)는 제조 시스템의 상황을 모니터링하고 분석하는 능력이다. 이 단계에서는 자가 분석과 자가 평가 결과를 도해 적으로 설명하여 잠재적 사안을 알릴 수 있어야 하고 센서 데이터, 가상 모델의 출력 등을 분석하여 실시간으로 제조 시스템의 상태를 평가하고 문제를 감지한다. 이를 통해 제조 시스템의 안정성과 효율성을 높인다.

제5단계 수준

구성 수준$^{Configuration\ Level}$으로 가상 생산 시스템의 구성 요소를 정의하고 이들의 배치와 상호작용을 결정하는 수준이다. 구성 요소는 생산 라인을 구성하는 요소들을 식별하고 정의하며, 이는 기계, 로봇, 운반 장비, 작업 대상 등과 같은 구성 요소들을 포함한다. 기계나 생산 시스템(또는 공정시스템)은 위험 기준이나 우선순위에 따라서 스스로 재구성하는 복원력을 확보한 수준을 의미한다. 구성 수준에서는 다양한 시뮬레이션 기법과 도구를 사용하여 생산 라인을 구성하고 최적화한다. 이 단계의 주요 활동은 아래와 같다.

• 〈구성 요소 정의〉 생산 라인을 구성하는 요소들을 식별하고 정의하며, 이는 기계, 로봇, 운반 장비, 작업 대상 등과 같은 구성 요소들을 포함한다.

• 〈구성 요소 배치〉 생산 라인 내에서 각 구성 요소의 위치와 배치 순서이다. 예를 들어, 기계와 로봇의 배치 위치, 운반 장비의 이동 경로 등을 결정한다.

• 〈상호작용 정의〉 생산 라인 내에서 구성 요소들이 서로 작동하고 통신하는 방식을 결정한다. 예를 들어, 기계와 로봇 사이의 자동화된 부품 전달, 작업 지시 사항의 교환 등을 정의한다.

• 〈시뮬레이션 및 최적화〉 구성 요소의 배치와 상호작용을 기반으로 가상 환경에서 생산 라인을 시뮬레이션하고 최적화한다. 시뮬레이션은 여러 가상 시나리오를 통해 생산 라인의 동작을 모사하고 성능을 분석하는 과정이며, 최적화는 다양한 요소의 조합과 설정을 테스트하여 생산 라인의 효율성과 생산성을 최대화하는 것을 목표로 한다.

UI/UX Design User Interface(사용자 환경) & User eXperience(사용자 경험)

사용자 중심 디자인 방법으로 프로젝트 전반에서 디자이너가 사용자와 함께 작업하는 것으로 휴대폰, 컴퓨터, 내비게이션 등 디지털 기기를 작동시키는 명령어나 기법을 포함함.

Digital Thread, 디지털 스레드

디지털 스레드는 제품의 수명주기 동안 제품을 정의하는 관련 데이터의 상호 연결된 흐름을 말함. 이는 초기 설계와 개발부터 제조, 유지보수, 서비스 및 폐기까지 제품의 모든 단계를 포괄적으로 볼 수 있음. 디지털 스레드는 조직이 부서, 기능, 시스템 간의 장벽을 허물고 워크플로를 간소화하며 상호 운용성을 달성할 수 있음. 이는 제품 관련 데이터의 품질과 일관성을 확보하여 모든 사람이 최신 정보를 공유하고, 동일한 이해를 통하여 기업의 가치와 경쟁력을 제고.

IoT Internet of Things, 사물인터넷

세상에 존재하는 유형 혹은 무형의 객체들이 다양한 방식으로 서로 연결되어 개별 객체들이 제공하지 못했던 새로운 서비스를 제공하는 것

Chapter 5

교육의 변화와 디지털

| 약어 | |

AI	Artificial Intelligence	인공 지능
AR	Artificial Intelligence	증강 현실
VR	Virtual Reality	가상 현실

교육의 성과는 국가의 경쟁력으로 나타난다. 디지털 기술이 발전함에 따라 디지털을 이용한 교육은 이제 필수조건이다. 미래의 디지털 교육은 기술의 발전에 따라 학습 방식, 학습 환경, 교육의 접근성 등이 획기적으로 변화가 될 것이고, AI를 활용한 교육의 중요성도 높아질 것이다.

학습 도구도 계속 다양해지고 누구나 접근이 가능하게 될 것이다. VR과 AR, 블록체인 등 다양한 기술의 발전과 이를 구현하는 도구의 저렴한 상품화는 교육의 포용성을 확대할 수 있다. 학습자는 이러한 학습 도구를 활용하여 가상 객체를 현실 세계에 삽입함으로써 학습자는 실제에 가까운 상황에서 학습할 수 있다.

AI 챗봇과 가상 교사는 학습자들이 실시간으로 질문과 답변을 하면서 개별적인 지도를 받을 수 있는 도구로 활용이 확대되고 있다. 이들은 학습자들에게 개별 지원을 제공하고 자동화된 학습 피드백을 제공하여 학습 효과를 극대화한다. 또한 AI를 활용한 빅데이터 분석은 학습자들의 행동과 성과를 예측하고 진단하는 개별 맞춤형 교육으로 발전하고 있다. 공유와 협력의 지식 네트워크도 더욱 확대될 것이다.

다양한 협업 도구와 소셜 미디어는 학습자들 간의 협력과 상호작용을 촉진하는 데 활용되고, 온라인 팀 프로젝트, 학습 커뮤니티, 소셜 미디어 플랫폼을 통해 학습자들은 서로 토론하고 협력하는 자기 주도형 학습 환경을 만들고 있다. 디지털 인프라의 발전과 다양한 교육 소프트웨어는 실시간 온라인 교육을 확대하고 있다. 학생들은 원하는 장소에서 전 세계의 전문가나 기관들로부터 학습하고 다양한 학위와 자격증을 취득할 수 있으며, 이는 교육의 평등성을 높이고 있다.

미래의 디지털 교육은 홀로그램 기술을 활용한 실시간 강의나 가상여행 등 학습이 일상생활과 연계되고, 다양한 환경과 상황에서 평생학습으로 이루어질 것이다. 이와 같은 미래의 디지털 교육은 교육의 효과성을 높이고, 학생들이 자기 잠재력을 최대한 발휘할 수 있는 능력을 갖추는 데 도움을 줄 것이다. 하지만 동시에, 디지털 인프라 및 능력의 격차와 개인정보보호, 디지털 디스트랙션, 온라인에서의 학생들 건강과 안전, AI에 대한 의존성 심화 등 새로운 문제를 맞이할 것이다. 이러한 문제들은 미래의 디지털 교육의 중요한 도전이다.

| 교육에서 디지털의 역할

디지털 기술의 발전

디지털 기술은 기존의 시간과 공간의 개념을 허물면서 교육에서도 혁명적인 변화를 이끌고 있다. 인터넷의 등장은 전 세계를 네트워크로 연결하고 있다. 교육의 접근성이 글로벌로 확대되는 중요한 출발점이 되었다. VR과 AR 등 다양한 디지털 기술은 단순한 학습 도구를 넘어서 현실과 같은 가상 체험과 경험을 할 수 있도록 하면서 학습에 대한 몰입감을 높이는 등 학습효과를 극대화한다. 인공지능의 본격적인 대중화는 교육의 질적 변화를 일으키고 있다.

컴퓨터와 인터넷의 등장, 디지털 교육의 시작

컴퓨터와 인터넷의 등장은 디지털 교육의 시작을 알렸다. 네트워크의 네트워크라 할 수 있는 인터넷은 일부에 국한되었던 지식과 정보가 누구나 접근할 수 있도록 개방되면서 교육에서도 지식 전달이라는 교육의 방식 자체를 바꾸는 계기가 되었다. 온라인 교육 플랫폼, 웹 기반 학습 자료, 온라인 공동작업 도구 등을 통해 학습자들은 유연하고 개인화된 학습 경험을 할 수 있게 되었다. 시간과 공간을 넘어 협업과 지식의 공유가 활발해졌다.

모바일 기기와 스마트폰, 교육의 접근성 확대

모바일 기기와 스마트폰의 보급은 디지털 기술 발전의 한 측면으로, 현대 사회에서 중요한 역할과 여러 분야에서 많은 영향을 미치고 있다. 특히, 기존 인프라가 부족한 저개발국가를 중심으로 모바일 기기가 지식과 정보 전달, 교육, 금융에 이르기까지 갖고 다니는 컴퓨터로 계속 진화하고 있다.

[그림 5-1] 스마트폰 사용자 수(2022년 말 기준)[1]

(단위:백만 명)

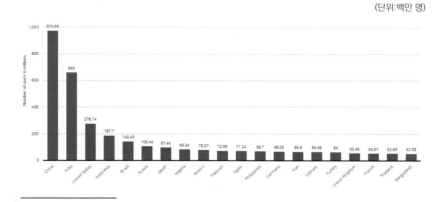

1) 출처 : Statista

모바일 기기와 스마트폰은 언제 어디서나 인터넷에 접속하여 정보를 검색하고 소통할 수 있는 기회를 제공한다. 국가의 부와 상관없이 이제 스마트폰은 기본 소지 품목이 됨에 따라 스마트폰이 교육 도구로서도 계속 발전하고 있다. 특히, 교육 인프라가 부족한 국가나 지역에서 교육의 접근성을 확대하는 중요한 도구가 되었다. 모바일 애플리케이션은 교육과 학습 분야에서도 많은 혁신을 가져왔다. 모바일 기기를 통해 온라인 교육 플랫폼에 접속하고, 학습 애플리케이션을 활용하여 개인화된 학습 경험을 얻을 수 있게 되었다.

클라우드 컴퓨팅과 빅데이터, 에듀테크의 활성화

클라우드 컴퓨팅과 빅데이터는 디지털 경제에서 핵심적인 역할을 하는 기술이다. 클라우드 컴퓨팅은 정보기술(IT) 리소스를 인터넷을 통해 사용하는 기술이다. 기업이나 개인은 클라우드 서비스 제공업체를 통해 서버, 스토리지, 데이터베이스, 애플리케이션 등의 컴퓨팅 리소스를 필요에 따라 유연하게 사용할 수 있다. 클라우드 컴퓨팅의 활용은 IT 인프라의 비용 절감, 확장성 및 유연성의 향상, 협업과 공유의 용이성 등을 제공한다.

빅데이터의 활용과 클라우드 컴퓨팅은 그동안 빅데이터 관리 어려움, IT 인프라 구축 비용에 대한 부담으로 접근하기 어려웠던 에듀테크 분야에 혁신 스타트업이 진출할 수 있는 기반이 되고 있다.

AI, 학습 시스템의 변혁

딥러닝, 머신러닝, AI는 21세기의 획기적인 기술 발전 중 하나로 현대 기술 분야에서 가장 주목받고 있는 분야 중 하나이다. AI는 컴퓨터가 인간처럼 생각하고 학습하며 문제를 해결하는 능력을 추구하는 기술이다. 초기의 AI는 주로 규칙 기반 시스템으로 구현되었으며, 사람이 사전에 프로그래밍한 명령을 통해 문제를 해결하는 방식이었다. 그러나 최근의 인공지능은 딥러닝, 머신러닝, 생성형 AI로 계속 발전하고 있다. 디지털 교육에 있어 AI의 역할은 기본이 되고 있다.

전통적인 교육 모델과 디지털 교육

전통적인 교육 모델과 디지털 기술을 활용한 교육 모델의 차이점은 공간의 활용에서부터 시작된다. 학습 환경 측면에서 전통적인 교육 모델은 주로 교실이나 학교 내에서 이루어진다. 학생들은 교사의 강의를 듣고 교재를 사용하여 학습한다. 반면 디지털 기술을 활용한 교육 모델은 인터넷, 스마트폰, 태블릿 등 다양한 디지털 기기와 온라인 학습 플랫폼을 통해 자신의 흥미와 목표에 맞춰 언제 어디서나 학습할 수 있다.

학습 방식 측면에서 전통적인 교육 모델은 교사 중심의 지식 전달 방식을 주로 채택한다. 학생들은 교사가 정해준 교과목과 교육과정을 수용하고 이해하는 방식이다. 반면 디지털 기술을 활용한 교육 모델은 학생 중심의 학습 방식을 강조한다. 학생들은 자기 주도적으로 학습하고, 온라인 자료와 동영상, 상호작용 애플리케이션 등을 활용하여 참여도 높은 학습을 할 수 있다.

자료 및 콘텐츠 제공 측면에서 전통적인 교육 모델은 주로 교재와 교사의 강의를 통해 지식을 전달한다. 디지털 기술을 활용한 교육 모델은 다양한 형태의 자료와 콘텐츠를 제공한다. 온라인 자료, 시뮬레이션, 가상 현실 등을 통해 학습자들은 상호작용적인 학습 경험을 할 수 있다.

평가 방법 측면에서 전통적인 교육 모델은 주로 시험이나 퀴즈 등을 통해 학습자의 이해도나 기억력을 평가한다. 디지털 기술을 활용한 교육 모델은 자동화된 평가 도구를 통해 학습자의 학습 상태를 실시간으로 파악할 수 있다. 또한, 학습 분석 도구를 통해 학습자의 진척 상황을 추적하고 개별적인 피드백을 제공할 수 있다.

전통적인 교육 모델과 디지털 기술을 활용한 교육 모델은 학습 환경, 학습 방식, 자료 제공 및 평가 방법 등에서 차이가 있다. 디지털 기술을 활용한 교육 모델은 학습자 중심의 개인화된 학습 경험을 제공하며, 참여도와 효과성을 높일 수 있다.

[표 5-1] 전통적인 교육과 디지털 교육 비교[2]

구 분	전통적인 교육	디지털 교육
시간과 공간	제한적	제한 없음
학습 방식	교사의 지식 전달	학생의 자기 주도적 역할 중요
학습 도구	교재와 교사의 강의	다채널(온라인, 동영상, 앱 등)
디지털 활용	거의 없음	AI, VR, XR 등 다양화
평가 방법	시험, 퀴즈 등	자동화된 평가 도구, 실시간 피드백

2) 출처 : 메타버스·핀테크 연구소

| 디지털 교육의 역사

초기 컴퓨터 기반 교육

초기 컴퓨터 기반 교육은 컴퓨터가 널리 사용하기 이전인 1960년대부터 1980년대까지 이어졌다. 컴퓨터를 활용하여 학생들의 학습과 교육 방법 개선을 시도하였으며, 학습 소프트웨어가 개발되기 시작한다. 그리고 프로그램과 시뮬레이션을 통해 학생들이 상호작용하고 개별화된 학습 경로를 따를 수 있다. 예를 들어, LOGO 프로그래밍 언어를 사용한 로봇 제어, MUD/MOO2)를 통한 협력적 학습 등이 있다.

학생들은 컴퓨터를 사용하여 강의 자료를 확인하고 퀴즈를 풀거나 과제를 하고, 학습자의 진행 상황을 추적하고 평가하는 기능도 있었다. 그러나, 초기 컴퓨터는 고가의 장비로 일부 학교나 기관에서만 사용할 수 있었다. 컴퓨터의 기본 개념과 프로그래밍 학습이 주요 목표였으며, 아직은 실험 단계였다. 프로그래밍 언어와 컴퓨터 기술에 대한 교육도 시작된다. FORTRAN, ALGOL, BASIC 등이다.

[표 5-2] 1950~1960년대에 사용한 프로그래밍 언어

시작 연도	프로그래밍 언어	주요 내용
1950년대	FORTRAN	과학 및 공학 분야에서 수치 계산과 과학적 모델링을 위해 사용되었으며, 대학에서 컴퓨터 과학 및 엔지니어링 관련 과목에서 프로그래밍 교육에 사용
	ALGOL	프로그래밍 개념과 구조를 가르치기 위해 교육 환경에서 사용
1960년대	BASIC	초기 컴퓨터 교육에서 매우 중요한 역할을 했으며, 초보 프로그래머들에게 컴퓨터 프로그래밍의 기본 개념을 가르치기 위해 널리 사용

멀티미디어와 CD-ROM 기반 교육

1980년대와 1990년대는 멀티미디어 기술을 활용한 교육 소프트웨어의 등장과 발전이 이루어진 시기였다. 멀티미디어 기술을 활용한 교육 소프트웨어가 개발되고, 통합 콘텐츠로 텍스트, 그래픽, 음성, 영상 등 다양한 형식의 콘텐츠를 통합하여 학습자들에게 풍부한 학습 경험을 제공하기 시작한다. 학습자들은 자신의 학습 속도와 수준에 맞춰 CD-ROM과 다양한 교육 소프트웨어와 상호작용하며 학습할 수 있게 되었다.

인터넷과 웹의 등장

1990년대에 시작된 인터넷과 웹 기술의 상용화는 본격적인 지식과 정보의 공유를 열기 시작한다. 팀 버너스리가 발명한 월드 와이드 웹(WWW)은 하이퍼텍스트 문서와 멀티미디어 자료를 웹 페이지로 구성하여 쉽게 공유할 수 있는 방식을 제공했다. 인터넷 서비스 제공자(ISP)는 개인과 기업들이 인터넷에 연결할 수 있는 환경을 만들면서, 다양한 인터넷 검색 엔진(Yahoo!, AltaVista, Lycos, Excite 등)이 등장하여 웹상의 정보를 효율적으로 검색하고 찾을 수 있는 기능을 제공한다. 이메일은 일반적인 커뮤니케이션 수단으로 보급되었으며, 다양한 온라인 커뮤니티와 소셜 미디어 플랫폼들이 등장했다.

웹 기반 교육 자료와 온라인 학습 커뮤니티도 형성된다. 온라인 교육 자료를 통해 강의 동영상, 전자책, 웹 페이지 등 다양한 형태의 자료를 제공하여 학습자들은 시간과 장소에 구애받지 않고 학습할 수 있는 환경이 만들어진다. 온라인 학습 커뮤니티는 학습자들이 온라인 플랫폼을 통해 정보를 공유하고, 토론하며, 상호작용할 수 있게 되었고, 개방형 교육 자료를 통해 누구나 자유롭게 이용하고 수정할 수 있는 교육 자료의 공유와 활용이 가능해진다.

온라인 학습과 원격 교육의 부상, 앱 기반 교육의 확대

2000년대부터 온라인 학습 플랫폼과 가상 대학이 빠르게 확대된다. 웹캠을 통한 실시간 강의, 화상회의 플랫폼을 통한 그룹 토론 등으로 실시간 학습 경험이 가능해진다. 2000년대 중반부터 스마트폰과 태블릿 등의 디지털 기기의 보급이 빠르게 이루어지면서 앱 생태계가 크게 발전한다. 앱 생태계의 발전으로 학습 관련 앱은 교육 자료, 학습 도구, 퀴즈, 시뮬레이션 등 다양한 학습 경험을 제공하고, 학생들의 학습을 보조하는 역할을 한다. 교육 기관도 앱을 활용하여 학습 자료와 공지 사항 제공, 학사일정 관리, 학업 성과조회 등을 하기 시작한다. 모바일 기기를 활용하여 언어 학습 앱, 수학 학습 앱 등 다양한 학습 애플리케이션과 동영상, 오디오, 텍스트, 그래픽 등 다양한 형태로 콘텐츠가 제공된다.

개인화 학습과 빅데이터의 활용

개인화 학습은 학습 분석과 학습 데이터를 통한 개인화 학습 경험을 제공하여 학습자들에게 최적화된 학습 환경과 자료를 제공한다. 이를 위해 학습 분석(학습자들의 학습 동작, 성과, 행동 패턴 등을 분석한 개인화된 학습 경험), 학습 데이터(학습 플랫폼의 사용 기록, 퀴즈 결과, 과제 성적, 학습 활동 로그 등) 등에 대한 체계적인 데이터를 축적하고 관리한다. 개인화된 학습 목표, 콘텐츠, 평가, 피드백 등 학습자들의 학

습 스타일과 수준에 맞춘 맞춤형 학습 경험을 제공하며, 학습자의 특성
과 필요에 맞춘 맞춤형 학습 지도와 지원이 이루어진다.

[표 5-3] 디지털의 발전과 교육의 변화[3]

시기	주요 기술, 특징	예시 및 설명
1960~1980	초기 컴퓨터 기반 교육	PLATO 시스템 (1960s): 일리노이 대학에서 개발된 최초의 컴퓨터 기반 교육 시스템. 다중 사용자 환경 제공, 초기 형태의 터치스크린과 전자 메시징 시스템 포함. LOGO 프로그래밍 언어 (1967): Seymour Papert가 개발한 교육용 프로그래밍 언어. 어린이들을 위한 컴퓨터 사고력 교육 〈한국〉1980년대 초반 대학, 연구기관 중심으로 컴퓨터 교육 도입.
1980~1990	멀티미디어와 CD-ROM 기반 교육	The Oregon Trail (1985): 교육용 게임의 대표적인 예, 역사와 생존 기술 교육 〈한국〉1990년대 컴퓨터 보급과 함께 학교에서 CD-ROM 기반 교육 소프트웨어 사용.
1990~2000	인터넷과 웹의 등장	월드 와이드 웹(WWW) (1991): 팀 버너스리가 개발한 전 세계적인 정보 접근성 향상 Encarta Encyclopedia (1993): 마이크로소프트에서 출시한 멀티미디어 백과사전, 텍스트, 이미지, 비디오 포함 〈한국〉1990년대 후반부터 인터넷을 통한 교육 콘텐츠 제공 시작. 예를 들어, 스카이프와 같은 프로그램을 통해 원격 강의 제공
2000~2019	온라인 학습과 원격 교육	Moodle (2002): 오픈 소스 학습 관리 시스템(LMS), 교육자들이 온라인 학습 환경을 쉽게 구축 가능 Coursera (2012): 대규모 공개 온라인 강좌(MOOC)의 대표적인 예, 다양한 대학의 무료 강좌 제공 University of Phoenix: 전통적인 캠퍼스 없이 완전한 온라인 학위 프로그램 제공 〈한국〉EBSi (2004): 한국교육방송공사(EBS)에서 운영하는 고등학생 대상 온라인 학습 사이트, 수능 대비 강의 제공.

---

3) 출처 : 메타버스·핀테크 연구소

2000~2019	모바일 기기와 앱 기반 교육	Khan Academy (2008): 무료 온라인 강좌 제공, 수학과 과학을 중심으로 다양한 과목 커버 Edmodo (2008): 교육용 소셜 네트워킹 서비스, 교사와 학생 간의 협업과 커뮤니케이션 도구 제공 〈한국〉밀크티 (2012): 한국교육방송공사(EBS)에서 출시한 모바일 학습 앱, 다양한 교육 콘텐츠 제공.
	인공지능과 학습 분석	IBM Watson (2011): AI 기반 학습 분석 도구, 학생의 학습 패턴 을 분석하여 맞춤형 교육 제공 DreamBox (2006): AI를 활용한 수학 학습 플랫폼, 실시간으로 학생의 성취도를 분석하고 맞춤형 문제 제공 〈한국〉AI 기반 학습 플랫폼 뤼이드 (Riiid): 개인 맞춤형 학습 제공, AI가 학생의 약점을 분석하여 맞춤형 학습 경로 제시.
	가상 및 증강 현실	Google Expeditions (2015): VR을 통한 가상 현장 학습, 학생들 이 가상으로 다양한 장소를 탐험할 수 있도록 지원 zSpace (2013): AR을 활용한 상호작용 학습 도구, 과학 및 의학 교육에 활용 〈한국〉삼성 VR 에듀 (2016): 삼성에서 출시한 VR 교육 플랫폼, 가 상 현실을 통한 다양한 교육 콘텐츠 제공
	블록체인과 교육 인증	Blockcerts (2016): 블록체인 기반 디지털 인증서, 위조 불가능한 학위 및 자격증 발급 BitDegree (2017): 블록체인 기반 온라인 교육 플랫폼, 학습자의 성취도를 블록체인에 기록
	인공지능 튜터 및 맞춤형 학습	Squirrel AI (2014): 개인 맞춤형 학습 제공, AI가 학생의 약점을 분석하여 맞춤형 학습 경로 제시 Knewton (2008): 적응형 학습 기술 제공, 학생의 학습 데이터 분 석을 통해 개인화된 학습 경험 제공 〈한국〉AI 기반 학습 서비스 '아이엠스쿨' (2018): 학습 데이터를 분석하여 맞춤형 학습 경로 제공, 학생의 성취도 향상 지원.
2020~현재	원격 학습의 대중화	Zoom (2020): 코로나19 팬데믹으로 인해 원격 수업의 표준 도구 로 자리잡음. 실시간 화상 수업 제공. Google Classroom: 교사와 학생 간의 과제 관리와 소통 플랫폼. 〈한국〉EBS 온라인 클래스 (2020): 코로나19 팬데믹으로 원격 수 업이 시행되면서 EBS에서 제공한 온라인 학습 플랫폼.
	메타버스와 교육	Roblox Education: 메타버스 플랫폼을 활용한 교육 콘텐츠 제공, 학생들이 가상 환경에서 창의적 활동 가능. AltspaceVR: 가상 현실을 이용한 교육 및 협업 환경 제공. 〈한국〉제페토(ZEPETO)(2020): 네이버의 메타버스 플랫폼을 활용 한 교육 콘텐츠 제공, 학생들이 가상공간에서 상호작용하며 학습.

| 디지털이 이끄는 교육의 변화

    디지털 기술의 발전은 교육 분야에 변화와 혁신을 일으키고 있다. 디지털 기술은 학습 경험을 혁신하고 다양화하여 교육의 효과성과 효율성을 높인다. 또한, 온라인 학습 플랫폼, 교육 애플리케이션, VR, AR 등의 기술을 활용하여 학습자들은 실생활과 유사한 상황에서 체험적인 학습을 할 수 있다.

    디지털 교육은 전통적인 교육방식에 디지털 기술을 통합하여 학습 경험을 혁신하고 개인화된 학습을 제공하고 있다. 디지털 교육은 기존의 교과서와 참고서 등에 수록된 콘텐츠를 멀티미디어로 통합 제공해 학습자의 특성과 수준에 맞추어 학습을 진행한다. [4]

    이러한 디지털 교육은 디지털 환경 속에서 시간과 공간의 제약 없이

[4) 한국과학기술정보연구원, 「디지털 교육, ASTI MARKET INSIGHT」, 2022.

학습이 가능하다는 장점이 있다.

온라인 학습과 원격 교육의 부상

최근 몇 년간 온라인 학습과 원격 교육은 디지털 기술 발전과 긴급 상황에서 중요한 역할로 부상하고 있다. 고속 인터넷, 모바일 기기, 클라우드 컴퓨팅 기술이 이를 지원하고 있으며, 긴급 상황에서도 지속적인 교육이 가능하다. 예를 들어, 코로나19 이후 국내 모든 초·중·고등학교는 온라인 개학을 하고, 유네스코는 글로벌 코로나19 교육 콜리션 Global COVID-19 Education Coalition을 구성했다.

온라인 학습과 원격 교육은 지리적 제약을 극복하고, 글로벌 교육 기회를 제공하며, 다양한 교육 자원과 전문가와의 상호작용을 가능하게 한다. 그러나 물리적 학교 환경에서의 사회적 네트워킹과 상호작용이 부족해질 수 있으며, 수동적 참여와 학습 동기 저하 등의 문제도 지적된다.[5] 앞으로 온라인 학습과 원격 교육은 학습 분석, 개인화 학습, 학습 콘텐츠의 품질과 효과성 등에 대한 연구가 활발히 이루어질 것이다. 이는 학습자들에게 유연성과 접근성을 높이고, 맞춤형 학습을 제공하며, 교육의 혁신과 발전을 이끄는 중요한 도구가 될 것이다. 대표적인 온라인 학습 플랫폼으로는 Moodle, Canvas, Google Classroom 등

---

5) https://www.yna.co.kr/(20.9.13)

이 있으며, 이들은 학습 자료 제공, 온라인 토론, 비디오 회의 등을 통해 학습자 간 상호작용을 촉진한다.

또한, 대규모 온라인 강좌(Massive Open Online Courses, MOOCs)는 다양한 주제와 자율적인 학습 속도를 제공하여 전 세계 수많은 학생이 참여할 수 있다. 학습 관리 시스템(Learning Management Systems, LMS)은 교육 기관에서 학습 경험을 관리하고 지원하는 소프트웨어로, 콘텐츠 관리, 학습 활동 추적, 평가 및 피드백, 협업 기능 등을 제공한다. LMS는 학습자와 교사 모두에게 효율적인 학습 관리 도구로 인정받고 있다.

VR과 AR

VR은 컴퓨터 그래픽스와 인터페이스 기술을 사용하여 사용자를 가상 세계로 이동시키는 기술이다. VR은 학습자들에게 몰입감과 상호작용성을 제공하여 현실적인 시뮬레이션과 체험을 제공한다. 이를 통해 학습자들은 가상공간에서 학습하고 실험하며, 실제 세계에서 어려운 상황을 안전하게 체험하고 훈련할 수 있다. VR은 학습자들이 추상적이거나 복잡한 개념을 시각적이고 체험적인 방식으로 이해할 수 있도록 도와준다.

AR은 실제 세계에 가상의 요소를 추가하여 확장된 현실 경험을 제공하는 기술이다. AR은 학습자들에게 실제 환경에서 가상의 정보, 이미지, 도형 등을 제공하여 학습 경험을 높인다. 예를 들어, 학생들이 책을 스캔하면 책 페이지 위에 해당 개념의 3D 모델이 나타나거나, 역사적인 장소를 방문하면 해당 장소의 역사적 사건에 대한 정보가 화면에 표시될 수 있다. 이를 통해 학습자들은 실제 환경과 가상 요소의 조합으로 더욱 풍부한 학습 경험을 얻을 수 있다.

VR 및 AR은 교육 분야에서 다양하게 활용되며, 과학, 역사, 문학, 의료 교육, 직업 훈련, 예술 및 디자인 분야 등에서 활발하게 사용된다. VR과 AR을 활용한 학습은 학습자들의 참여도와 흥미를 높이고, 실제 상황에서의 문제 해결 능력과 응용력을 강화하는 등 교육을 새롭게 바꾸고 있다.

[그림 5-2] VR 수업과 VR 기기[6]

(좌) VR로 수업이 진행되는 개념도. 영상 가운데 있는 교사가 여러 학생에게 가상으로 발표하는 모습.
(우) 애플의 VR 기기인 Vision Pro

6) 출처 : (좌) 위키 미디어 커먼스/digits.co.uk (우) 애플 홈페이지

모바일 학습과 앱 기반 교육의 확대

모바일 학습과 앱 기반 교육 등은 학습자들이 모바일 기기를 통해 학습하고 교육 애플리케이션을 활용하는 방법이다. 이러한 방식은 유연하고 편리한 학습 경험을 제공하며, 언제 어디서나 학습이 가능하다. 학습을 게임 형식으로 제공하거나 학습 앱을 통해 상호작용과 참여를 촉진하여 학습 동기를 높인다.

[표 5-4] 모바일 학습과 앱 기반 교육의 장점

장점	내용
접근성이 용이	언제 어디서든 학습이 가능하다.
맞춤형 학습	개인의 목표와 수준에 맞는 앱을 선택할 수 있다.
상호작용	시뮬레이션, 퀴즈, 게임 등을 통해 학습에 참여할 수 있다.
다양한 자료 제공	텍스트, 동영상, 이미지, 오디오 등 다양한 자료를 제공한다.
실시간 피드백	즉각적인 결과와 피드백을 제공하여 학습을 돕는다.
흥미 유발	도전과 보상, 랭킹 시스템, 업적 달성 등을 통해 학습 동기를 부여한다.
자기 주도적 학습	자신의 속도에 맞춰 학습 진행이 가능하다.

개인화 학습과 맞춤형 교육

개인화 학습과 맞춤형 교육은 디지털 기술의 발전과 데이터 분석을 통해 점점 더 확대되고 있다. 개인화 학습은 학습자 개개인의 특성, 학습 수준, 학습 성향 등을 고려하여 맞춤형 학습 경로와 자료를 제공하는 학습 방법을 말한다. 디지털 기술을 통해 학습자들의 데이터를 모으고, 분석하여 학습자들의 강점과 약점, 학습 습관을 파악할 수 있다. 이를 기반으로 학습자에게 최적화된 학습 경로, 학습 자료, 문제, 퀴즈 등을 제공하여 개인의 학습 효과를 높인다.

맞춤형 교육은 학습자들의 개별적인 학습 요구와 목표에 맞게 교육 프로그램을 제공하는 것을 의미한다. 디지털 기술을 활용하면 학습자들의 성향, 관심 분야, 학습 스타일 등을 파악하여 개별화된 교육 콘텐츠 제공이 가능하다. 이는 학습자들의 동기부여와 참여도를 높이며, 관심 있는 분야에 대한 탐구와 심층적인 학습을 촉진할 수 있다.

개인화 학습과 학습 분석은 서로 상호 보완적인 개념이다. 개인화 학습과 맞춤형 교육은 학습 분석과 데이터 기반 의사 결정에 근거한다. 이러한 데이터는 교사나 교육자들이 학습자들의 학습 상태를 파악하고 개별적인 피드백을 제공하고, 교육 프로그램과 평가 방법을 조정하는 데 활용될 수 있다. 또한, 데이터에 기초하여 학습자들에게 자동화된 평가와 실시간 피드백을 제공할 수 있다. 즉, 온라인 퀴즈, 자동 채점 시스템, 학습 분석 도구 등을 활용하여 학습자들의 학습 성과를 신속하게 평가하고 피드백을 제공할 수 있다. 이는 학습자들의 개인적인 강점과 약점을 파악하고 개선하는 데 도움이 된다.

협업 도구의 다양화

다양한 디지털 도구는 시각적, 청각적, 경험적 학습의 강화로 이어져 교육의 효율성과 몰입감을 높인다. 온라인 학습 플랫폼이나 모바일 애플리케이션을 통해 언제 어디서나 학습이 가능한 유연한 학습 환경은 학습자들의 학습 일정과 개인적인 요구에 맞춘 학습을 가능하게 한다.

협업과 온라인 협업환경을 지원하는 다양한 협업 도구들이 나오고 있다. 문서 공유 플랫폼(Google Drive, Slack, Microsoft Teams 등), 프로젝트 관리 도구(Trello, Asana, Basecamp 등), 가상회의 및 화상회의 도구(Zoom, Google Meet, Microsoft Teams 등), 동시 문서 편집 도구(Google 문서, Notion, Microsoft Office 365 등)이 대표적이다.

커뮤니케이션 도구는 이메일, 메신저, 온라인 채팅 등을 통해 팀 프로젝트, 토론, 질문 답변을 위한 실시간 소통을 가능하게 하고, 다양한 온라인 커뮤니티와 소셜 미디어를 통한 네트워킹을 활성화한다. 해시태그 활용, 멘토링 프로그램, 웹 세미나 등 학생들이 관심 분야를 가진 동료, 전문가와의 교류 및 네트워킹 기회를 가질 수 있게 한다.

디지털 기술은 학습자들에게 개인화된 학습 경험을 제공하고, 상호작용과 참여를 높이며, 시각적, 청각적, 경험적 학습을 강화하고, 유연한 학습 환경을 제공한다. 협업 도구와 온라인 협업환경을 통해 학습자들은 지식을 공유하고 문제를 해결하며, 더욱 풍부하고 참여도 높은 학습 경험을 쌓을 수 있다. 이를 통해 학습자들의 소통 능력, 팀워크, 리더십 등의 능력이 향상될 것이다.

게임과 시뮬레이션

게임 기반 학습과 시뮬레이션은 학생들의 참여도와 흥미를 높이며, 실제 상황처럼 문제를 해결하고 경험을 체험하는 데 효과적이다. 게임 기반 학습은 학습 과정을 게임 형태로 구성하여 학생들의 흥미와 참여도를 높인다. 게임의 경쟁, 보상, 도전 요소는 학습자에게 동기를 부여하고 긍정적인 학습 경험을 제공한다. 게임을 통해 학생들은 문제 해결 능력과 전략 수립 능력을 키우며, 협업과 소통 능력도 향상된다. [7]

시뮬레이션 교육은 실제 상황이나 과정을 반영하여 학습자들이 다양한 상황에 안전하게 대응하고 경험할 수 있게 한다. 이는 학습자의 기술, 지식, 비판적 사고, 문제 해결, 의사소통, 협력 능력을 높이는 데 도움이 된다. 시뮬레이션은 의료, 항공, 군사 등 다양한 분야에서 활용되며, 학습자가 안전한 환경에서 실험과 실패를 통해 학습 의욕과 자신감

---

7) 예를 들어, Payback 게임은 학생들이 가상의 대학생으로서 재정 관리를 학습하게 하며, Kahoot!은 퀴즈 형식으로 다양한 과목을 재미있게 학습하도록 돕는다.

을 높일 수 있도록 한다.

이러한 게임 기반 학습과 시뮬레이션은 학생들의 참여도, 협업, 문제 해결, 전략적 사고, 실험 능력을 강화하는 데 매우 효과적이다. 디지털 게임과 시뮬레이션을 통해 학생들은 적극적으로 학습에 참여하고, 실제 상황에서 필요한 다양한 능력을 키울 수 있다.

인공지능(Artificial Intelligence, AI)

AI는 교육 분야에서도 중요한 역할을 하고 있다. AI 기술은 학습과 교육과정을 변화시키고 효율성을 높인다. AI는 학습자의 개별적인 수준과 요구에 맞춘 맞춤형 학습 경험을 제공할 수 있고, 학습자의 데이터와 성과를 분석하여 개인화된 학습 추천, 학습 스케줄 조정, 학습 도움말 등을 제공할 수 있다. 그리고 학습자의 진도와 이해도에 따라 학습 환경을 자동으로 조정할 수 있고, 학습자가 어려움을 겪을 때 적절한 힌트를 제공하거나 추가적인 설명을 제공할 수 있다. 또한, AI는 학습자의 피드백을 분석하여 알맞은 학습 자료를 추천해 준다.

AI 기술을 활용하면 학습자의 성과를 자동으로 평가할 수 있다. 자동화된 채점 시스템을 사용하면 대량의 과제나 퀴즈를 빠르게 평가할 수 있고, 학습자에게 실시간 피드백을 제공할 수 있다. AI는 학습 과정에서 생성되는 데이터를 분석하여 규칙성이나 패턴을 발견할 수 있다.

이를 통해 학습자의 학습 경로나 성과에 대한 통찰력을 얻을 수 있으며, 교육과정의 개선에 활용할 수 있다.

[그림 5-3] AI를 활용한 교육의 변화[8]

Artificial Intelligence		
Generative AI	가상 튜터(챗봇)	선택과 판단
Machine Learning	강화학습 비지도학습 지도학습	선택
Deep Learning	지능적인 튜터링 시스템 교육 앱	판단

AI의 하위 집합인 딥러닝은 빅데이터를 처리하고 정보에 입각한 결정을 내리기 위해 인간 뇌의 작동을 모방한 인공 신경망을 구축한다. 전통적인 교육 방법에 혁명을 일으키고 개인화된 학습 경험을 위한 길을 열어준다. 요컨대, 딥러닝 알고리즘은 교육자가 방대한 학생 데이터를 분석하여 학습 패턴을 파악하고 그에 따라 수업 전략을 조정할 수 있도록 한다. 이러한 개별화된 접근 방식은 각 학생이 필요한 지원을 받도록 보장하고, 궁극적으로 학업 성과를 올린다. 딥러닝은 학생들의 학습 스타일과 속도에 적응하는 지능적인 튜터링 시스템과 교육적인 앱의 개발을 가능하게 했다. 이러한 상호작용하는 도구들은 호기심과 비판적인 사고 기술을 육성하고, 학생들을 학습 참여도를 높인다.

머신러닝은 컴퓨터가 데이터를 분석하고 패턴을 학습하여 문제를 해결하는 기술이다. 1950년대부터 연구되어 온 머신러닝은 지도학습

---

8) 출처 : 저자 작성

[9)](Supervised Learning), 비지도 학습[10)](Unsupervised Learning), 강화학습[11)](Reinforcement Learning) 등의 다양한 방법론을 사용하여 데이터를 분석하고 예측, 분류, 군집화, 추천 등의 작업을 수행한다.

생성형 인공지능은 디지털 교육에서 새로운 변화를 주도하고 있다. 생성형 AI는 기존의 온라인 교육에서 할 수 없었던 개인의 능력과 특성을 고려한 맞춤형 교육을 실현하는 도구가 된다. 가상 튜터를 이용하여 학생들과 대화를 나누면서 개인화된 온라인 교육을 할 수 있고, 교사의 보조 역할을 담당하여 교육의 질과 성과를 높일 수 있다. [12)] AI 튜터는 한 번에 수천 개의 상호작용을 처리할 수 있으며, 각 학습자에게 개인화된 피드백과 답변을 제공한다. 이러한 AI 튜터는 기존 교육의 대체가 아닌 보완으로 학습 효과를 높이는 도구로 보아야 한다. 앞으로 생성형

---

9) 지도학습이란 말 그대로 정답이 있는 데이터를 활용해 데이터를 학습시키는 것이다. 입력값(X data)이 주어지면 입력값에 대한 Label(Y data)를 주어 학습시키는 것을 말한다. 예를 들어 인물 사진과 동물 사진을 보여주어 이건 사람이고 이건 동물이야라고 알려주는 학습 방식이다. 따라서 기계가 정답을 잘 맞히는지를 쉽게 알 수 있다.
10) 비지도 학습이란 지도학습과 다르게 정답 라벨이 없는 데이터를 비슷한 특징끼리 군집화하여 새로운 데이터에 관한 결과를 예측한다. 라벨링 되어있지 않은 데이터로부터 패턴이나 형태를 찾아야 하므로 지도학습보다는 조금 더 난도가 있다.
11) 강화학습은 지도, 비지도 학습과는 다른 알고리즘이다. 강화학습에서는 학습하는 시스템을 에이전트라고 부르며 환경을 관찰해서 행동을 실행하고 보상을 받는다. 시간이 지나면서 가장 큰 보상을 얻기 위해 정책이라고 부르는 최상의 전략을 스스로 학습한다.
12) 미국의 칸 아카데미(Khan Academy)는 OpenAI의 GPT-4 대형 언어 모델을 사용하여 가상 튜터인 칸미고(Khanmigo)를 만들었는데, 이 튜터는 무엇보다도 각 학생에게 개별화된 질문을 하여 더 깊은 학습을 촉진할 수 있다. Udacity는 OpenAI의 GPT-4를 사용하여 가상 주문형 AI 튜터(챗봇 튜터)를 만드는 또 다른 온라인 코스를 제공하고 있다.

AI를 활용한 교육은 계속 변화하고 발전해 나갈 것이다.

AI와 다양한 자동화 기술을 활용하면 반복적이고 기계적인 작업을 자동화할 수 있다. 예를 들어, 학생 관리, 출석 기록, 일정 조정 등의 업무를 자동화하여 교사들이 더 많은 시간을 학생 지원과 개별 지도에 투자할 수 있다.

최근 AI를 활용한 다양한 플랫폼이 속속 등장하고 있다. 예를 들어, 노리KnowRe는 놀면서 수학의 지식을 쌓자는 의미로, AI 기반 맞춤형 수학 교육 플랫폼이다. AI를 활용하여 개별 학습자의 취약점을 정밀하게 분석하고, 실시간으로 개인 맞춤형 솔루션을 제공하여 효과적인 학습을 제공한다. 구글의 텐서플로우TensorFlow는 딥러닝을 위한 오픈 소스 라이브러리로, 일반인들도 사용하기 쉽도록 다양한 교육 목적에 사용되는 플랫폼[13]이다. 듀오링고Duolingo는 AI와 머신러닝을 활용해 학습자의 언어 수준을 측정하고 맞춤형 학습 경로를 무료로 제공하는 온라인 외국어 학습 플랫폼이다. 뉴턴Knewton은 AI와 머신러닝을 이용해 학습자의 강점과 약점을 파악하고 개인별로 적합한 콘텐츠와 난이도를 제공하는 적응형 학습 플랫폼[14]이다. 예를 들어 문제 풀이에서 100점 받은 학생에게는 숙제를 안 주고 어느 기준 점수 이하의 점수를 받은 학생(예: 70

---

13) https://www.sap.com/korea/products/artificial-intelligence/what-is-machine-learning.html
14) https://aws.amazon.com/ko/solutions/case-studies/knewton/

점 이하)에게만 숙제를 내준다.

　AI 튜터와 가상 챗봇은 학습자들에게 맞춤형 지원을 제공하여 학습 경로와 지도를 개별화할 수 있다. 학습자는 자신의 진도와 성과를 기반으로 강점과 약점을 파악하고 개인화된 학습 계획을 수립할 수 있다. 또한, 학습 과정에서 발생하는 질문에 대해 실시간으로 답변을 제공하며, 문제 해결에 대한 지원도 가능하다. AI 튜터와 가상 챗봇은 학습자들에게 필요한 학습 자료와 리소스를 추천하고, 학습 상태와 성과를 분석하여 개선 방안을 제시하고, 이러한 지원은 학습자가 개인의 필요에 맞게 지속적인 도움을 받을 수 있도록 돕는다.

　AI는 교육 분야에서 효율성과 효과성을 증대시키는 데 큰 잠재력을 가지고 있으나, 인간의 역할과 상호작용의 중요성을 간과해서는 안 된다. 교사와 학생들 간의 상호작용과 인간적인 면모는 여전히 학습 경험의 핵심이다. 따라서 AI를 효과적으로 활용하기 위해서는 인간의 지혜와 가치를 결합하여 최상의 교육 환경을 조성하는 것이 필요하다.

| 시민 교육과 교사와 학습자의 역할

디지털 시민 교육

디지털의 발전을 이해하고, 활용하기 위해서는 지속적인 교육이 필요하다. 디지털 시민 교육은 디지털 시대에 적합한 시민성과 윤리적 행동에 중점을 둔다. 이를 위해 디지털 기술의 적절한 사용, 온라인 안전및 개인정보 보호, 디지털 커뮤니케이션과 협업, 정보 평가 및 문제 해결 등의 역량을 개발하는 것을 목표로 한다. 여기에는 온라인 행동의 윤리, 디지털 저작권, 사이버 허브[15]Cyber hub, 온라인 폭력 및 괴롭힘등에 대한 이해와 예방 방법도 포함한다.

또한, 디지털 환경에서 안전하게 활동하는 방법과 개인정보 보호의

---

15) 인터넷 사용자들이 정보를 교환하고 공유하는 가상의 장소

중요성을 가르친다. 이는 비인가 된 정보 공개, 사회공학적 공격, 사기 및 사이버 스토킹 등에 대비하는 법과 온라인 신원 보호 방법을 배우는 것을 의미한다.

디지털을 이용하는 학생이나 시민이 온라인 커뮤니케이션과 협업에 적합한 스킬과 윤리적 기준을 익히는 것도 중요하다. 이는 적절한 온라인 커뮤니케이션 스킬, 디지털 발언의 영향력, 디지털 협업 도구 사용 등을 포함한다. 그리고 온라인에서 정보를 평가하고 문제를 해결하는 능력을 갖추도록 지원한다. 이는 신뢰할 수 있는 정보의 식별, 사이버 불신, 허위 정보의 인식 및 대응, 정보 검색 및 필터링 등을 포함한다.

이러한 디지털 시민 교육은 학생들이 디지털 시민성을 발전시키고 온라인 세계에서 건강하고 책임 있는 디지털 시민이 될 수 있게 안전하고 윤리적인 행동을 할 수 있도록 지원한다. 디지털 시민 교육은 디지털 시대에 올바른 디지털 시민으로 적응하고 성장하기 위한 필수적이고 중요한 교육이다.

디지털 문해력(Digital Literacy)은 21세기 필수 역량

디지털 문해력이 필요한 이유는 정보와 지식, 업무의 디지털화가 확대되기 때문이다. 디지털 문해력은 먼저, 정보 이해 및 분석 능력이다. 디지털 기술을 통해 다양한 정보를 이해하고 분석하는 능력, 즉 디지털 문해력이 높아지면 편향된 정보와 거짓 정보를 구별하고 적절한 정보를 선택할 수 있다. 둘째는 효과적인 온라인 커뮤니케이션이다. 이메일 작성, 소셜 미디어 게시물 생성, 온라인 회의 운영 등 다양한 커뮤니케이션 형태를 원활하게 수행할 수 있다. 셋째는 개인정보 보호와 사이버 보안이다. 디지털 권리와 책임을 이해함으로써 온라인 환경에서 안전하게 활동할 수 있다. 넷째는 기술 적응력이다. 빠르게 변화하는 기술에 적응하고 새로운 기술을 배우는 능력이 중요하다. 다섯째는 직업 시장에서의 경쟁력 확보이다. 많은 직업이 디지털 기술을 요구하며, 디지털 문해력은 직업을 성공적으로 수행하는 데 필수적이다.

하지만 한국 학생들의 디지털 문해력은 경제협력개발기구(OECD) 회원국 중 최하위권 수준이다. 21년 5월 OECD가 발표한 보고서에서 한국의 만 15세 학생들은 온라인에서 사실과 의견을 식별하는 능력이 25.6%로 OECD 평균인 47%보다 낮게 나타났다. 인터넷 정보의 편향성을 식별하는 교육을 받았다는 비율도 49%로 OECD 회원국 평균(54%)은 물론 절반에도 미치지 못했다.[16]

따라서 디지털 문해력은 개인과 사회의 성장, 학습, 경제 활동, 그리고 안전한 디지털 환경 조성을 위한 중요한 도구가 되었다. 디지털 문해력은 기술적 지식뿐만 아니라, 이를 이해하고 적절하게 활용하는 능력

---

16) https://www.joongang.co.kr/(2022.9.10)

을 포함하며, 이는 개인이 삶의 질을 향상하고 사회적 참여를 위한 필수 역량이다.

정보 홍수 시대에 필요한 정보 검색 능력

정보 검색 능력을 높이면, 다양한 정보 소스 중에서 필요한 정보를 빠르고 효율적으로 찾아낼 수 있으며, 시간 절약과 업무처리의 효율성을 높인다. 이는 사이버 리터러시[17]Cyber-Literacy를 포함한다. 이는 개인정보를 보호하고, 신뢰할 수 있는 소스를 구별하며, 사이버 사기를 예방하는 데 중요하다. 올바른 정보 검색 능력은 올바른 의사 결정으로 이어진다.

---

17) 용어 해설 참조

< 정보 검색 능력을 높이는 방법(예) >

1) 효율적인 검색 쿼리 작성하기

• 정확한 핵심 단어 사용 : 검색할 주제의 핵심 단어를 정확하게 포함해야 질 좋은 검색 결과를 얻을 수 있다.

예: "돌고래 훈련"보다 "성공적인 돌고래 훈련 방법"처럼 구체적인 키워드 입력.

• 동의어 및 관련어 활용 : 검색할 키워드를 다양하게 변형하여 검색 범위를 확장한다.

예: "개 훈련"보다 "애완견 교육"이나 "반려견 훈련"을 사용할 수 있다.

• 제외어 사용: 질 낮은 검색 결과를 제거하기 위해 제외할 단어를 사용한다.

예: "apple"을 검색할 때 "apple-pc"와 같이 제외할 단어를 추가하여 사과 관련 정보만 얻을 수 있다.

2) 고급 검색 기능 활용하기

• 인용문 검색 : 특정 문구에 따옴표를 사용하면 정확한 문구가 포함된 결과만 표시된다.

예: "climate change is real"와 같이 인용문을 사용한다.

• 사이트 및 도메인 제한 : 검색 결과를 특정 사이트나 도메인에서만 얻기 위해 site: 또는 domain:을 사용한다.

예: site를 사용하여 학술적인 자료만 검색할 수 있다.

3) 정보 출처 평가하기

• 신뢰할 수 있는 사이트 사용 : 신뢰할 수 있는 출처에서 정보를 활용한다. 공식 기관, 학술 저널, 전문 사이트 등이 일반적으로 신뢰할 수 있는 출처다.

• 저자 확인 : 저자의 자격과 전문성을 확인하고, 다른 사람들의 해당 저자 평가 검토.

4) 전문 데이터베이스 및 도서관 자료 활용하기

• 특정 분야의 심층 정보를 찾기 위해 정부 및 공공 데이터베이스와 도서관의 전자 자료를 활용, 이러한 자료는 일반적인 인터넷 검색으로 얻기 어려운 깊이 있는 정보를 제공한다.

5) 최신 정보와 트렌드 따라가기

• 주제나 분야의 최신 정보와 트렌드를 계속 추적하고, 관련된 신규 자료를 정기적으로 확인한다. 이를 통해 최신 동향에 대한 이해를 높이고 최신 정보의 검색 능력을 유지한다.

6) 정보 정리와 관리

• 필요한 정보를 효율적으로 정리, 관리하는 습관을 기른다. 북마크, 메모, 클라우드 저장소 등을 활용하여 검색한 자료를 쉽게 찾을 수 있도록 정리하고 활용한다.

디지털 시대를 위한 윤리 교육

[그림 5-4] 디지털 윤리 교육[18)

디지털 윤리 교육은 학습이나 교육의 기본이다. 온라인 환경에서의 부적절한 행동이나 폭력을 이해하고 이에 대응하는 방법을 배우는 사이버 불링 19)Cyber bullying 방지 교육, 개인정보 보호와 사이버 보안의 중요성 인식, 온라인 공간에서의 행동이 오프라인 세계에서의 행동처럼 중요하다. 그러므로 디지털 윤리 교육에는 어떻게 다른 사람에게 영향을 미치는지를 이해하는 디지털 책임감과 디지털 저작권 이해, 거짓 정보와 허위 뉴스를 인식할 수 있는 판단력 등을 포함해야 한다. 디지털 시대에서 윤리적으로 책임감 있는 디지털 시민으로 성장하기 위해서도 디지털 윤리 교육은 중요하다.

디지털 활동은 항상 흔적을 남긴다.

사생활 보호 교육은 사람들이 자신의 개인정보를 안전하게 보호하

---

18) 출처 : 저자 작성
19) 스마트폰이나 컴퓨터를 사용하여 협박, 괴롭힘, 욕설, SNS 등 온라인에서 원하지 않는 음란물과 욕설 등을 보내는 행위, 허위 정보 유포 행동 등을 포함한다.

고, 다른 사람의 사생활을 존중하는 방법에 대해 배우는 교육이다. 개인 정보 보호는 올바른 디지털 환경을 위해서 계속 강화할 필요가 있다.

사생활 보호 교육은 개인정보가 무엇인지, 왜 중요한지를 이해하는 것에서 출발한다. 개인정보에는 이름, 주소, 전화번호, 이메일 주소, 신용카드 정보 등의 기본 정보 외에 최근에는 온라인에서의 행동 패턴, 위치 정보 등 개인의 특성을 포함한다. 현재 개인정보를 보호하기 위하여 강력한 비밀번호 설정, 이중 인증 사용, 안전하지 않은 네트워크에서의 개인정보 공유를 피하기 등 다양한 방법이 사용된다. 앞으로 생체 인식을 포함한 다양한 방법이 추가될 것이지만, 우선 개인정보가 침해되었을 때 초래할 수 있는 위험을 이해하고, 즉각적인 조치를 할 수 있도록 해야 한다. 사생활 보호는 그 범위가 뚜렷하게 정해져 있지는 않지만, 다른 사람의 개인정보를 무단으로 공유하지 않는 등의 행동을 포함한다. 그리고 디지털은 흔적을 남긴다. 디지털 활동이 자신의 미래에 미치는 영향을 고려할 필요가 있다.

소셜 미디어의 영향과 교육적 대응

소셜 미디어는 현대 사회에서 많은 사람에게 영향을 미치고 있는 강력한 도구다. 그러나 소셜 미디어의 영향은 긍정적인 측면과 함께 부정적인 측면도 가지고 있다. 소셜 미디어의 영향에 대응하기 위해서는 교육적인 접근과 올바른 지침이 필요하다. 학생들은 소셜 미디어를 적절하게 활용하고 위험에 대비할 수 있는 능력을 갖추어야 한다. 이를 위해 학교와 교육 기관은 디지털 리터러시, 사이버 안전, 온라인 도덕, 비판적 사고 등을 포함한 종합적인 소셜 미디어 교육을 제공해야 한다.

소셜 미디어는 사람들 사이의 커뮤니케이션을 쉽게 하고 글로벌 네트워크를 통해 사람들을 연결한다. 이는 의견 공유, 소셜 네트워크 형성, 정보 교환 등의 측면에서 긍정적인 영향을 줄 수 있다. 그리고 다양한 정보에 쉽게 접근할 수 있는 플랫폼을 제공한다. 사람들은 뉴스, 엔터테인먼트, 교육 자료 등 다양한 주제의 정보를 소셜 미디어를 통해 얻을 수 있다. 그러나, 소셜 미디어는 최근 사이버 괴롭힘, 개인정보 유출, 중독, 불건전한 콘텐츠, 허위 정보 등 적지 않은 문제점이 드러나고 있다. 특히 비판의식이 부족한 청소년들에게 미치는 영향이 크고, 오래 지속된다.

여전히 소셜 미디어의 영향력은 계속 확대되고 있다. 소셜 미디어가 기업의 마케팅 통로가 된 지는 오래다. 다양한 인플루언서의 영향력도 커지고 있다. 소셜 미디어는 많은 사람과 연결되어 있지만, 언제든 연결을 끊을 수 있는 느슨한 네트워크 조직이다. 교육적 대응에는 학생들에게 소셜 미디어의 올바른 사용 방법과 온라인 커뮤니케이션의 규칙을 가르치는 디지털 리터러시 교육이 필요하다. 학생들은 소셜 미디어에서 올바른 소통 및 참여 방법을 학습하고, 정보의 신뢰성을 판별하는 능력을 갖추어야 한다.

사이버 안전 교육은 사이버 괴롭힘, 사생활 침해, 온라인 사기 등과 같은 사이버 위협에 대응하는 방법을 포함한다. 학생들은 온라인 위험을 인식하고, 개인정보 보호, 사이버 범죄 예방, 온라인 폭력 대응 등을 학습하여 자기 보호 능력을 높여야 한다. 온라인 도덕 교육은 소셜 미디어에서의 올바른 온라인 도덕과 윤리적 행동에 대한 교육이다. 학생들은 타인을 존중하고 허위 정보를 전파하지 않는 등 온라인 환경에서의 적절한 행동에 대한 인식을 높여야 한다.

비판적 사고 능력을 강화하기 위해서 학생들은 소셜 미디어에서 제공되는 정보를 비판적으로 평가하고 분석하는 능력을 갖추어야 한다. 학생들이 사실 확인, 소스의 신뢰성 판단, 편향성 인식 등을 통해 허위 정보와 선입견에 속지 않고 올바른 판단을 할 수 있도록 교육할 필요가 있다.

교사와 학습자의 역할

디지털 시대의 도래로 인해 교사와 학습자의 역할은 변화하고 있다. 이전에는 교사가 지식을 전달하고 학습자가 수동적으로 받아들이는 방식이 일반적이었지만, 현재는 학생의 창의력과 감성을 키워주는 가이드 역할도 해야 한다. 학습자는 자기 주도적 학습과 협업, 정보 평가 및 비판적 사고를 발전시키는 역할도 함께 해야 하는 만큼 학습자의 역할도 중요해지고 있다.

교사의 역할도 다시금 중요해지고 있다. 교사는 지식의 전달에 머물지 않고, 학습자의 가이드와 조언자의 역할도 해야 한다. 교사는 학습자가 자율적이고, 자기 주도적으로 학습할 수 있도록 돕는다. 더 나아가, 교사는 학습자들의 성과를 평가하고 개별적인 피드백을 제공하는 역할도 맡는다. 학습자들의 강점과 약점을 파악하여 맞춤형 개별적인 지도와 지원을 하며, 학습자들이 성장할 수 있도록 돕는다. 교사의 역할 중 중요한 부분은 학습자가 판단하고, 스스로 발전할 수 있도록 해야 한다. 학습 지식과 정보가 넘쳐나서, 자칫 학습자는 방향성을 잃거나 고정된 시각을 가질 수 있다. 교사는 학습자가 "지평의 융합^{Fusion of Horizons}"을 할 수 있도록 지도할 필요가 있다. 그렇게 하기 위해서는 교사의 학습 능력과 융합적 지식과 열린 사고가 필요하다.

[참고 1] 지평의 융합

한스게오르크 가다머(Hans-Georg Gadamer)는 독일의 철학자로, 그의 대표적인 저서 진리와 방법에서 제시한 "지평의 융합(Fusion of Horizons)"을 말한다.

여기에서 '지평'은 사람이 세계를 이해하고 경험하는 방식이 관련된 사고의 한계를 의미한다. 사고는 개인이 학습하거나 경험한 문화, 역사, 개인적 배경, 언어 등의 영향을 받아 형성된다. 즉, 한 사람이 가진 지평은 그가 속한 문화와 역사적 맥락, 그리고 개인적인 경험으로 결정된다. 지평의 융합은 다양한 지평이 서로 만나고 융합하는 과정이다. 이는 고정된 진리가 존재하는 것이 아니라, 서로 다른 지평이 만나는 과정에서 새로운 의미와 이해가 창출된다는 것을 의미한다.

예를 들어, 독자가 고전 문학 작품을 읽을 때, 독자의 현대적 지평과 고전 텍스트의 역사적 지평이 만나 새로운 해석이 이루어지는 것과 같다. 가다머는 진정한 이해는 대화의 과정에서 이루어진다고 강조한다. 대화는 단순히 정보를 주고받는 것이 아니라, 서로 다른 지평이 만나는 과정이다. 이를 통해 자신의 지평을 확장하고, 새로운 시각을 얻게 된다.

교육에 있어서 지평의 융합은 다른 사람의 관점과 경험을 이해하고, 더 넓고 깊은 이해에 도달할 수 있게 하기 위해서도 필요하다. 여기에는 교사의 적절한 지도가 필요하다.

학습자들은 자기 주도적인 역할을 강조 받고 있다. 그리고 학습자들은 협력과 참여를 통해 학습을 진행하는 역할을 갖는다. 그들은 다른 학습자들과 함께 공동작업을 하고 의견을 나누며, 비판적 사고를 통해 정보를 분석하고 평가하는 역량을 키워야 한다.

디지털 교육 환경과 학습 정보의 홍수 속에서 학습자가 "이중 구속Double Bind", 즉, 교사 지시의 엇갈림, 교사의 지식과 학습 정보의 불일치 등으로 학습자가 판단에 혼란을 일으키면, 학습에 부정적인 결과로 이어질 수 있다.

[참고 2] 이중 구속(Double Bind)

그레고리 베이트슨(Gregory Bateson)의 "이중 구속(Double Bind)" 이론은 교육에서 중요한 시사점을 제공한다. 이중 구속은 주로 정신건강 문제로 많이 논의하지만, 교육 환경에서도 다양한 방식으로 적용될 수 있다.

이중 구속은 상반된 메시지를 동시에 받아서 어떤 결정을 하든지 간에 부정적인 결과를 초래하는 상황을 의미한다. 이 상황에서 사람은 어떤 선택을 하든지 비난을 받거나 실패하게 되며, 이는 심리적 스트레스를 유발한다.

〈교육에서의 이중 구속 예시〉
① 상반된 기대: 교사가 학생에게 "너는 스스로 생각해야 해"라고 말하면서

동시에 "내가 말한 대로 해야 해"라고 요구할 때, 학생은 독립적으로 사고하려는 시도와 교사의 지시를 따르려는 압박 사이에서 혼란스러워한다.

② 이중 메시지: 학교에서는 협동과 팀워크를 중요하게 여긴다고 가르치지만, 성적은 개별 시험 성적으로만 평가될 때, 학생들은 협동이 중요하다는 메시지를 받으면서도 실제로는 개인 성적에 더 집중하게 되어 혼란을 겪는다.

③ 모호한 지침: 교사가 "창의적으로 해 보라"면서도, 특정 방식으로만 결과를 요구할 때, 학생들은 창의성을 발휘하려고 하지만, 결국 교사의 특정 기대를 충족시키기 위해 창의성이 제한된다.

이러한 상황에서 학생들은 지속적인 스트레스를 받으며, 학습 동기와 자신감에 부정적인 영향을 미칠 수 있고, 학습 성취도 저하로 이어질 수 있다. 그리고 비판적 사고 능력도 저하된다. 즉, 학생들은 자신의 판단을 신뢰하기 어렵게 되며, 결과적으로 수동적 학습 태도를 보이게 된다.

교육에서 이중 구속을 피하기 위해서는 교사는 학생에게 명확하고 일관된 지시와 기대를 전달해야 한다. 예를 들어, 창의성과 규칙 준수가 모두 중요한 경우, 각각의 상황에서 어떤 기준이 적용되는지 분명히 설명한다. 그리고 칭찬과 비판을 분리하여 전달하고, 피드백이 구체적이고 일관되도록 한다. 예를 들어, 학생의 발표에서 잘한 점과 개선할 점을 명확히 구분하여 전달한다. 무엇보다 평가 기준이 투명해야 한다. 그리고 성적 평가와 학습 목표가 일치하도록 하고, 과정 중심의 평가 방식을 도입하여 학생들이 성적뿐만 아니라, 학습 과정에서도 평가

받을 수 있도록 한다.

그레고리 베이트슨의 이중 구속 이론은 교육 환경에서 학생들이 직면할 수 있는 심리적 갈등을 이해하는 데 중요한 개념이다. 교사와 교육자는 이러한 상황을 인지하고, 학생들에게 일관되고 명확한 지침을 제공하며, 열린 소통을 통해 학습 환경을 개선할 수 있다.

| 디지털 교육의 혁신 사례

디지털 교육 분야에서는 많은 혁신적인 사례들이 나타나고 있다. 이들은 교육의 접근성을 높이고, 맞춤형 학습을 제공하며, 새로운 학습 방법을 도입하는 등 다양한 방법으로 교육을 혁신하고 있다. 몇 가지 플랫폼 운영 사례와 영국과 프랑스의 사례를 검토해 본다.

다양한 교육 플랫폼

교육을 위한 플랫폼은 이제 막 출발 단계다. 인구 구조의 변화, 교육 기회의 확장으로 교육 플랫폼은 다양한 형태로 계속 나타나고, 플랫폼 간 경쟁도 치열해지고 있다. 교육 플랫폼은 앞으로 기업의 현실적인 필요를 충족하기 위한 실무형 교육을 통한 인증제도, 학위 제도 등으로 발전하면서, 기존 교육의 틀에 새로운 도전이 될 수 있다.

[표 5-5] 교육 플랫폼 사례

교육 플랫폼	주요 특징
칸 아카데미 (Khan Academy)	세계적으로 유명한 무료 온라인 교육 플랫폼으로 모든 학년의 학생들을 대상으로 다양한 주제에 대한 무료 강의를 제공한다. 강의는 학생들이 자신의 속도에 맞춰 학습할 수 있도록 설계되었으며, 연습 문제와 테스트를 통해 학습 상황을 확인할 수 있다.
구글 클래스룸 (Google Classroom)	교사와 학생이 온라인으로 효과적으로 소통하고 학습 자료를 공유할 수 있는 환경을 제공한다. 또한, 과제 제출, 성적 관리, 피드백 제공 등을 쉽게 할 수 있어 학교나 기관에서 원격 교육을 진행하는데 유용하다.
코세라 (Coursera)	전 세계적으로 알려진 대학들과 기관들이 제공하는 수천 개의 온라인 코스를 제공하는 플랫폼이다. 이러한 코스들은 학위 프로그램부터 짧은 시간 동안 수강할 수 있는 전문 과정까지 다양하게 제공되며, 사용자가 원하는 시간과 장소에서 학습할 수 있다.
브이아피키드 (VIPKid)	온라인으로 영어를 가르치는 플랫폼으로, 북미의 교사들과 1대1 수업을 진행한다. 이 플랫폼은 학생들에게 맞춤형 수업을 제공하고, 교사들에게는 유연한 일정을 제공함으로써 전통적인 교실 교육의 한계를 넘어서는 서비스를 제공한다.
랩스터 (Labster)	VR을 활용해 과학 실험을 시행하는 플랫폼을 제공하고 있다. 학생들은 집에서도 복잡한 실험을 안전하게 경험할 수 있다.
듀오링고 (Duolingo)	AI를 활용해 사용자의 학습 진도와 약점을 파악하고 맞춤형 학습을 제공한다.

영국과 프랑스의 혁신 사례[20]

세계적으로도 디지털 교육 혁신 사례로 손꼽히는 영국의 디지털 교육 혁신 현장과 프랑스의 디지털 인재 양성기관을 살펴본다.

학교의 디지털 활용 방안을 논의할 때 가장 많이 거론되는 나라가

---

20) https://www.etnews.com/20230410의 내용을 중심으로 요약, 정리하였음.

영국이다. 에듀테크 산업은 영국 제조업 공백을 메웠다고 평가를 받을 정도로 주목받는 산업이다. 글로벌데이터에 따르면 2021년 영국 에듀테크 시장 규모는 46.8억 달러(약 6조 2,000억 원)로, 2026년까지 연평균 22%로 성장할 것으로 전망된다. 영국 디지털 경제위원회는 2020년 8월 기준 영국 에듀테크 기업이 유럽 전체 25%인 1,200여 개에 달한다. 에듀테크 기업의 숫자는 영국 디지털 기업의 4% 수준으로, 이는 핀테크 기업과도 비슷한 규모다.

영국의 에듀테크 산업 성장은 영국이 학교 현장에서 얼마나 에듀테크를 많이 활용하고 있는지를 단적으로 보여주는 예다. 영국은 정부가 획일적으로 정해주는 교과서도 없다. 학교와 교사가 교재를 결정한다. 에듀테크 역시 학교와 교사가 자율적으로 선택한다. 이렇게 도입한 에듀테크는 학생 개개인 맞춤형 학습 지도나 학생 정보관리에 활용된다.

학교와 민간에 맡기고 정부는 촉매제 역할을 한다. 교육청에서 일괄적으로 구매해 배포하는 우리나라와 크게 다르다. 교사가 직접 선택할 뿐만 아니라 기업은 학교의 요구사항을 고려해 제품과 기술을 개발한다. 학교·교사의 자율성에 기반한 학교-민간 협업이 교육과 시장 모두를 만족시켰다는 평가다. 학교 교사가 수많은 에듀테크를 접하기 어려운 점을 해결하기 위해 정부는 민간 협회와 협력해 플랫폼 렌드이디(LendEd)를 만들기도 했다. 교사는 샘플을 받아 사용해 보고 후기를 남길 수 있으며, 그 후기는 또 다른 교사의 구매 가이드가 되기도 한다.

영국의 에듀테크 역사가 그리 긴 것은 아니다. 교육 분야에서 정보통신기술(ICT)을 적극적으로 활용하기 시작한 시점은 우리나라와 비슷하다. 학교에 PC와 인터넷을 보급한 것은 영국과 마찬가지로 우리나라도 1990년대 후반, 2000년대 초반 추진한 일이다. 2010년 데이비드 캐머런 정부가 국가 예산에서 교육 예산 비중을 줄이고 시장화를 촉진한 것이 계기가 됐다. 자율화를 핵심으로 하는 아카데미 학교 설립법을 2010년 제정하고 그해 말 교육 정보화 전문 국가기관(BECTA)를 폐지했다. 이 같은 자율 중심 정책은 학교 선택권을 강화했고 더불어 민간 시장도 활성화했다.

하지만 자율이 만능은 아니었다. 예산이 줄어든 만큼 학교 인프라는 노후화되기 시작했다. 이 문제는 여전히 학교 교육 발전을 저해하는 요소로 꼽혀, 지난해 질리언 키건 영국 교육부 장관이 2025년까지 모든 학교에 기가급 네트워크 인프라를 구축하겠다고 밝히기도 했다.

[표 5-6] 영국 정부의 에듀테크 도입 과정

연도	내용
2000년대	이머전티 학교 도입, 학교 자율성 확대
2010년	교육 전문 기관, 연구 지원
2010년 11월	영국교육기술청(영국교육기술전문가기관(BECTA) 폐지)
2017년 11월	"Building our industrial strategy" 발표
2019년 4월	에듀테크 전략 발표
2022년 3월	2025년까지 디지털 디바이스 확대 기반 조성
2023년 9월	새로운 학기, 2025년까지 모든 학생 디지털 기반 교육

정책적 문제점을 극복하고 성장 궤도에 오른 영국 에듀테크 산업계가 가장 핵심에 두는 것은 교사의 역할이다. Bett 현장에서 만난 구글·MS와 같은 글로벌 기업은 물론 스타트업까지 이구동성으로 교사의 역할을 강조하고, 에듀테크가 교사를 얼마나 잘 지원하는지를 소개했다. 일례로 학생의 학습을 점검하고 연습까지 지원하는 도구부터 교사가 학생의 학습 성과를 체계적으로 파악할 수 있는 도구나 학생의 행동과 감정 상태의 변화 과정을 데이터로 확인할 수 있는 프로그램도 나왔다. 영국은 기존 개념의 에듀테크를 넘어서 게임을 학습에 활용하는 e스포츠에도 관심을 기울이고 있다. e스포츠를 교육에 도입한 학교는 전통적인 방법으로는 학습에 흥미를 느끼지 못했던 학생들이 달라졌다는 평가다.

[표 5-7] 에듀테크를 활용한 영국 교육 현장

분야	주체	활동 내용
교육 및 연수	Future Learn	학교와 연계된 온라인 강좌 제공
	JISC	디지털 교육 자원 제공 및 학교 시스템 개선 지원
	LearnED Roadshow	교사와 학생 대상 디지털 교육 도구와 자료 전시회 개최
자원 공유	LendED	학교에서 사용할 수 있는 에듀테크 자원 공유
연구 및 리더십	EdTech Leadership Group	디지털 교육 리더십과 혁신을 위한 연구 및 프로젝트
	주요 교육 연구 기관	혁신적인 디지털 교육 방법 연구 및 실험
협력	협력하는 회사들	다양한 에듀테크 기업과의 협력하여 교육 현장에 디지털 기술 도입 및 지원

프랑스의 에꼴42는 10년이라는 짧은 역사에도 불구하고 전 세계 IT 기업들이 선호하는 교육 기관으로 자리를 잡았다. 교사, 교재, 학비가

없는 3무(無) 학교로 불리는 에꼴42는 프랑스 학생뿐만 아니라 전 세계 학생이 지망한다. 취재진을 맞이한 한국 학생 중 한 명은 프랑스어를 전공해 코딩은 전혀 모른 채 지원하면서 배우게 됐다고 했다. 또 다른 한 명은 철학과 사회학을 전공한 학생이었다. 세계적인 IT 개발자 교육 기관이라고 하기에는 너무 이질적인 학생들의 배경에 처음 방문하는 사람들은 모두 놀란다고 했다.

[그림 5-5] 자기 주도적 학습의 대명사가 된 에꼴42

(좌) 〈에꼴42의 클러스터〉 학생들이 프로젝트를 수행하면서 때로는 동료들과 토론을 하기도 하는 공간이다.
대단한 시설이 있는 것이 아니라 인터넷에 연결된 PC만 있을 뿐이다. 에꼴42의 핵심은 교육과정과 자기 주도적인 교육방식에 있다.

(우) 〈에꼴42의 클러스터〉. 학생이 이수해야 할 커리큘럼을 한눈에 볼 수 있게 해준 프로그램.
원 안의 파란색이 해당 레벨에서 이수해야 할 프로젝트다.

에꼴42의 독특한 교육 철학 때문에 가능한 일이었다. 에꼴42는 학생 선발 방법부터 다르다. 1차 온라인 테스트는 IT에 대한 지식이 전혀

없이 풀 수 있는 시험이다. 기억력이나 추론 능력 등을 평가하는 테스트를 게임 퀘스트를 수행하듯 치른 후 접하는 2차 시험은 코딩을 배우면서 결과물을 내는 라 피신(La Piscine)이다. 피신은 4주 동안 진행되는 서바이벌 형 코딩 테스트로, 응시생들이 공동 프로젝트를 수행하도록 해 문제 해결 능력을 평가한다. 수 천대 1의 경쟁률을 뚫고 합격한 학생들의 배경이 다양한 것을 보면 코딩 배경지식은 테스트에서 전혀 중요하지 않다는 것을 확인할 수 있다.

[표 5-8] 혁신적인 IT 개발자 양성기관 '에콜42' 개요

특징	내용
기본	IT 개발자 양성을 목표로 하는 비영리 교육재단
수업 방식	캠퍼스, 교재, 강의 없이 진행
교육인프라	매일 24시간 운영
성장 규모	2013년 프랑스에서 시작, 현재 전 세계 4개 캠퍼스 운영, 학생 18,000명 교육
핵심 가치	프로젝트 기반 학습
학습 방법	다양한 프로젝트 수행 및 Peer to Peer, 프로젝트팀, 리뷰를 통한 학습

그러나, 한국에서 라이선스 형태로 운영되는 서울 42에 들어가려는 학생 중 상당수가 학원에 다니는 것은 한국 교육의 현주소를 보여준다. 입학한 학생들은 3~5년 동안 다양한 프로젝트를 수행하며, 레벨1~9까지는 공통 과정이고, 이후는 분야별 프로젝트로 운영된다. 평가자는 같은 학생들이며, 필요시 졸업생이 평가자로 참여한다. 학교는 학생들의 자율성을 중시하며, 문제 해결을 위해 동료 학생과 개발자 커뮤니티를 통해 답을 찾게 한다. 에꼴42는 문제 해결 능력을 우선시하며, 시시각

각 바뀌는 기술에 적응할 수 있는 방식을 중점으로 두고 있다. 학생들은 개발 지식보다는 개발을 배우는 방법을 중시한다고 설명했다.

[표 5-9] 한국의 디지털 기반 교육 혁신 방안[21)]

주요 내용	특징과 방향
디지털 기반 교육 혁신 필요성	디지털 기술 활용하여 교육 분야 변화와 혁신 실현
맞춤 교육 제공을 위한 인공지능 활용	개별 학습 지원 및 맞춤 교육 환경 구축 인공지능 기술에 기반한 인공지능 보조교사[22)] 활용
학생 데이터 실시간 수집 및 분석	교사의 수업 개선 및 맞춤 지도 제공
T.O.U.C.H 교사단[23)] 양성	첨단 기술을 활용한 맞춤 교육 실현 및 학생 성장 지원
인공지능 디지털교과서 도입 계획 (2025년)	인공지능 기반[24)] 교육 자료 개발 및 확산 전략
디지털 선도학교 운영 (2023년부터)	디지털 교육 혁신 모델 시범 운영 및 확산 전략
디지털 기기 및 무선망 확충 (2025년까지)	인공지능 디지털교과서 도입 준비 및 지원 인프라 강화

---

21) 교육부, 〈디지털 기반 교육 혁신 방안〉, (https://www.korea.kr/20230223)
22) Third Space Learning 'AI 교사'를 말함. 2012년 창업 이래 영국의 초등학교에 온라인 수업을 제공하고 있는 인도의 교육 서비스 기업(Third Space Learning)에서 제공하는 에듀테크 프로그램. 교사의 강의 중에 'AI 교사'가 학생의 학습 진도를 실시간으로 점검해 교사에게 전달한다. 예시로 학생이 일정 시간 답변하지 않거나, 수업 애로, 수업 포기 등을 AI가 인지해 교사에게 전달한다.
23) T.O.U.C.H (터치, Teachers who Upgrade Class with High-tech) 교사단은 첨단 기술을 바탕으로 맞춤 교육을 구현하고, 학생들과의 인간적인 연결을 통해 학생들의 성장을 이끄는 교사
24) 지능형 튜터링 시스템(Intelligent Tutoring System), 확장 가상 세계(메타버스), 확장 현실(XR), 대화형 인공지능, 음성인식 등

| 디지털 교육이 나아갈 길

디지털 교육 Digital Education 은 기존 교수자나 학습자 모두에게 상당한 도전이 될 것이다. 디지털 교육이 효과적인 교육이 되기 위해서는 기본적으로 디지털 기기와 학습 자원에 대한 공평한 접근성이 요구된다. 아울러 가정이나 학교에서 네트워크 연결성이 좋아야 한다. 경제적인 이유로 컴퓨터나 인터넷, 스마트폰 등 디지털 기기 격차로 이어지면, 교육의 격차로 확대된다.

디지털 시대에는 정보가 폭발적으로 증가하고, 그에 따라 학습자들은 정보의 과부하에 직면할 수 있다. 온라인에서 쉽게 접근할 수 있는 정보들이 풍부하게 존재하지만, 검증되지 않은 많은 정보로 인하여 판단력이나 비판적 사고력이 저하될 수 있다. 자료에 대한 객관적 확인과 정보의 질, 신뢰성을 판별할 수 있는 교육 환경을 만들어야 한다.

학생들이 사용하는 다양한 디지털 도구는 끊임없는 알림과 SNS, 게임, 이메일 등 다양한 유혹으로 인해 학습자들의 집중력이 저하되고, 디지털 매체에 대한 중독 현상도 발생할 수 있다. OECD가 조사한 결과에 따르면 프랑스 학생의 58%가 수학 교육에서 디지털 기기의 사용으로 산만해진다고 보고되었다. 또한 OECD 국가 학생 중 59%가 "다른 학생들이 사용하는 스마트폰, 태블릿, 랩탑 등으로 인하여 집중이 힘들다"라고 조사되었다.[25]

디지털 환경에서 안전하고 효과적으로 학습하기 위해서는 AI 리터러시는 물론 디지털과 미디어 리터러시를 갖춰야 한다.[26] 이러한 리터러시들은 디지털 사회를 살아가는 시민으로서 필수적인 역량이다. 특히, 교사는 AI 리터러시는 물론 디지털 리터리시와 미디어 리터리시를 확보할 수 있도록 지속적인 자체 교육이 필요하다.

자원이나 기술, 우수한 인력이 부족한 한국이 급속한 성장을 할 수 있었던 배경에는 교육에 대한 열의가 뒷받침됐기 때문이다. 한국의 교육 환경은 높은 대학 진학률과 우수한 국제 학업 성취도로 특징지어지지만, OECD 국가 중 한국은 청소년 자살률이 가장 높은 나라로(2020년 기준으로 10만 명당 약 7.5명의 청소년이 자살) 학업에 따른 스트레

---

25) OECD, 『Students digital devices and success』, 2024
26) https://webzine-serii.re.kr/교육의 변화와 디지털 역량

스가 많고, 사교육비 지출이 높아(불평등을 고착화), 교육에 대한 진정한 평등성이 확보됐다고 보기 어렵다. 교육의 변화는 사회의 변화를 이끈다. 교육의 형식과 방법 등 모든 부분을 변화시키는 디지털 교육에 대한 담론이 필요한 이유다. OECD도 교육 환경 변화의 필요성을 인식하고, 「OECD Learning Compass 2030」를 통하여 새로운 교육의 표준을 마련하였다. 그 내용은 디지털 교육에도 적용할 수 있다.

[표 5-10] 교육의 새로운 표준[27]

특징	전통적인 교육 시스템	새로운 교육 시스템
교육 시스템	교육 시스템은 독립된 주체	교육 시스템은 더 큰 생태계의 일부
책임 및 이해 관계자 참여	개별 학습 지원 및 맞춤 교육 환경 구축 인공지능 기술에 기반한 인공지능 보조교사[28] 활용	결정, 제작 및 책임이 더 많은 이해관계자 (부모, 교사, 지역 사회, 커뮤니티 및 학생) 와 공유됨 모든 사람이 책임을 공유하며, 학교와 학생들도 자신의 성과에 대한 책임을 지고 배울 수 있도록 권한을 부여받음
학교 경험의 효과 및 질에 대한 접근법	결과가 가장 중요 (학생 성과, 학생 성취도가 시스템의 책임 및 개선을 위해 평가의 지표로 사용됨) 학문적 성과에 중점	결과뿐만 아니라 '과정'도 중시 (학생의 학습 경험과 성취도는 학문적 성공과 더불어 내재적 가치를 지님) 학문적 성과뿐만 아니라 전체적인 학생의 복지에도 중점

---

27) OECD, 『Learning Compass 2030: A Series of Concept Notes, Table 2』, 2019. p. 14.
28) Third Space Learning 'AI 교사를 말함. 2012년 창업 이래 영국의 초등학교에 온라인 수업을 제공하고 있는 인도의 교육 서비스 기업(Third Space Learning)에서 제공하는 에듀테크 프로그램. 교사의 강의 중에 'AI 교사'가 학생의 학습 진도를 실시간으로 점검해 교사에게 전달한다. 예시로 학생이 일정 시간 답변하지 않거나, 수업 애로, 수업 포기 등을 AI가 인지해 교사에게 전달한다.

커리큘럼 설계 및 학습 진행에 대한 접근법	선형적이고 표준화된 진행 (커리큘럼은 표준화된 선형 학습 진행 모델을 기반으로 개발됨)	비선형적 진행 (각 학생은 자신만의 학습 경로를 가지고 있으며, 학교에 입학할 때 다른 지식, 기술 및 태도로 무장함을 인식함)
모니터링의 초점	책임과 규정 준수를 중시	성과 개선을 통한 시스템 책임성과 지속적인 개선을 중시 (모든 수준에서 수시 피드백을 통해)
학생 평가	표준화된 시험	다양한 목적을 위한 다른 유형의 평가 사용
학생의 역할	교사의 지시에 따라 배우면서, 자율성을 키움	주도성을 가진 능동적인 참여자, 특히 교사와 학습에 공동 권한 부여

미래의 디지털 교육은 기술의 발전에 따라 학습 방식, 학습 환경, 교육의 접근성 등에 많은 변화가 예상된다. AI를 활용한 교육이 전 영역에서 영향력을 확대할 것이다. AI 챗봇과 가상 교사는 학습자들이 실시간 질의응답을 하거나, 개별적인 지도를 받을 수 있는 도구로 활용될 것이다. 이들은 학습자들에게 개별 지원을 제공하고 자동화된 학습 피드백을 제공하여 학습 효과를 높일 수 있다. 그러나, AI에 대한 과도한 의존은-AI는 그 설계자 생각은 알고리즘을 통하여 반영한다.-은 지식의 편중을 낳을 수 있다.

AR과 VR 등 다양한 디지털 기술은 학습자들에게 실제와 같은 체험을 제공하여, 기존에 경험이 어려운 의학, 역사, 과학 분야의 학습 효과를 높일 것이다.

블록체인^{Blockchain} 기술은 수많은 에듀테크 기업의 데이터 보관과 보안 부담을 줄이면서 교육 관련 콘텐츠들의 확장을 지원할 것이다. 지식 공유와 협업 역시 더욱 활성화된다. 다양한 플랫폼이나 앱을 통한 국제적인 교육 시스템의 확장은 지식의 전달 속도와 효율을 높이고, 기존의 대학 시스템에 대한 도전으로 다가올 수 있다.

디지털 기술은 이제 시작이다, 생성형 AI, 메타버스, 홀로그램 등 앞으로 교육과 관련된 기술이 계속 나오고, 상품화된다. 디지털 인프라와 디바이스가 누구나 언제든지 접근이 가능하며, 사용할 수 있는 환경이 향후 디지털 교육의 발전으로 이어지고, 교육의 평등성을 높이기 위한 기본 전제 조건이다. 사회는 급격하게 변하고 있고, 인간의 수명도 계속 연장되고 있다. 지식이 영구 혁명 상태에 있는 만큼, 교육도 이제 평생 교육으로 전환될 수밖에 없다. 이제 교육에 대한 새로운 패러다임을 논의할 시점이다. 디지털 교육이 그 출발점이 될 수 있다.

AI literacy

개인이 인공지능 기술을 비판적으로 평가하고, 인공지능과 효율적으로 소통하고 협력하며, 인공지능을 온라인, 가정, 직장과 같은 장소에 국한되지 않고 활용할 수 있는 능력의 집합을 의미한다(Long & Magerko, 2020).

Cyber bullying

스마트폰이나 컴퓨터를 사용하여 SNS 등 온라인에서 원하지 않는 음란물과 협박, 괴롭힘, 욕설 등을 보내는 행위, 허위 정보 유포 행동 등을 포함한다.

Cyber literacy

사이버 공간에서 허구와 진실을 가려낼 수 있는 능력, 정당한 논쟁과 극단주의를 간파할 수 있는 온라인 커뮤니케이션 능력, 비판적이고 적극적인 독해력 등을 가리킨다. 즉, 사이버 리터리시는 '사이버 공간에서 문명 생활을 즐기는 데 있어, 필요한 최소한의 교양'이라는 개념을 가지고 있다.

Digital distraction

현대 사회에서는 스마트폰, 컴퓨터, TV 등 다양한 디지털 기기가 우리의 집중력을 방해해 생산성을 저해하는 현상. 공부나 일을 하는 동안에는 디지털 기기들을 멀리하고, 필요할 때만 사용하되 특히, SNS나 메신저 알림은 큰 방해 요소가 될 수 있으므로, 알림을 끄는 것이 좋다.

Digital literacy

디지털 기기나 플랫폼을 사용하는 능력뿐만 아니라, 디지털 정보를 비판적으로 이해하고 활용하는 능력이다.

Media literacy

미디어로부터 전달되는 메시지를 해석하고 평가하며, 자신의 의견을 표현하고 소통하는 능력이다.

Chapter 6

디지털,
초연결 네트워킹

AI	Artificial Intelligence	인공 지능
AIoE	Artificial Intelligent of Everything	만물 지능 인터넷
AR	Augmented Reality	증강 현실
GPS	Global Positioning System	전 지구 위치 확인 시스템
DT	Digital Twin	디지털 트윈
DX	Digital Transformation	디지털 전환
IoE	Intelligent of Everything	만물 인터넷
IoT	Internet of Thing	사물인터넷
VR	Virtual Reality	가상 현실
XR	eXtended Reality	확장 현실

통신은 연결의 시작이다. 연결은 네트워크를 만든다. 이 네트워크를 누구나 공정하게 접근할 수 있고 지식, 정보, 사회적 협력 관계가 차별 없이 이루어지면 사회는 건강해진다. 그래서 통신 인프라^{Infra}는 사회적 자본이고, 국가의 경쟁력이다. 통신 기술은 발전하고 있다. 두 사람의 통신에도 기지국 등 인프라와 스마트폰 기술 등이 복합적으로 작용한다. 유선에서 이동통신으로 손 안의 컴퓨터로 급변하는 과정에 통신을 최적화하고, 중단되지 않고 이어주는 다양한 기술이 있다. 그중 하나인 위치 등록 기술은 연결을 위한 필수 기술이지만, 개인정보라는 문제도 있다.

연결이 곧 긍정적인 요소만 있지 않다. 역사학자 니얼 퍼거슨이 말한 것처럼, "이제 연결된다는 것은 곧 모종의 강력하고도 역동적인 긴장 안에 갇힌다는 것을 뜻한다."라고 강력하고 거미줄처럼 얽힌 네트워크의 문제를 지적하고 있다. 너무나 잘 연결되어 있어서 누리던 다양한 혜택이, 연결이 파괴·손상되거나, 네트워크가 일부 세력에 집중 또는 탈취당할 때 연결과 네트워크의 위험성은 높아진다. 연결의 안정성과 보안은 디지털 세계를 이끌어 가는 필수 요소다.

오늘날에 연결을 극대화하는 5G 통신 네트워크는 전자 공간과 물리 공간의 융합을 통해 새로운 공간을 만들고 있다. 통신은 초연결^{Hyper-connectivity}, 초지능^{Super-intelligence}, 초융합^{Super-Convergence}을 목표로 하고 있으며, AI, IoT, VR/AR 등 다양한 디지털 기술과 융합하여 디지털 세계의 새로운 문을 열고 있다.

앞으로 다가오는 6G는 모든 시/공간을 광범위하게 연결하는 디지털 세계의 산업, 생태계를 준비하고 있다. 통신은 어느 공간에서도 평등한 개인 삶의 질을 제공하고, 홀로그램^{Hologram}, 촉각^{Tactile} 인터넷 등 실시간 오감(五感) 통신 제공과 지상, 항공, 해저, 우주의 3차원 공간서비스를 통하여 만물 지능 인터넷(AIoE) 시대를 여는 기반이 될 것이다.

여기에 덧붙여, 위성통신은 지구의 어떤 위치에서도 동일한 서비스를 제공하며, 광범위한 지구 네트워크를 구축하여 지리적으로 분산된 사용자들 사이의 통신도 원활하게 이루어질 수 있게 한다. 위성통신은 디지털 세계를 만들어 가는 또 다른 힘이다. 우리나라도 무궁화 위성을 시작으로 위성통신 분야의 경쟁력을 위해 노력하고 있다.

| 디지털 활용의 기반, 통신인프라

디지털은 시간 격차와 지리적, 공간적 한계를 허무면서 우리의 삶을 더욱 풍요롭게 한다. 이를 가능하게 하는 기술이 통신이다. 디지털화에 있어 통신인프라에 대한 의존도와 중요성은 커지고 있고, 네트워크의 속도뿐만 아니라 네트워크의 안정성 확보는 디지털 활용에 있어 핵심적 요소이다. 만약 네트워크 장애가 일어나는 경우 이제는 거의 모든 생활에 영향을 미치는 일상의 블랙 아웃^{Black Out}이 발생할 수 있다.

통신인프라의 발전은 바로 그 사회, 국가의 경쟁력으로 이어진다. 통신인프라는 먼 옛날, 사람이 직접 전달하거나, 이후 역마차 등 말을 이용하는 단계를 넘어서, 선으로 연결된 유선 통신, 전파를 활용한 무선 통신, 인공위성을 활용한 위성통신으로 급속하게 발전하고 있다. 속도의 경쟁은 5G를 넘어서 6G를 향해 다가가고 있으며, 보다 안전하고 안정적인 네트워크를 연결하기 위한 기술 경쟁은 계속되고 있다.

| 연결의 안정성과 보안

2018년 발생한 KT아현지사 화재 사건이나, 2022년 발생한 카카오 데이터센터 화재 사건 등은 통신인프라의 중요성을 다시금 뒤돌아보는 계기가 되었다. 이 사건의 결과로, 일시적이지만 일반적인 통신뿐만 아니라 통신과 연결되어 운영되는 병원, 은행 등 사회의 모든 영역의 장애로 이어졌다. 이 사건은 네트워크의 속도뿐만 아니라 안정적으로 끊김이 없는 네트워크 연결의 중요함을 말해준다. 이러한 물리적인 훼손 또는 파괴도 있지만, 네트워크 자체를 마비시키거나 오류를 일으키는 다양한 해킹에 대한 대비도 갈수록 중요해지고 있다.

사이버 보안은 일반 생활이나 자동차, 금융 시스템 등 모든 영역에서 네트워크가 연결되고 있어 산업의 발전과 사회의 안정성을 담보하는 중요한 요소다. 기술이 발전해 나가는 만큼, 이에 따라 정보, 시스템, 재산 보호를 위한 보안 기술도 발전하고 있으며, 특히 네트워크 보안,

애플리케이션 보안, 데이터베이스 보안, 시스템 보안 및 최종 장치 보안 등 다양한 보안 시스템이 나오고 있다.

여기에서 최종 장치 보안이란 단말 즉 PC, 모바일, 웨어러블 기기 등 최종 포인트 장치를 의미한다. 기본적으로 백신, 안티바이러스, 방화벽 구축 등이 있다. 우리나라는 안전한 정보통신망 환경을 조성하는 것을 목적으로 하며 정보통신망 이용 촉진 및 정보보호에 관한 법률이 제정되어 있다. 현재 개발되고 있거나 차세대 보안 기술로는 블록체인, NFT 기술 등을 통한 안전한 거래, 양자 암호 기술(통신), AI 주도형 보안 시스템 등이 있다.

사용자 정보를 보호하기 위한 좀 더 자세한 보안 기술을 살펴보면, 우선 인증^{Authentication} 기술을 말할 수 있다. 인증 기술은 사용자가 실제 사용자인지 확인하는 기술로, 사용자가 스마트폰에서 보내는 메시지에 대해 인증 토큰[1]을 추가함으로써 인증하게 된다. 네트워크에서 사용자가 누군지를 확인하는 인증 절차는 상거래와 금융을 포함한 다양한 거래를 위한 필수 요소이다.

---

1) 클라이언트가 서버에 접속하면 서버에서 해당 클라이언트에게 인증되었다는 의미로 토큰을 부여함.

다음은 암호화[Encryption] 기술인데, 사용자의 통신 데이터를 암호화하여 해킹이나 불법 노출을 방지하는 기술이다. 또한 장비에 대한 보안으로 기지국 식별ISI 기술이 있다. 이는 네트워크에서 기지국 별로 존재하는 고유한 식별 번호로, 기지국 사이의 식별이 가능하다. 또 하나는 무선 통신 라우팅 기술로 무선 통신을 통한 데이터 전송 시에 유선 통신보다 더 안전하게 전송을 보장하는 기술이다. 그리고 블랙리스트[Blacklist] 기술로 불법행위나 도난 등의 이유로 제재된 무선 장치를 식별하고 차단하는 기술과 취약성 관리[Vulnerability management] 기술로 시스템 내부 취약점을 파악하고 이를 보완하는 기술이 있다. 5G, 6G에서는 보안 기술의 일환으로 많은 연결 채널[Channel]이 추가되며. 또한 5G에서는 키 인증과 IP 보안 면에서 4G보다 성능이 향상되었다.

또한 6G에서는 더욱 높은 수준에서 보안성이 요구된다. 사물인터넷, 자율주행 차 등 일상의 디지털화로 순간적인 문제도 대형 사고로 이어질 가능성이 높기 때문이다. 이를 위해 기존의 보안 기술은 물론 AI 및 블록체인 기술이 도입되었고 또한 6G에서는 IoT, AI, AR/VR, NFT 등의 기술과 함께 보안 인프라도 더욱 강화되고 향상이 예상된다. 이와 같은 인증이나 보안 등 연결의 안정성 확보는 통신인프라를 기반으로 산업과 생활의 DX를 만들어 나가는 중요한 기반이다.

| 이동통신, 초고속·초연결·초지능…으로

5G가 기반이 되는 최근 이동통신의 발전 속도는 예상한 만큼 빠르지 않게 느껴질 수 있다. 통신인프라의 발전 속도는 대규모 투자가 선행됨으로, 그에 따른 사회의 모든 영역에 디지털화가 이루어지는 속도를 고려해야 한다. 현재는 디지털화에 따른 사업의 수익성과 효율성, 사회의 적용 내용 등이 다양하지 못한 측면이 있다. 사람들이 필요를 느끼고, 비용이 저렴하며, 그 효과를 인식하고 활용하기까지는 시간이 필요하다. 통신인프라의 발전과 DX는 약간의 시차가 발생할 수 있다. 그러나 이러한 변화의 물결은 하나의 패러다임의 전환처럼 순식간에 일어날 수 있다.

가까이 더 가까이 그리고 쉽게

모바일 기술의 폭발적인 발전으로 이제 스마트폰은 과거에 지갑이나 열쇠가 그랬던 것처럼 어디를 가든 없어서는 안 될 필수품이 되었다. 사실 10년 전에는 정보 검색과 뉴스 읽기, SNS 활동에 스마트폰과 태블릿 PC를 가장 많이 사용했다.

그렇다면 모바일 기술이 발전하면서 현재의 인터넷에 있는 무궁무진한 정보를 손바닥 안에서 찾을 수 있다. 인터넷 검색/웹 브라우징, 전화 통화, 음악 감상, SNS 앱 사용, 사진과 영상 공유/전송 등을 할 때 통화 끊김이나 문자 메시지 전송 실패 등을 겪지 않고 연결성과 빠른 연결이 가능해진 5G는 모바일 기기의 업계 표준이 되었다.

5G 어드밴스드Advanced와, 이후 기술을 향한 꾸준한 발전으로 현재는 은행 업무(뱅킹), 쇼핑, GPS, 내비게이션, 위치 기반 서비스, 영상 통화, 결제 등이 실시간으로 가능하다. 생활의 일부에도 활용되면서 스마트폰으로 문을 잠그고 열거나, 차 시동을 거는 등의 기능이 보편화되고, 실물 열쇠 대신 스마트폰을 사용하는 새로운 생활 양식을 가능하게 하고 있다. 일상적으로 기기가 스마트폰이든 태블릿 PC든, 기기 종류와 상관없이 사용하는 모바일 앱은 동일한 경향을 보인다. 특히 스마트 워치나 VR 헤드셋, 스마트 홈, 자동차 등 최신 기술과 통합되면서 일체화된 커넥티드 기기 생태계가 형성되고 있고, 기기 간에 연결되거나, 하나의 기기에서 종합 처리되고 사용되는 추세로 변화하고 있다.

스마트폰의 송신에서 수신까지?

우선 발신자가 스마트폰으로 전화를 걸면 발신자의 스마트폰에서는 무선 신호가 발생하게 되는데 발신자의 스마트폰에서 발생한 무선 신호는 가장 가까운 통신 기지국으로 전송되게 된다. 이를 받은 기지국에서는 발신자의 신호를 이동통신망으로 전송하고 이동통신망은 발신자의 통화 요청 정보를 분석하여 수신자의 스마트폰 위치를 파악하고 해당 기지국으로 발신 정보를 보낸다. 수신자의 스마트폰에서는 기지국으로부터 전송된 신호를 받아들이고 수신된 신호는 이동통신망을 통해 발신자의 스마트폰에 다시 전송된다. 발신자의 스마트폰에서는 이동통신망으로부터 수신된 신호를 받아들이고, 상대방의 음성 정보를 처리하여 발신자의 스마트폰에서 송출된다. 발신자의 음성 정보는 다시 이동통신망을 통해 수신자의 스마트폰에 전송되고, 수신자의 스마트폰에서도 발신자의 스마트폰과 같은 과정으로 음성 정보를 처리하여 수신자가 들을 수 있는 음성 신호로 출력된다. 이와 같은 과정을 거쳐서 스마트폰 간 통화가 이루어진다.

이동통신의 주요 기술들

이동통신은 사용자가 고정되지 않으며, 사용자의 수, 사용량 등이 일정하지 않아 이를 효과적으로 관리하고 효율성을 높이기 위하여 다양한 기술이 포함되고, 계속 발전 중이다. 우선, 다수의 단말이 자원을 공유하여 접속하는 다중 접속 방식^{Multiple Access} 기술, 이동통신의 기본 기술로 통신의 끊어짐을 방지하는 기지국 핸드 오프^{Hand off} 기술, 속도의 효율성을 높이는 주파수 묶음 기술, CA^{Carrier Aggregation} 등이 있다. [2]

그 외 중요한 기술을 설명하면,

〈셀 간 주파수 간섭^{Interference}과 주파수 재사용^{Reuse} 기술〉

셀 간 주파수 간섭과 주파수 재사용 기술은 같은 주파수를 사용하는 셀 간의 상호 간섭으로 성능이 저하되게 되는 현상을 최소화하고, 주파수를 재사용하여 한정된 주파수 자원을 주어진 동일 시간에 많은 가입자에게 서비스를 제공하는 기술이다. 즉 셀 간 겹치는 주파수가 없도록 사용하여 주파수 간섭을 피한다.

[그림 6-1] 주파수 재사용 모형[3]

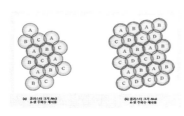

이동통신 네트워크는 여러 개의 작은 구역인 셀^{Cell}로 구성되어 있다. 각 셀은 기지국^{Base Station}의 중심에 위치하여 해당 셀 내의 모든 사용자에게 신호를

---

2) 이러한 이동통신 주요 기술에 대해서는 『메타버스, 새로운 세계에 대한 도전』(조경식, 박범섭 외, 진인진, 2022년 4월)에 잘 설명되어 있다.
3) 출처: 삼성전자 자료 참조, 재구성

전송한다. 셀의 모양은 일반적으로 육각형으로 나타내며 이는 셀들이 서로 겹치지 않고 효율적으로 배열할 수 있다. 이와 같이 셀의 구성과 셀 간 동일한 주파수를 사용하는데, 이를 주파수 재사용^{Frequency Reuse}이라 한다. 동일한 주파수를 사용하는 셀들은 일정한 거리를 두고 배치되어 셀 간의 상호 간섭을 피하면서도 동일한 주파수를 여러 번 사용할 수 있다. 이러한 주파수 재사용은 한정된 주파수 자원을, 주어진 동일 시간에 더욱 많은 가입자에게 서비스를 제공하는 무선 통신 네트워크의 핵심 기술이다. 이 기술은 높은 품질의 통신 서비스와 주파수 자원의 효율성을 높인다.

위 그림 클러스터에서 N값은 주파수 재사용 패턴의 크기를 나타내며 이는 주파수가 다시 사용되기 전에 몇 개의 셀을 거쳐야 하는지를 의미한다. 예를 들어 위의 그림(a) N=3셀의 경우는 주파수 재사용 패턴이 3개의 셀로 구성되며 주파수를 더 자주 사용할 수 있어 주파수 자원의 활용도가 높다는 장점이 있다. 또한 그림(b) N=4셀의 경우는 주파수 재사용 패턴이 4개로 구성되며 N=3셀과 비교하여 주파수 자원의 사용도는 다소 낮으나 셀 간의 간섭은 현저히 줄어들게 된다.

즉 N=3셀은 더 많은 사용자를 수용할 수 있는 장점이 있고, N=4셀은 더 안정적인 통신 품질을 제공할 수 있다. 이는 네트워크 설계를 할 때 주변 건물 시설 등 환경, 인구 밀집도, 사용자 수 등 제반 조건을 고려하여 배치하게 된다.

〈위치 등록^{Location Registration} 기술〉

위치 등록 기술의 산업적 중요성이 갈수록 중요해지고 있다. 위치 정보는 DX의 확산에 따라 융복합 서비스 산업이 활발하게 전개되고, 핵심 기반인프라로 위치 정보의 적용과 활용도 증가하고 있다.[4]

이동통신에서의 사용자User 단말은 단말기를 ON/OFF 하거나, 이 동할 때 주기적으로 자신의 위치 정보를 이동통신망에 등록하게 된다. 이동통신망을 단말기 번호와 위치 정보를 HLR^{Home Location Register} 장비에 등록하여, 수신된 전화에 대해 착신 단말의 위치를 검사할 수 있도록 한다. HLR로 위치 정보 조회가 집중될 경우를 대비해서, 교환기에 VLR^{Visitor Location Register}을 두어, 교환기가 자신의 영역 내에 있는 단말의 위치 정보를 복사하여 저장하도록 한다. HLR과 VLR에 존재하는 단말의 위치 정보는 항상 같다.

[그림 6-2] 위치 등록 절차도[5]

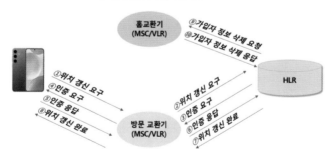

---

4) 한국과학기술정보연구원, ASTI MARKET INSIGHT 2022-088, 위치 정보 시장 동향 및 전망
5) 출처: 저자 작성

이동통신 단말의 위치 등록 기술은 정확도 향상, 실시간성, 에너지 효율성, 보안 강화, IoT 통합 등 여러 측면에서 진화하고 있다. 우선 스마트폰 등 단말의 위치 등록 기술은 위치 정보의 정확도를 개선하기 위해 더 정교한 알고리즘과 센서를 도입하고 있다. 예를 들어, GPS 외에도 Wi-Fi, Bluetooth, 기지국 신호 등 다양한 데이터를 활용하는 다중 위치 기술이 개발되고 있다.

위치 등록 시스템은 실시간 데이터 처리와 반응 속도를 높이는 방향으로 발전하고, 이는 위치 정보를 신속하게 갱신하여 사용자에게 정확한 위치를 제공하게 된다. 에너지 효율성 측면에서는 단말의 배터리를 효율적으로 사용할 수 있도록 저전력 센서, 데이터 압축 및 최적화된 전력 관리 기술 등이 도입되어 에너지 소비를 줄이고 배터리 수명을 연장한다.

또한 개인정보의 보호와 개인 식별 정보의 안전성을 강화하기 위해 보안 기능을 높이고 있다. 사용자의 위치 정보는 중요한 개인정보로, 이를 보호하기 위한 암호화 및 접근 제어 기술의 정교화는 불가피하다. IoT 기반 서비스가 확대되고, 스마트 홈, 자율 주행차, 환경 모니터링 등 응용 분야가 많아질수록 위치 정보의 중요성은 커진다.

위치 등록 기술도 용도에 따라 달리 운영된다. 이동통신 단말의 위치 등록 기술과 자율자동차 등에서 사용하게 되는 LBS^{Locaton-Based Service} 기술에는 차이가 있다. 이동통신 단말의 위치 등록 기술은 이동통신 네트워크에서 사용자의 단말 위치를 식별하기 위해 사용되며, 전화 통화나 데이터 서비스와 관련된 작업을 지원한다. 그러나, LBS 기술은 위치 정보를 기반으로 하는 응용 프로그램 및 서비스를 제공한다. LBS는 사용자의 위치를 기반으로 가까운 가게, 식당, 주차장 등의 정보와 길 안내 기능 등 다양한 서비스를 제공한다. 데이터 수집 방법에서도 이동통신 단말의 위치 등록 기술은 기지국 신호의 세기 및 도달 시간 차이 등을 기반으로 사용자의 위치를 판단하게 되며, LBS 기술은 GPS 기술을 주로 사용하여 위성 신호를 이용하여 정확한 위치 정보를 수집하게 된다. 응용, 서비스 분야도 이동통신 단말의 위치 등록 기술은 이동통신 업계에서 주로 사용되며, 통신 서비스와 관련된 작업을 지원한다. LBS 기술은 주로 위치 기반의 응용 프로그램과 서비스를 위해 자율자동차, 위치 기반 광고, 길 안내 시스템 등 서비스에 사용된다. 이와 같이 이동통신 단말의 위치 등록 기술과 LBS 기술은 사용 목적, 데이터 수집 방식, 응용 서비스 분야 등 차이가 있다.

〈안테나 기울림$^{Antena\ Tilting}$ 기술〉

기지국 간 전파 간섭을 줄이고 건물 내 위치하는 통화자의 통화품질을 위하여 안테나 기울임^{tilting} 기술을 적용하기도 한다.

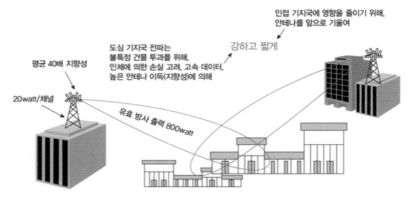

[그림 6-3] 안테나 Tilting 기술 적용 모형도[6)]

인접 기지국에 영향을 줄이기 위해,
안테나를 앞으로 기울여
강하고 짧게

도심 기지국 전파는
불특정 건물 투과를 위해,
인체에 의한 손실 고려, 고속 데이터,
높은 안테나 이득(지향성)에 의해

평균 40배 지향성

20watt/채널

유효 방사 출력 800watt

▲ 도심 기지국의 전파는 불특정 건물을 투과할 수 있도록 강하게 송신하면서 기지국 간 전파 간섭을 줄이기 위해 안테나를 앞으로 기울여 짧게 도달하도록 설치한다.

〈전력 제어[ower Control] 기술〉

이동통신에서의 전력 제어[power control]는 기지국과 단말 사이에서 전송되는 신호의 전력을 조절하는 기술로 다른 기지국이나 단말과의 간섭을 최소화하고, 신호의 품질과 전송속도의 최적화를 위해 필요하다. 전력 제어는 기지국에서 단말로 전송되는 신호의 전력을 조절하는 것으로 단말은 수신된 신호의 세기를 측정하고, 이를 기지국으로 보고하게 된다. 기지국은 수신된 신호의 세기에 따라 단말로 전송되는 신호의 전력을 조절한다.

전력 제어를 하는 이유는 단말과 기지국 사이의 신호 간섭을 최소화

---

6) 출처: 삼성전자 자료 참조, 재구성

하면서 최상의 통신 환경을 유지하기 위함이다. 단말이 기지국으로부터 멀리 떨어져 있으면 신호 세기는 약해지고, 반대로 가까워지면 강해진다. 전력 제어 기술은 이렇게 신호의 강도를 조절함으로써 전송 신호의 간섭을 최소화하고, 단말의 전송속도와 품질을 높이고, 네트워크에서 신뢰할 수 있는 통신을 제공하는 데 매우 중요하다.

| 통신이 만들어가는 세상

5G는 이제 우리에게 성큼 다가왔다. 5G는 현실 생활과 생태계, 모든 분야에 적용되고 있다. 앞으로 5G 특화망을 활용한다면 5G의 초고용량과 저지연성 기반의 이점을 밀리미터파^{mmWave} 및 기존의 6GHz 이하 대역을 활용하는 산업용 센서, 액추에이터^{actuator}, 컨트롤러 등에서 활용할 수 있다. 5G는 기존의 산업용 유선 네트워크 연결을 보완하고 심지어 대체할 수 있는 실제 적용할 수 있는 기술이다. 모든 산업에 비용, 유연성, 재구성 가능성$^{reconfigur\ ability}$, 지속가능성, 시장 출시 기간 단축이라는 면에서 판도를 뒤집을 잠재력을 제공한다.

산업용 5G 특화망은 스마트 제조를 이끄는 DX를 촉진하는 역할을 하게 되고 핵심 애플리케이션 사용을 원활하게 지원한다. 커넥티드 근로자[7]Connected worker 애플리케이션은 상황 분석, DT, AR과 같은 모바일 디지털 도구를 활용해 가시성과 인텔리전스를 향상한다. 이동 자산 관리Mobile asset management 애플리케이션은 무인 운반차AGV와 자율 이동 로봇AMR과 같은 자율 주행 차량을 활용해 그 효율성을 높인다. 무선 고정 산업 자산 관리Untethered fixed industrial asset management 애플리케이션은 고정 장비, 회전 부품이 포함된 고정 장비(슬립링 교체), 비고정식 장비(고정 시 작동, 이동 시 비작동)를 연결하기 위한 유선 인프라의 필요성을 줄여 작업의 효율성을 높인다. 또한, 무선 고정 산업 자산 관리는 시장 상황의 변화에 대응하기 위해 산업 운영을 재조정하는 시간을 단축한다. 산업용 5G 특화망이 제조 및 공정상에서 위와 같은 사용 사례가 이루어지면 산업의 경쟁력을 높이는 데 도움이 될 수 있다.

여기에 메모리와 시스템 반도체, 그리고 소프트웨어 기술을 통한 초지능화, 인터넷, 그리고 센서 및 작동기actuator 기술로 대표되는 초연결성 및 고생산성은 현실 세계real, physical world만큼 다양한 가상 세계virtual, digital word가 만들어지고 두 세계의 연결고리는 초정밀 반도체를 통하여 이어진다. 현실 세계의 신호들이 센서를 통하여 가상 세계로 들어오며, 이러한 신호 데이터들은 메모리와 시스템 반도체를 통하여 저장되고, 처리

---

7) 커넥티드 근로자(Connected Worker)는 디지털과 기술의 발전으로 인하여 직장 생활이 변화하고 있는 모든 사람을 말한다. 제조 현장에서 작업을 더 잘 수행할 수 있도록 하는 다양한 소프트웨어가 있지만 네트워크상에 연결되는 경우 더 효율적으로 작업 진행이 가능해진다.

된다. 이러한 데이터의 흐름과 처리 과정을 거쳐 가상 세계에서 구현된 내용이 네트워크를 통하여 현실 세계에 전달되어 적용된다.

이처럼 초연결, 초지능화, 빅데이터 처리, AI 등의 고도로 진화하고 있는 이동통신용 시스템 반도체 현황, 발전 방향을 살펴보면, 이동통신용 반도체는 높은 속도와 저전력 소모, 더 나은 신호 감도가 요구된다. 현재 이동통신용 반도체는 5G 시대에 가장 많이 사용되고 있으며, 과거 3세대 이동통신용 반도체보다 10배 이상의 속도를 나타내고, 더 많은 데이터를 처리할 수 있도록 고안되었다. 5G 이동통신용 반도체는 주로 사용되는 무선 데이터 전송 솔루션을 지원한다. 현재 모바일 시장에서 5G 이동통신용 반도체는 대부분 퀄컴^{Qualcomm}, 삼성전자^{Samsung}, 해리스^{Harris}, 엘지디스플레이^{LG Display}와 같은 대기업에서 개발되고 있다.

앞으로 이동통신용 반도체는 초고속 및 저전력, 안정성, 성능 개선에 초점을 맞춰 계속 발전이 예상된다. 또한, AI와 빅데이터 기술이 적용되면서 더 많은 데이터를 처리하고, 더 높은 인터넷 속도와 저전력 소모가 이루어지는 만물 지능 인터넷^{AIoE, Artificial Intelligent of Everything} 기술로 발전하고 있다.

[그림 6-4] 5G 주요 특성 및 초연결 생태계[8]

반면 국내의 최근 5G 서비스에 일부 차질이 생긴 것도 사실이다. 5G 주파수 대역을 3.5GHz 고주파 대역, 28GHz 초고주파 대역으로 할당되었으나, 이동통신 3사가 계획한 28GHz 주파수 할당 조건, 기지국 구축 등이 실제 진행으로 이어지지 않아, 주파수 할당을 취소하고 이 28GHz 대역에 대해 신규 사업자 선정 및 별도 할당을 통해 추진하고 있다. 5G 28GHz 주파수는 초고속, 초저지연의 5G 드림 주파수로 꼽히지만, 직진성이 강하고 전파 도달거리가 짧은 주파수 특성상 인구가 많고 복잡한 지형에서는 안정적인 서비스가 어렵다. 우선 소규모 핫스팟(Hot Spot) 지역에 대한 서비스 연구가 필요하고, 6G 시대를 대비하는 마중물로서도 28GHz 대역 주파수 활용을 위한 지속적인 연구 및 투자가 필요하다. 현재는 5G 주파수로 3.5GHz 대역만으로 서비스하고 있으며, 최대 전송속도도 4G LTE 대비 이론상 약 20배 정도를 예상했으나, 실제 5G 서비스는 목표에 미치지 못하고 있어 계속하여 해결 노력 중이다.

---

8) 출처 : 저자 작성

| 미래 통신의 전망

6G는 최대 전송용량이 20Gbps인 5G[9]보다 약 50배인 1Tbps, 사용자 체감속도는 5G의 약 10배인 1Gbps와 테라헤르츠급 통신대역폭 등 서비스가 개발될 것으로 보이며, 2028년~2030년에 상용화가 기대된다. 6G는 초성능, 초대역, 초정밀, 초신뢰, 초지능, 초공간을 가능하게 하며 이를 통해 완전 자율자동차, 초현실 가상서비스, 초실감 원격진료, 무인 완전 자동화 시스템, 공중 및 해상 자율비행 등 안전한 6G 융합 서비스 등이 현실화가 예상된다. 이를 위해 네트워크 측면에서 AHEMS^{Advaned Hull Equipment Monitoring System}통신시스템에서 통신과 컴퓨터의 융합 네트워크가 완전 AI 지능화가 요구된다. 즉 단말, 기지국, 무선망, 핵심 망, 플랫폼, 콘텐츠 모든 네트워크 시스템과 컴퓨터의 AI 지원 네

---

9) 5G는 이전 책에서 상세하게 설명하였다. 조경식·박범섭 외, 『메타버스, 새로운 세계에 대한 도전』, 진인진, 2022.4

트워크가 실현되어야 한다.

6G 이동통신 서비스는 오감(五感) 정보를 실시간으로 상상할 수 있는 물리적 세계 및 사이버 세계와 제약받지 않고 통신할 수 있는 차세대 이동통신 서비스이다. 우선 고화질 영상, AR/VR/XR, 메타버스, 홀로그램, 촉각(Tactile) 인터넷, e-taste, e-smell, DT 등 실시간 오감 통신을 위해 5G보다 수십~수백 배 높은 성능의 데이터 전송속도/지연 시간/ 신뢰도 달성, 그리고 메가, 기가, 테라, VLC[10] 주파수(전대역) 공간에 따라 이용할 수 있는 모든 주파수 대역을 활용한다.

즉 6G 이동통신 서비스는 홀로그램 통신, 메타버스, 텔레프레즌스[11] 와 같은 초고속 데이터가 요구되는 초실감 정보통신 서비스, 촉각 인터넷, 원격 의료 수술과 같이 실시간 오감 통신 서비스, DT, 스마트 시티와 같은 대규모 센서를 이용한 사이버 물리Cyber physical 환경[12]의 실시간 통신 서비스 등을 제공할 수 있다.

---

10) 빛으로 무선 데이터 전송을 할 수는 없을까? 이런 아이디어에서 시작된 기술이 가시광통신(Visible light communication, VLC)이다
11) 텔레프레즌스(Telepresence)는 원거리를 뜻하는 '텔레(tele)와 참석을 뜻하는 '프레즌스(presence)'의 합성어로 멀리 떨어져 있는 사람을 원격으로 불러와 마치 같은 공간에 있는 것처럼 보이게 하는 기술이다. 앞으로 국가 간, 지역 간 화상회의 등에 효과적인 사용이 예상된다.
12) 사이버 물리 (Cyber physical) 환경은 사물인터넷(IoT)을 넘어서 네트워크로 이루어진 물리적 장치들 사이의 연결, 제어 및 통제를 포함하는 환경 시스템이다.

통신은 사람들 사이의 다리이다.
이 다리를 통해 지식과 아이디어가 흐른다.[13]

　　통신의 미래는 지상뿐만 아니라 항공·해양·해저·우주 어디에 있든지 모든 공간이 융합된 네트워크에서 즉, 언제, 어디서든 끊김이 없이 연결을 가능하게 만드는 것이다. 나아가 공간은 물리적 세계와 사이버 세계로 확대되어 우리가 머무르는 어느 공간이나 과거든 미래든 상관없이 연결할 수 있도록 한다. 기존의 메가. 기가 주파수 이외 테라헤르츠, 가시광선 등 모든 주파수 대역을 이용하여 초 고품질 영상 데이터 서비스를 전송하게 된다.[14]

[그림 6-5] 6G 주요 특성 및 초연결 생태계[15]

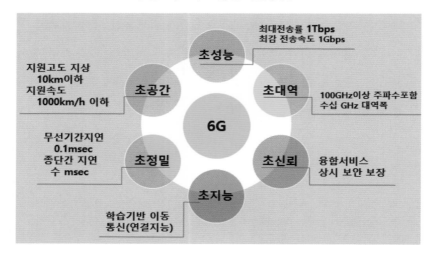

13) 마빈 민스키Marvin Minsky(1927.8□2016.1), AI 연구의 선구자
14) 정우기, 『6세대 이동통신』, 복두출판사, 2023.1, pp. 507~508
15) 출처: 저자 작성

<6G의 특성>

- 초성능, 초대역, 초정밀, 초신뢰, 초지능, 초공간을 융합
- AIoE : 사람, 사물, 공간, 시스템의 초공간화
- 3차원 시·공간 융합

  ▷ 시간(실시간 오감 통신) + 3차원 공간(지상, 항공, 해저, 우주) + 주파수(메가, 기가, 테라, VLC)

  ▷ 스마트 단말(오감 센싱/처리), 지상/비지상 연동, 우주통신/행성 간 통신(DSN/IPN)

- 시·공간을 초월한 지능형 서비스

  ▷ 홀로그램 통신, 촉각 인터넷, 네트워크와 컴퓨팅 로드 분산, XR, DT, 통합 네트워크, 실시간 오감 통신, 완전 자율자동차, 초현실 가상서비스, 초실감 원격진료, 무인 완전 자동화 시스템, 공중 및 해상 자율비행 등 융합 서비스

이러한 사회 인프라를 구축하기 위해서는 통신과 통신용 시스템 SW, 비메모리, AI 반도체 및 융합기술, 소재 연구개발 등이 융합되고 상호 보완되어야 한다. 6G에서 무선 구간 1ms, 유선 구간 5ms의 초저지연 서비스가 가능하다면 드론, 에어택시, 하이퍼루프 등 미래형 3차원 교통수단 서비스 제공이 가능하여 1,000km 이동속도에서도 통신의 안정적인 지원이 가능하다. 그리고 전체 통신망에 AI가 적용되어 미래에는 초지능형 네트워킹과, 관련 서비스가 실현된다.

[표 6-1] 5G와 6G의 기술 성능 목표 비교

항목	5G	6G
초성능	최대전송률: 20Gbps 체감 전송속도: 100Mbps 광액세스: 최대 20Gbps	최대전송률: 1Tbps 체감 전송속도: 1Gbps 광액세스: Tbps급
초대역	주파수 대역: 100Gz 대역 이하 대역폭: 수 대역폭	주파수 대역 : 100Gz 대역 이상 대역폭: 수십MHz 대역폭
초공간	지원고도: 지상 120m 이하 지원속도: 500km/h 이하	지원고도: 지상 10km 이하 지원속도: 1000km/h 이하
초정밀	무선 구간 지연: 1msec 이하	무선 구간 지연: 1msec 이하 종단 간 지연: 수msec
초지능	해석적 기반의 이동통신	해석적 기반의 이동통신
초현실	시청각 3D 미디어 (3자유도)	5감 인지 실감 미디어 (6자유도)

6G에 관한 현황 및 표준화, 상용화 예상

정부는 6G 핵심기술 연구 및 개발을 위해 2,200억 원 이상을 투자하며 국내 기업, 연구기관, 이동통신사업자 등과 적극적으로 추진하고 있다. 특히 삼성전자를 비롯한 국내 통신사업자들은 산업 및 학계 전문가, 전 세계 주요 통신사와 협력하여 6G 기술의 핵심 요소인 딥러닝, 테라헤르츠 주파수 대역, AI 통합 네트워크, 가상화 랜(vRAN)과 오픈 랜(Open RAN) 기술을 도입하고 있다. 네트워크의 유연성, 지속가능성을 위해 AI 기반 네트워크 자동화 솔루션으로 차세대 네트워크로의 전환을 촉진하고 있다.

6G 이동통신의 표준화와 상용화에 대한 추진도 진행 중이다. 국제

전기통신연합(ITU)은 "IMT-2030 프레임 워크"를 승인하여 6G 표준 개발의 기초를 마련하였다. 6G 표준화 과정은 2024년 서비스 요구사항 정의 시작으로 기술 연구와 사양 정의를 거쳐, ITU는 2027년부터 기업, 통신사업자들이 6G 기술 제안을 제출하도록 하고 2030년까지 최종 표준을 승인하고, 상용화는 2030년 이후에 시작될 것으로 예상된다. 6G가 상용화되면 사물을 연결하는 IoT를 넘어 모든 환경이 연결되는 만물 지능 인터넷^{AIoE, Artificial Intelligent of Everything}이 가능해질 전망이다.

또한 7세대 이동통신은 2040년경으로 예상되며 사람이 존재하는 모든 시공간 자체가 네트워킹되어 지구에 존재하는 모든 산업, 인프라, 환경 등이 연결되는"초연결"생태계를 꿈꾸고 있다. 인간의 텔레파시를 연결하는 연구도 진행 중이다.

연결을 극대화하는 위성통신

러시아-우크라이나 전쟁은 통신의 중요성을 느끼게 하고 있다. 전자통신을 통한 현대전은 통신 문제가 발생하면 전쟁 자체를 이끌어갈 수 없다. 지역 내 기간 통신인프라가 파괴되었을 때 위성통신(머스크의 스타링크)이 대체할 수 있음을 보여주었다.

인공 위성통신은 테라헤르츠급 통신대역폭 등 테라급 통신 서비스를 전 세계 어느 곳, 누구에게나 실시간으로 통신을 가능하게 하는 가장 효율적인 통신이다. 인공위성을 이용한 통신은 인공위성을 사용하여 전파를 송수신하여 통신하는 방식이다. 이 방식은 지구 표면의 특정 지점 저 궤도 위성 고도 약 35,000~36,000 Km에 위치한 인공위성이 우주를 돌면서 전파를 송신하고, 이를 지구상의 다른 지점에 있는 인공위성이 수신하여 통신이 된다.

인공위성을 통해 데이터, 음성, 영상 등 다양한 형태의 통신을 광범위하게 수행할 수 있으며 지구의 어떤 위치에서도 동일한 서비스를 제공할 수 있는 장점이 있다. 이를 통해 광범위한 지구 네트워크를 구축하고, 지리적으로 분산된 사용자들 간의 통신이 원활하게 이루어질 수 있게 된다. 인공위성은 그 수가 계속 증가하고 있고, 용도에 따라 다양한 궤도를 움직이면서, 혼잡을 최소화하고 효율성을 높이고 있다. 2024년 5월 기준으로 약 10,027개의 인공위성이 지구 궤도를 돌고 있다.[16]

[그림 6-6] 인공위성 주요 궤도(서비스) [17]

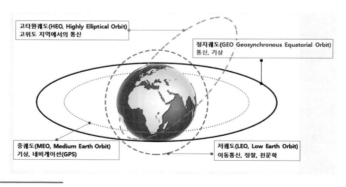

---

16) https://thespacevortex.com/2024/05/how-many-satellites-are-orbiting-earth-in-2024/
17) 출처: 저자 작성

인공위성을 통한 주요 궤도별 통신 서비스 분야를 살펴보면 저궤도 LEO, Low Earth Orbit 위성은 약 2,000km 이하의 낮은 고도에 위치하여 통신 즉 지구상에서 더 높은 대역폭과 낮은 지연 시간을 제공하여 전화 통화, 인터넷 연결 및 데이터 전송 등에 사용되고, 지상 감시 및 탐사 즉 해양 감시, 대기 상태 모니터링, 기상 예보 및 자연재해 감지와 같은 지구 관측 및 탐사에 활용된다. 또한, 정찰, 통신 및 탐지와 같은 군사와 방위 용도로 사용된다.

중궤도MEO, Medium Earth Orbit 인공위성을 통한 서비스로는 약 2,000km 에서 35,786km 사이의 고도에 위치하여 글로벌 위치 확인 시스템GPS 즉, 내비게이션, 지도, 자동차 추적 등 서비스를 제공한다.

고타원궤도 인공위성은 약 35,786km 이상의 고도에 위치하며 지구의 자전 주기와 동기화되어 전 세계적인 통신 서비스를 제공한다. 지구의 특정 지역과 공간에 고정되어 지구 어느 곳에서든 통신 서비스에 접근할 수 있다. 이외에도 인공위성을 통한 서비스는 지구 관측, 환경 모니터링, 위성 탐사, 인터넷 접속 서비스 등 다양한 분야에서 활용되고 있다. 주요 특징은 아래 표와 같다.

[표 6-2] 궤도 별 주요 용도 및 특징 [18]

구분	궤도 종류	고도 범위	주기	주요 용도	특징
LEO	저궤도	180~2,000km	약 90분	지구 관측, 첩보, 통신	지구에 가까워 고해상도 관측 가능, 대기 저항으로 수명 제한적
MEO	중간 궤도	2,000~35,786km	2~24시간	GPS (위치 추적,탐색), 통신	GPS 위성이 주로 이용, 지구 전체를 커버하기 위해 여러 위성 필요
GEO	정지 궤도	약 35,786km	24시간(동기)	통신, 기상관측	지구와 동기를 이루어 항상 같은 지점을 바라봄, 고정된 위치에서 지속적 관측 가능
HEO	고궤도	불규칙, 종종 지구보다 높음	다양함(일반적으로 비동기)	천체 관측, 군사. 첩보	고도와 경사가 높아 지구의 극지방도 커버 가능, 궤도가 타원형인 경우가 많음

현재 민간 분야에서 가장 앞서 나가고 있는 연구가 일론 머스크의 "스타링크"라 불리는 인공위성을 통한 인터넷 서비스 프로젝트이다. 이는 지상에서 멀리 떨어진 지역에 인터넷 서비스를 제공하기 위해 작은 위성들을 사용하는 것을 목표로 하고 있다. 현재, 스타링크는 인터넷 서비스를 제공하기 위해 위성을 발사하고 있으며, 전 세계의 미개발 지역이나 인터넷이 부족한 지역에 대역폭이 높고 안정적인 인터넷 액세스를 제공하는 것을 목표로 하고 있다. 위성통신을 통한 인터넷 접근의 안

---

18) 출처 : 저자 작성

정성은 앞으로 모든 분야의 DX를 앞당기는 역할을 할 수 있을 것으로 기대된다.

일론 머스크의 계획에 따르면, 스타링크는 약 42,000개의 작은 위성들을 궤도에 배치하여 커버리지를 확장할 예정이고 이를 통해 전 세계 모든 지역에 초고속 인터넷을 제공하는 것이다. 스타링크는 이미 몇몇 지역에서 베타 서비스를 제공하고 있으며, 계속해서 위성을 추가로 발사하여 서비스 범위를 확장할 예정이다.

앞으로 지속적인 발전과 기술적인 개선을 통해 스타링크를 비롯한 위성통신 기업은 점점 더 많은 사람에게 안정적이고 빠른 인터넷 서비스를 제공할 것으로 기대되며, DX를 확장하기 위해 각 국가의 위성통신 개발도 더욱 활발해질 것으로 예상된다.

우리나라의 인공위성을 활용한 통신 서비스는 크게 통신, 기상, 관측, 과학 연구 분야로 구분된다. 대표적인 통신위성으로, 방송과 인터넷 서비스를 제공하는 "무궁화 위성"이 있다. 현재 무궁화5호, 6호, 7호, 8호 등이 운영되고 있다. 기상위성으로는 "천리안위성"이 있다. 천리안 1호는 기상관측과 해양 관측을 동시에 수행하고 천리안 2A호는 기상관측을, 천리안 2B호는 해양 및 환경 감시를 주목적으로 운용 중이다. 관측 위성으로는 "아리랑위성"이 있다. 지구 관측을 목적으로 국토 관리, 자원 탐사, 재해 관리 등에 활용되고 있다. 현재 아리랑 1호부터 6

호까지 운용되고 있으며, 고해상도 및 초고해상도 영상 데이터를 제공하고 있다. "세종 위성"은 정밀한 지구 관측을 위한 차세대 위성으로 다양한 센서를 장착해서 더욱 정교한 데이터를 제공한다. 과학 연구 위성으로는 우주 과학 연구 및 기술 검증을 위한 위성으로 과학 기술 위성 1호, 2호, 3호, 4호 등이 있다. 이외에도 여러 연구기관과 기업이 다양한 위성을 개발 및 운영 중이며, 이를 통해 국가 안보, 과학 연구, 상업적인 서비스 등 여러 분야에서 인공 위성통신 기술을 활용하고 있다.

| 용어해설 |

AHEMS, Advaned Hull Equipment Monitoring System 통신시스템
통신시스템의 성능, 안전 및 효율성을 높이기 위해 다양한 데이터를 수집하고 분석하는데 사용

AIoE, Artificial Intelligent of Everything, 만물 지능 인터넷
AI와 빅데이터를 활용하여 사람, 환경, 사물 등 모든 것이 연결되어 소통하며, 지능적으로 처리하는 환경

IoE, Intelligent of Everything, 만물 인터넷
단순한 사물과의 연결을 넘어 데이터, 클라우드, 모바일 등을 연결하는 환경

IoT Internet of Things, 사물인터넷
세상에 존재하는 유형 혹은 무형의 객체들이 다양한 방식으로 서로 연결되어, 개별 객체들이 제공하지 못했던 새로운 서비스를 제공하는 것

NFT Non fungible token, 대체 불가능한 토큰
블록체인 기술을 활용하여 디지털 자산에 별도의 고유한 인식 값을 부여하여 대체 불가능한 특징을 가진 토큰

Open RAN, 개방형 무선 접속

오픈 랜은 각기 다른 제조사가 만든 통신장비를 서로 연동해 쓸 수 있게 한 것을 의미하며, 오픈 랜 기술은 5G, 6G 효율화 차세대 통신 기술로 여러 회사/통신장비를 동일 사용 가능함.

vRAN, Virtualized Radio Access Network. 가상화 랜

무선 접속 네트워크의 기능을 소프트웨어로 구현하여 가상화된 인프라 위에서 실행하는 기술

기지국 핸드 오프(Hand off)

핸드 오버(Hand over)라고도 하며, 이동 통신 시스템에서 이동 중인 사용자의 통신 연결을 현재 기지국에서 다른 기지국으로 전환하는 과정이며 즉 사용자가 이동하면서 끊김이 없는 통신을 유지

다중 접속 방식(Multiple Access)

이동통신 분야에서 여러 사용자가 동일한 통신 자원을 공유할 수 있게 하는 기술

스마트 그리드(Smart Grid)

기존의 전력망에 정보통신기술(ICT) 기술을 접목하여 전력의 생산, 전달, 소비 과정을 실시간으로 모니터링하고 효율적으로 관리하는 전력망 시스템

양자 암호 기술(Quantum Cryptograpy)

양자역학의 원리를 이용하여 정보의 기밀성을 보장하는 암호 기술, 양자 상태를 이용, 암호화 키를 분배하고 통신

초연결"생태계(hyper-connected ecosystem)

정보통신기술(ICT)의 발전을 통해 모든 사람이 다양한 디지털 기기를 통해 실시간으로 연결하고 상호작용하는 환경을 의미

촉각(Tactile) 인터넷

촉각 정보를 전송하고 수신할 수 있는 인터넷 기술

핫스팟(Hot Spot) 지역

스마트폰이나 다른 장치를 통해 무선 인터넷을 제공하는 특히 인구 밀집, 통화, 자가 고밀도인 공공장소를 의미

홀로그램 통신

3차원(3D) 홀로그램 이미지를 실시간으로 전송하고 재생하는 기술

Chapter 7

디지털,
공간을 확장하다

| 산업혁명(1차, 2차)과 전통적 공간

1차 산업혁명 때부터 도시 공간은 상품 생산의 중심지로서 농촌보다 나은 경제적 부를 제공하여 많은 농민이 산업 생산 노동자로 전환하고, 주거를 이전하였다. 오랜 시간 동안 농사일을 경제적 부의 밑천으로 생활하던 사람들이 농촌에서 내쳐지자, 도시 공간은 새로운 노동의 기회를 제공하였고, 농촌으로부터 도시로 이동이 광범위하게 발생하였다. 공간의 대변혁기가 바로 이 1차 산업혁명이었다. 인류가 오랜 농경 생활에서 탈피하여 도시 공간이 본격적인 거주지로 등장한다. 사람들은 산업단지로 변한 도시에서 일상적인 이동을 하였다. 초기 산업혁명 시기에 이윤에 급급한 자본주의 문화는 일과 생계가 필요한 노동자의 노동시간을 최대한 활용했다. 과도한 노동시간은 여가나 소비 활동의 폭도 그렇게 크게 허용하지 않았다. 교통수단도 발달하지 않아 도보 출퇴근이 교통수단이었고, 도시의 크기도 그리 크지 않았다. 특히 증기기관차로 대표되는 교통수단은 극히 일회적 이동에 적합하였고 농촌

공간으로부터 농민을 도시공간에 공장 노동자로 전환하는 역할을 하였다. 도시는 공산품 생산기지이자 최소 생활 소비지였다. 결국 1차 산업혁명은 증기기관에 의한 산업도시 출현과 주변 주거지 형성으로 도시공간을 창출하였다. 1차 산업혁명 이전의 도시가 주로 농산품의 집산지와 소비지로 역할이라면, 1차 산업혁명은 인류 최초의 공업도시로 역할을 하게 되었다.

2차 산업혁명은 전기와 자동차로 상징된다. 도시 내에 전차로 대표되는 대중교통 수단이 등장하고 사람의 이동은 과거 공장 근처에서는 조금 멀긴 하지만, 비교적 가성비가 좋은 외곽의 주택으로 일회적 이동을 한다. 동시에 노동시간이 점차 줄어들고 여가 시간이 증가함에 따라 사람들은 출퇴근 이동에 더해서 상품을 구매하는 소비 활동을 일상 이동의 한 형태로 생활 패턴을 영위하게 되었다. 도시는 이제 일자리 제공 공간에서 소비공간으로 그 편리성을 제공하게 된다. 농촌에서 생활하는 것보다 도시는 우월한 생활 기반을 제공하였다. 이는 농촌에서 도시로 사람들의 일회적 이동이 급격하게 진행되는 계기가 되어 도시는 점점 포화 상태가 되어 갔다. 가도시화pseudo-urbanization 현상이 도시 외곽 Urban Fringe에 일반화된다.

포드 자동차의 등장은 자동차가 일부 부유층의 전유물이 아닌, 일반 노동자에게도 보급되는 효과를 가져오게 되었고, 포화 되었던 도시공간은 급격하게 팽창한다. 아스팔트 도로는 도시 안과 외곽으로 뻗어 나

가게 되었고, 고속도로를 중심으로 불가사리 모형으로 도시 공간이 변화한다. 처음에 이들 공간은 포화된 기존 도시의 대체재로 베드타운으로 출발했지만, 대형마트를 중심으로 한 상품 소비시장의 발달과 함께 소비공간의 완결성을 가져옴에 따라 더 많은 도시 어메너티^{Urban Amenity}를 제공하였다. 일정 인구의 이동에 따라 일자리 자족적 기능도 확충되고 불가사리의 각 다리는 중심성을 가지는 부심지로 성장하여 도시가 단일극(Mono-Centric) 에서 점차 다극(Multi-Centric)화 되었다. 이는 더 많은 농촌인구 및 주변 인구를 빨아들이게 되었고, 불가사리 모형은 다시 큰 원형이 되어 메가시티가 출현하게 되었다. 메가시티는 도시의 수평 팽창뿐만 아니라 건축 기술의 발달과 함께 도심 스카이라인을 마천루로 표현되는 빌딩 숲을 형성하여 수직으로도 팽창하였다. 단일 핵심 도시에서 단핵 공간은 중심상업지역(Central Business District, CBD)으로써 이런 수직적 건축물을 볼 수 있으며, 지하에서 하늘까지 수직으로 공간이 입체적으로 확대된다.

[그림 7-1] 1차 산업혁명 도시와 도로를 따라 도시가 팽창하는 모습 ¹⁾

1차 산업혁명 (도보 중심)   도시를 따라 도시 형성   도시의 팽창(자동차 중심)

---

1) 출처 : ChatGPT

이 시기 석유를 중심으로 한 에너지는 석유화학 공업, 조선, 제철 등 대규모 산업단지의 출현을 보았고, 2차 산업혁명은 많은 중화학 공업 거점도시들이 출현하는 계기가 되었다. 이들 도시는 공장 단위 규모가 큰 특징이 있어 토지비용이 과다한 기존 도시와는 거리가 떨어진 해안가 등에 입지 하고자 했다. 해안 산업도시는 원유의 운반과 하역, 정제, 연료 활용, 냉각 측면에서 유리하였으므로 조선업, 철강업, 석유화학 공업 등에 최적의 입지 조건을 제공하였다. 이러한 중화학 산업도시는 1차 산업혁명 시기처럼 일터와 생활이 일치하지만, 교통의 발달로 비교적 계획된 도시로 크게 조성된다. 또한, 석유 에너지는 철도 노선의 확장, 비행기의 대중적 이용도 가능하게 되어 철도역, 공항 인근 등 교통의 결절점 Node 을 중심으로 물류기업, 전자 기업 등 산업입지가 내륙에서도 가능하게 된다. 이러한 교통 결절점을 중심으로 산업도시들이 지역 전반에 등장하게 되고 일자리를 찾아 사람들이 이동하였으며, 이는 전체 지역의 공간구조를 대폭 변화시켰다.

기존 도시의 기능도 점차 변화하여 임해 및 내륙 공업단지의 관리, 마케팅, 금융 등을 목적으로 하는 화이트칼라 중심적인 도시로 변모하였다. 도시가 주는 어메너티가 커짐에 따라 기존 도시들에서는 생산보다는 소비를 주축으로 도시기능이 활성화된다. 기존의 공장들도 외곽으로 이전하게 되었고, 기존 도시에서 멀리 떨어진 곳으로부터 도시민에게 농식품 및 공산품을 전달하는 유통산업이 발전하게 된다. 1차 산업혁명에서는 상품생산지와 소비지가 일치하는 경향이 있었던데 반해,

2차 산업혁명 시기에는 도·소매업을 중심으로 하는 유통산업 없이는 도시민의 소비 생활을 보장할 수 없었다.

1933년 크리스탈러^{Christaller} 는 중심지 이론$^{Central\ Place\ Theory}$ 을 통해 각 도시의 계층구조를 설명하였는데, 기존 도시의 중심적 역할과 내륙 및 임해 산업도시가 계층적 구조를 가지는 모습을 설명하였다. 중심지는 재화와 서비스를 주변지역^{hinterland} 에 제공하며, 재화나 서비스 수요 인구 등에 따라 공간 크기와 기능이 계층적으로 조직된다고 하였다. 뒤에 언급하지만 3, 4차 산업 혁명의 디지털화는 이 유통산업에서 기존 도시민의 상품 접근성이 대폭 개선되어 소비자의 소비를 위한 공간거리를 작게 만들었다. 또한, 중소·중견 기업의 글로벌 접근성도 개선하여 상거래 공간을 글로벌로 확장하는 글로벌 전자상거래 시대를 열게 된다.

[그림 7-2] 크리스탈러의 중심지 이론[2]

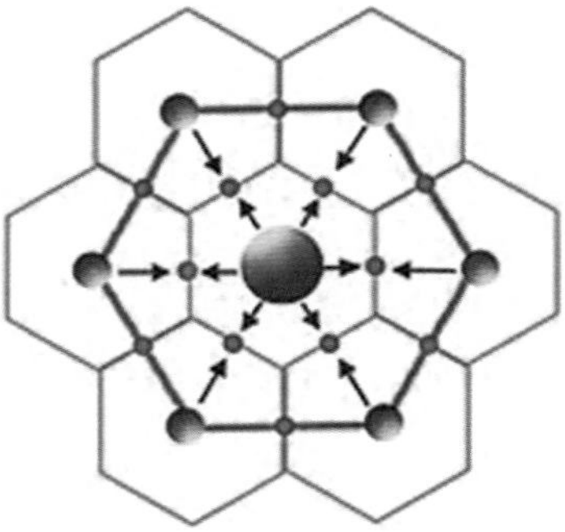

_____

2) 출처 : 위키미디어 커먼스

| 상품의 이동과 공간 변화

    인간의 이동은 크게 세 가지 이동으로 나타난다. 몇 년에 한 번 또는 몇 십년에 이동하는 이사라는 형태로 일회적 이동이 있고, 여가생활 및 쇼핑 이동을 위한 간헐적 이동, 매일 출퇴근, 통학 등 일상생활 패턴의 주류를 형성하는 일상 이동 형태 등 세 가지로 구분할 수 있다. 경제가 발전함에 따라 여가 시간이 늘어나고 소비 활동이 증가하여 간헐적 이동도 일상 이동의 형태로 포괄하기도 한다.

    인간의 간헐적 이동으로 소비 활동 이동은 상품을 구매하기 위해 도매시장과 소매시장을 방문한다. 2024년 현재는 과거의 일이 되고 있지만 우리들은 농축산물 시장, 수산물 시장, 마트 등에 대한 방문을 통해 상품을 구매하였다. 최근에는 농축산물 및 수산물 방문보다는 마트 방문을 통해 생활에 쓰이는 물건들을 구매한다. 즉 소비자로서 인간은 편리함과 구매하는 시간을 줄이기 위해 근처 대형마트에서 상품을 구매

한다.

기업이 생산한 상품은 생산, 유통, 소비의 흐름을 통해 소비자에게 전달된다. 농경사회에서 생산은 농작물의 생산이었고 주변 시장에서 교환되었다. 도시와 주변의 농촌 지역은 상호 보완적이었다. 산업혁명 이후부터는 기업은 도시에서 공산품을 생산하고 소비자는 도시에서 소비하였다. 2차 산업혁명 이후부터는 기업이 컨베이어 벨트에 의한 대량생산 공장을 운영함에 따라 생산시스템이 고도화되었고, 대규모 도시에서의 대량소비가 가능하게 되어 소비자 수요가 확보되었다. 이는 대규모 중간 도매상, 소비지 근처의 소매상 등 유통시스템의 체계화를 만든다. 대량생산 시스템에서는 공장의 규모가 커짐에 따라 토지 비용 절감을 위해 도시 외곽으로 공간을 이동하게 되어 공간 변화의 주요 요인이 되었다.

공장의 외곽 또는 임해 산업단지로의 입지는 생산지의 상품을 유통하기 위한 물류창고가 필요해지게 되었고, 도시 외곽 고속도로변을 따라 물류창고 들이 건설되게 된다. 특히 냉장 기술의 발달로 농식품 유통의 과정도 생산지에서 직접 트럭 등을 통해 운반하기보다는 점차 물류창고에 저온 저장을 하고 판매하는 방향으로 발전한다.

컴퓨터의 대량 보급으로 특징 지워지는 3차 산업혁명은 상품의 이동에서 RFID 등을 통해 상품의 정보를 체계화시켜 나갔다. 대규모 무역 상품의 거래에서 효과적이었고, 중소기업도 점차 컴퓨터 홈페이지를 통한 거래를 하기 시작했지만, 거래는 아직 B2B(business-to-business) 차원에서 머무르는 경향이 있고 대기업 위주의 거래 활동이 디지털에 활용되었다. 컴퓨터라기보다는 전화기와 팩스가 디지털 거래에서 주류이기도 하였다.

손안에 든 컴퓨터가 소비자 개인에 대량 보급된 2009년 이후는 가히 유통산업의 도약기라 볼 수 있다. 4차 산업혁명은 이 휴대폰 컴퓨터에 의해 활성화된다. 2010년대부터 B2C^{business-to-consumer} 거래가 활성화되면서 중소기업의 유통시장에서 역할이 강화되기 시작한다. 생산품을 도소매 유통망을 거치지 않고 직접 소비자에게 전달하는 택배 서비스 등을 통해 작은 기업 및 자영업자도 전자상거래 시장에 참여하게 된다. 특히 플랫폼 기업의 등장과 함께 생산자와 소비자를 연결하는 전자상거래의 기본 구조가 마련됨에 따라 휴대폰을 통한 구매와 결제가 쉬워지고, 집 앞까지 소비자가 원하는 상품이 배달되는 풀필먼트 서비스Fulfillment Service가 일반화된다. 소비자는 택배를 이용하여 생활용품을 사는 것이 일상이 되었다. 전통 시장은 경쟁력에서 뒤처져서 유통 기능이 크게 낮아지고 있으며, 집 근처에 있더라도 굳이 이용하지 않는 경우도 많아지고 있다. 그동안 도시는 시장을 만들고, 시장의 확대는 도시를 팽창시켰다. 그러나, 디지털 시대의 도래는 시장의 공간 범위를 도시 외곽(더 나아가 글로벌로)으로 크게 넓힌다. 이커머스 플랫폼이 확대됨에 따라 이제 도시가 팽창하더라도 도시의 물리적 시장 공간은 줄어들고, 네트워크의 중심이었던 시장의 역할은 축소되면서 그 자리는 인터넷 네트워크로 옮겨간다.

　공간적으로 이러한 디지털 전환은 소비자들의 공간 이동을 최소화한다. 기업의 입장, 특히 중소기업은 과거 대기업 또는 규모가 있는 중견기업의 전유물이었던 글로벌 무역 거래에도 참여할 수 있게 됨에 따라 중소기업의 판매 시장 공간은 글로벌로 확장된다. 이 공간은 물리적 공간이라기보다는 디지털 가상공간으로서 인류가 글로벌하게 교역할 수 있는 지평을 열었다고 볼 수 있다.

　물리적 공간으로도 도시 외곽의 물류 센터뿐만 아니라 도심의 O2O (online to offline, offline to online) 체험장, 편의점 택배 서비스 등 도심 물류 공간이 확대되었고, 중국의 경우처럼 글로벌 무역에 특화된 중소벤처 플랫폼 특구 등 디지털 산업단지의 탄생도 보게 된다. 사실 이 국경 간 전자상거래(Cross Border Digital Commerce, CBDC) 특구로 명명된 중소벤처 플랫폼 특구는 중국이 유일하며, 2021년 기준 약 105개의 특구가 중국 전역에 분포하고 있고, 중소기업 상품의 주문, 결제, 보관, 배송, 반품 처리까지 라스트 마일last mile 풀필먼트 서비스를 글로벌로 확대하는 데 중요한 역할을 하였다. 중국은 해외에 물류창고를 직접 건설하는데도 신경을 많이 써 왔고, 중국 국내에 국가별 O2O 체험장도 마련하여 글로벌 무역에 전자상거래 체계를 꾸준히 준비하였다. 2022년 기준 중국은 전 세계 전자상거래의 Top 순위로 약

52%의 시장을 점유하고 있다. 또한 전체 무역 중 2021년 기준 약 40%를 CBDC를 통해 실시하고 있다.

우리는 전체 전자상거래 규모가 세계에서 5위권 안에 있지만 아직 무역에서는 그 비중이 2022년 0.28%로 아주 작다. 이것도 수출입 전부 합친 것으로서 우리는 아직 직구 수준에 머무르고, 대부분 전자상거래는 국내용으로 머무르고 있다. 중소기업에게 가장 큰 혜택이 될 수 있는 CBDC가 아직 우리에게 일반화되지 않았다. 이것은 미리 준비하지 않은 정부 정책의 실패라고도 볼 수 있으며, 우리가 대기업에 치우치는 무역을 벗어나고 있지 못하기 때문이기도 하다.

최근 한류 바람을 타고 우리 화장품과 식료품이 국외에서 날개 돋친 듯 팔린다고 한다. 이렇다 할 플랫폼 없이 대단한 성과를 올리고 있다. 어떤 화장품 신생 플랫폼은 중소기업 화장품과 외국의 소비자 간 연계를 통해 사세가 확장 중이며, 주가가 상당할 정도로 뛰고 있을 만큼 CBDC가 활성화되는 듯하다. 이러한 기회를 활용하여 정부와 지자체에서도 중소기업의 CBDC에 대해 신경을 써야 하며, 이는 CBDC 특구의 조성, 해외의 물류창고, 도심 물류의 활성화 등에서 찾아져야 할 것이다.

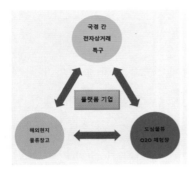
[그림 7-3] CBDC 활성화 3요소[3]

그동안 디지털 상품 이동이 국내에 머물렀던 중요한 이유는 글로벌 플랫폼 서비스 기업과 경쟁을 할 수 있는 수준이 안되고, 우리 중소기업이 언어 등에 취약한 점도 있다. 그래서 글로벌 빅테크 네트워크와 경쟁하지 않고, 그들 플랫폼에 의지하는 데 만족했다. 지금 한류가 영원히 글로벌 시민의 뇌리 속에 남아 있을 수는 없다. 물들어 올 때 노 젓듯이, 우리만의 경쟁력 있는 플랫폼을 만들 필요가 있다.

상품의 이동에서 디지털의 유용성은 디지털 전환 시대에 가장 공헌도가 크다. 특히 메타버스는 디지털 공간을 확장되는 데 기여하였다. 인간 세계를 닮은 공간을 디지털에서 구현하는 디지털 트윈 등은 현실 비즈니스에도 많이 쓰이는 도구가 되고 있다. 사람이 컴퓨터 안으로 들어갈 수는 없지만 메타버스의 디지털 공간 창출은 이제 인간에게 디지털 세계에 들어갈 방법이 있음을 알려주고 우리 인간의 호기심을 자극하고 있다.

메타버스 공간은 디지털 공간과 실제 공간이 아바타라는 존재를 매

---

3) 출처 : 저자 작성

개로 시장 경제 활동을 할 수 있다는 것을 지난 코로나 시기는 보여주었다. 물리적 인간은 소비를 집 주변에서만 하지만, 디지털 공간에서 아바타는 어디든 갈 수 있다. 인간의 아바타는 감성을 이입함으로써 디지털 공간에서 나를 대표할 수 있는 매개체를 만들어 내었다. 과거 익명의 댓글보다는 훨씬 더 관계에서 책임지는 신뢰성을 획득할 수 있다. 인간은 손오공처럼 머리카락으로 또 다른 나를 만들 수는 없지만 디지털 공간에선 나를 닮은 아바타를 수십, 수백 개 만들어 낼 수 있다. 그리고 그들 전 세계 디지털 공간에 있는 아바타들은 인간인 나에게 각 지역의 정보를 제공하고 내가 잠들어 있을 시간에도 AI 아바타는 대책까지 마련함으로써 고객 만족도를 최대화하는 데 봉사할 것이다.

메타버스는 이러한 새로운 종류의 신뢰가 있는 플랫폼과 물리적 환경에서 한류 중심의 네트워크를 구성할 수 있고 또 다른 유행을 만들어 갈 수 있다. 기존 플랫폼이 그랬듯이 아바타 네트워크와 자주 사용하는 공간은 사용자의 충성도가 높아 지속 사용과 네트워크의 확대를 가져올 것이다. 그러나 코로나 시기 메타버스 유행은 2024년 현재 순식간에 사라진 바람과도 같다. 필자는 그 이유를 메타버스의 기술적 완결성 미흡에서 찾는다. 기존 플랫폼의 2차원적 평면 디스플레이 한계를 벗어나지 못하고 있어 입체적 공간이 아니다. 나의 아바타는 아직 10살 정도 되어 보이는 소년이거나 소녀이다. 성인 아바타는 조금 조악해 보이기까지 하다. 디지털 공간에서 경제활동이 가능한 메카니즘도 잘 발달되어 있지 않았다. 그리고 이어진 포스트 코로나 시대는 다시 대면 사회로 우리를 인도하고 기존 미국의 빅테크 플랫폼에 안주하도록 하고 있다. 필자의 주장은 메타버스의 유용성이 우리 상품의 글로벌 이동에 중요함에도, 기술적으로 부족하고 잘 준비되어 있지 않다는 것이다. 메타버스 플랫폼은 아직 미지의 세계이기에 기술적 완결성을 가진다면 얼마든지 우리가 경쟁력 있는 플랫폼을 가질 수 있는 기회이기도 하다. 플랫폼 이외에도 관련 비즈니스가 무궁무진한 우리의 성장 동력이 될 수 있다고 생각한다.

불과 10여 년 전만 하더라도 중국이 전 세계 전자상거래 시장을 독주하리라고는 예상하지 못했다. 물론, 알리바바, 테무 등 플랫폼이 세계를 평정할 것이라고도 생각하지 못했다. 알리페이가 전자상거래에서 중요한 국가 간 금융결제에 활용되고 있을 때 우리는 카드 거래가 최고인 줄 알았다. '테무가 뭐지?'라고 할 때 우리는 고작 0.28%만 디지털 수출입 무역에 활용하면서 전자상거래 우수 국가라고 생각했다. 그리고 가장 중요한 것을 몰랐다. 중국의 성장 배경에는 민관이 협력하여 CBDC 인프라를 준비하고 있었다는 것이다. 2012년부터 CBDC 시범 특구를 조성하고, 2015년부터는 중국 전역에 CBDC 특구를 마련해 갔다. 지금이라도 해외에 물류창고, 도심에 O2O 체험장 등 인프라와 네트워크 구축을 체계적으로 추진하는 CBDC 특구 공간이 필요하다. 새로운 하이테크 특구는 코로나 시기 디지털 공간을 창출했던 메타버스의 기술적 완결성과 CBDC 플랫폼의 기능으로 정립하도록 할 필요가 있다. 이는 CBDC 특구가 메타버스 특구로서 기능해야 하는 이유이기도 하다.

| 교통수단의 디지털 전환과 공간

이동의 제약조건으로서 토지 공간

공간, 특히 인간이 일상생활을 영위하는 공간은 토지 위에 한정적이다. 예전부터 하늘을 나는 이동 수단은 인간의 꿈이었지만 지금까지는 실현되지 않고 있다. 디지털 전환의 시대에 새로운 교통수단으로 떠오르는 것은 자율주행과 UAM 등이 있다. 자율주행은 땅 위에 자가용 또는 버스가 사람의 별 다른 조작 없이 스스로 움직이고 멈추는 형태를 통해 운전자에게 여유로운 시간과 사무도 가능하리라 생각했다. 그러나 한 가지 빠뜨린 사항은 자율주행 차 역시 제한적인 공간인 토지 위를 달린다는 것이다. 만약 모두가 자율주행 차를 선택하여 타고 다닌다면, 모든 길은 꽉 막혀 있을 것이다. 제시간 출근은 요원하다.

혼잡^{congestion}은 제한적인 토지에서는 피할 수 없다. 교통이론 중 트리플 다이버전시^{triple divergency}와 컨버전시^{convergency} 이론은 혼잡을 피하기 위한 도로의 공급 정책이 혼잡을 피하지는 못함을 알려준다. 새로운 도로를 건설하면, 혼잡한 도로에 시달리던 사람들은 새로운 도로에서 씽씽 달릴 꿈에 젖어 버스나 지하철에서 벗어나 차를 새로 장만한다. 신규 도로는 수단 선택^{Mode Choice}을 불러온다. 평상시 대중교통 시간에 맞추어 일찍 출근하던 것에서 조금 늦게 여유롭게 출발한다. 신규 도로는 시간 선택^{Time Choice}을 불러온다. 그리고 자동차 소유자는 새로운 도로를 마음껏 질주한다. 신규 도로는 사용자에게 공간 선택^{Space Choice}을 불러온다. 그런데, 이러한 선택은 한 사람만의 선택이 아니다. 신규 도로가 생기는 것을 아는 사람들은 모두 이 도로에서 정상 출근 시간대에 모두가 몰리게 된다. 즉 교통수단, 시간, 공간에서 새로운 도로는 목적지가 유사한 사람들의 Triple Convergency 효과를 가져오게 된다. 처음에는 새로운 도로가 주는 쾌적함을 즐길지 모르나, 시간이 지나서 더 많은 사람이 이 신규 도로를 이용하게 되고, 도로는 다시 혼잡을 피할 수 없게 된다. 오히려 자동차만 많아져 다른 기존 도로에도 부담이 된다. 결국 사용자 중 많은 사람은 버스나 지하철을 이용하게 되고 시차 출퇴근을 하는 등 신규 도로가 주는 편리함^{Amenity}을 가질 수 없게 된다.

[그림 7-4] 트리플 다이버전시 흐름도[4]

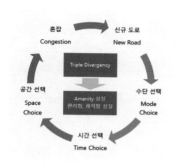

마찬가지로 자율주행이 가져다줄 수 있는 편리함도 일정 시간이 지나면 많은 사람이 애용하게 되어 혼잡을 피할 수 없고, 결국 기존의 대중교통을 활용할 수밖에 없다. 자율 주행차는 많이 팔리겠지만, 길거리에는 더 많은 자가용이 거리를 메우게 될 뿐이다. 미국의 유명한 교통경제학자인 세르베로Cervero는 이 점을 지적하고, 자율 주행차의 상용화는 이 트리플 컨버전시 효과 때문에 사용자들이 기존 대중교통시스템을 활용하게 될 것이라고 설명한다.

UAM (Urban Air Mobility) 과 공간 변화

하늘을 나는 자동차는 인류의 오랜 꿈이었으나 실현되지 못하다가 최근 4차 산업혁명 시대를 맞아 드론 택시 등 모빌리티의 혁신을 통해 실현이 가능하게 되었다. 기존 토지에서 운행되던 많은 교통수단이 혼잡 유발을 피할 수 없었던데 반해, 상용화가 된다면 다차원적 하늘길을 통해 얼마든지 해결할 수 있는 길이 열린다. 이는 공간에서도 급격한 혁명을 일으킬 것으로 기대된다. 이는 도시 외곽에서의 삶을 획기적으로

---

4) 출처 : 저자 작성

변화시킬 것이다.

　고령화 시대에 병원은 주거선택의 필수 요소가 되었다. 30분 안에 병원이 있는 곳에 주거지 선택은 이미 상식이 되고 있다. 하늘을 200km/h로 날아가면, 경기도 밖에서도 서울의 대학병원 옥상 또는 병원의 드론 택시 정류장에 30분 안에 도착할 수 있다. 여기엔 혼잡이 없을 뿐 아니라 직선거리로 날아갈 수 있기 때문이다. 이러한 편리성의 증대는 공간에 일대 혁명으로 자리할 것이다. 새로운 도시는 드론 주차시설이 갖춰질 수밖에 없고, 기존 도심으로부터 조금 먼 거리에 자리 잡을 수 있다. 또한 편리성의 증대는 사람들의 일회적 이동을 촉진하여 혼잡한 도시로부터 또는 인근 지역으로부터 이전을 촉진함으로써 빠르게 먼 거리 도시가 발전하는 효과를 가져올 수 있을 것이다. 기술이 발전하면서 나는 자가용에 이어 나는 버스도 개발되리라 추측되며, 이촌향도가 아닌 이도향촌의 효과도 볼 수 있을 것이다. 국토의 균형발전에 새로운 촉매제가 되리라 생각된다.

[그림 7-5] 미래의 드론 정류장과 드론 택시[5]

5) 출처 : ChatGPT

| 디지털 전환의 리스크 관리

글로벌 및 국내 디지털 시장 실패

4차 산업 혁명 시대에는 도시가 디지털화되어 간다. 통칭 스마트 시티로 대표되는 디지털 도시는 가상의 서버인 인터넷 클라우드로 연결되어 있다. IoT와 모빌리티 분야의 기술이 발전하고 상용화되면, 클라우드를 통해 스마트 시티는 움직여지게 될 것이다. 한 마디로 초연결 스마트 시티의 4차 산업혁명형 디지털 전환이 성공하게 되는 셈이다.

기업은 가상서버 클라우드를 자주 이용하게 되는데 이유는 클라우드 운용을 위한 데이터센터 건설과 관리가 개별 기업이 감당할 수 없기 때문이다. 그래서 개별 기업들은 아마존, 마이크로소프트, 구글 등 미국 빅테크 기업의 클라우드 서비스를 이용하게 된다. 기업의 입장에서 미국 빅테크 기업의 클라우드 서비스 활용은 글로벌 초연결성을 강화할 수 있다. 디지털 전환이 가속화됨에 따라 미국 빅테크 기업에 의존도도 심화되고 있다. 그러나 동전의 양면처럼 의존도가 심화될수록 클라우드 고장에 의한 위험이 광범위하게 존재한다. 글로벌 정보통신 과·독점 기업에 의한 글로벌 시장 실패가 발생하는 것이다. 이러한 디지털 시장 실패는 큰 사회경제적 손실을 글로벌 시민들에게 입히게 된다.

2017년 아마존 클라우드, 2020년 구글 클라우드에 이어 2024년 7월 19일 발생한 글로벌 IT 먹통 대란 (IT 블랙아웃)이 그것이다. 2024년 클라우드 먹통은 그 피해가 심각하여 미국 및 유럽의 항공, 물류 등에 큰 피해를 줬다. 아이러니하게도 2024년 IT 먹통 글로벌 대란의 경우 우리나라의 피해 기업은 10개 미만으로 MS 클라우드와 연계된 기업에게만 나타나 그리 큰 피해를 주지 않았다. 이유는 남·북 간 대치 상황이 지속되는 현 상황에서 공공 및 민간기업들은 국가정보원 인증을 거쳐야만 해서 정보기관의 관리가 가능한 국내 통신 빅테크 기업의 클라우드를 사용하거나 자체 서버를 운영하는 것으로 대체했기 때문이다.

중국이나 러시아도 미국 기업 의존도가 낮아 그 피해가 크지 않았다. 사우스 차이나 모닝 포스트(SCMP)는 아시아 및 태평양 일대의 많은 공항이 장애를 겪었지만, 중국 베이징과 상하이의 항공사와 공항, 금융기관 등 중국의 인프라는 정상적으로 운용되고 있다고 보도하였다. 월스트리트저널에 따르면, 미국이 중국 기술기업에 대한 반도체 수출통제를 강화하자, 2022년 9월 국영기업 관리 중국 국유자산감독관리

위원회를 통해 미국 등 빅테크의 소프트웨어를 중국 제품으로 교체하였기 때문이다. 중국의 클라우드는 알리바바와 텐센트가 중국 내수시장의 약 70%를 점유하고 있으며, 미국 빅테크 의존도가 상대적으로 낮다. 러시아는 2022년 2월 우크라이나 전쟁 이후 미국 빅테크 클라우드로부터 다른 우호국의 제품으로 전환하였고, 2024년 7월 IT 블랙아웃에 문제가 되었던 크라우드 스트라이크 상품은 이미 2022년 전쟁 이후부터 판매가 중단되어 피해를 입지 않았다.

상대적으로 노후한 관리 시스템에 의존했던 교통 시스템 등도 영향을 받지 않았다. 뉴욕이나 샌프란시스코의 대중교통시스템은 오래된 시스템으로 뉴욕 지하철 등은 낡은 지하철이라는 오명까지 있었는데 7월 IT 블랙 아웃에 영향을 받지 않았다. 업데이트가 안된 전산시스템 때문에 오히려 피해가 없었다.

IT 블랙아웃은 글로벌 과·독점 기업만의 문제는 아니다. 2023년 카카오톡 먹통 사태는 우리 국내에도 IT 과·독점 기업 의존도가 어떻게 우리 생활환경을 파괴할 수 있는가를 보여준다. 4차 산업혁명의 초연결 클라우드는 장미빛 전망만은 아닌 상황이 되어 가고 있다. 너무나 빠르게 변화한 지난 10여 년의 세월 속에 몸집을 불려 왔던 과·독점 기업이 의도하지 않은 실수로 또는 미지의 블랙박스 문제로 인해 우리 교통 및 행정서비스를 일시에 멈출 수 있다는 것을 디지털 전환 시대 시민은 알게 되었다. 하지만 디지털 전환은 피할 수 없다는 것이 일반적 견해일

듯싶다. 우리는 이미 그 시대에 깊숙하게 들어와 있다. 문제를 풀어갈 방향도 디지털 전환 시대를 준비하는 사람들에 의해 만들어 가야 할 것이다.

사람은 도시, 농촌 등 공간을 통해 삶의 터전을 만들고, 민주주의를 근간으로 자기 앞마당의 변화에 대해 대응해 왔다. 님비(Not in My Back Yard, NIMBY) 현상 등이 그것일 것이다. 그동안 디지털은 컴퓨터의 문제이고, 휴대폰의 문제였다. 그러한 상품을 제공하는 기업의 문제였고, 기업은 서비스센터를 통해 해결할 수 있었다. 그러나 데이터가 지배하는 디지털 전환 시대에는 문제들이 수많은 네트워크로 얽혀 있어 눈에 잘 보이지 않는다. 멈추면 알게 된다. 스크린이 파랗게 변하면 알게 된다. 미리 대응하지 않으면 누구도, 민원 받는 시청도, 정부도 즉각 대응할 수 없다.

하늘을 날던 자율주행 드론 택시가 블랙아웃 되어 추락하기 전에 자동으로 다른 클라우드에 똑같은 시스템이 저장되어, 고장과 동시에 다른 시스템으로 대체할 수 있는 이중 삼중의 백업 시스템이 있어야 한다. 그리고, 그 역할은 이윤에 너무 치우친 민간 기업보다는 공공 부문에서 해야 할 것이다. 이제 클라우드는 공공재로서 자리매김할 때이다.

디지털 공공재 관리 지역 정부 필요

ChatGPT 등 AI의 현실 적용이 최근 몇 년간 가능한 영역으로 다가오고 있다. IoT, 로봇 활용 스마트 공장, 모빌리티의 개발 가속도는 몰라보게 우리를 다른 초연결사회로 인도할 것이다. 공간도 더욱 팽창될 것이다. 또 다른 생산공장은 로봇에 의해 움직여질 것이고, 사람은 원거리에서 조종하는 관리자가 될 것이다. 더 많은 데이터로 클라우드는 사령탑 역할을 하게 될 전망이다. 이것을 다른 나라 민간 기업에 맡긴다거나 지역과 연고도 없는 기업에 맡기는 것은 이제 위험한 일이 되고 있다. 저 멀리 타국에서 조종하는 미치광이 해커가 영화의 한 장면처럼 주차타워에 주차된 차들을 땅으로 곤두박질치게 하는 상황을 막는 것은 이제 지역에서 관리해야 하고 준비되어야 한다. 지역 정부가 필요한 이유이기도 하다. 지역의 기업들이 안전하게 클라우드를 이용하고 초연결사회의 혜택을 온전히 주민들에게 서비스하는 상황을 유지하는 항상 준비된 지역 정부가 필요하다. 이것이 디지털 전환 시대에 광역적으로 전개될 공간의 변화를 준비하는 방법이라고 생각된다.

4차 산업혁명은 AI를 통해 그 꽃을 피우게 된다. IoT, 빅데이터, 모빌리티의 기술적 혁명을 클라우드를 통해 가져오리라 전망된다. 다만, AI는 풀어야 할 숙제를 가지고 있다. 빅데이터의 확장으로 연산 작용이 기존의 연산보다 더 빠르고 많아지기 때문에 필요한 데이터양이 급증하여 더 많은 데이터센터가 필요하다. 또한 이를 작동하기 위한 에너지와 과열된 서버를 식히는 데 필요한 에너지 등 에너지 요구량이 급증하리라는 예상은 일반적 상식이다. 최근 AI를 선도하고 있는 미국은 전력 에너지 인프라를 대대적으로 개편하는 작업에 착수하고 있다. 사실 이러한 에너지 인프라의 문제는 AI가 지금까지 중앙집권식 연산 작용에 의존하기 때문이다. 현재 AI 시스템의 탈중앙화가 논의되고 있고, 블록체인을 통한 분산 원장의 효과를 통해 탈중앙화를 꾀하고는 있으나 뚜렷한 해법이 될지는 아직 미지수이다. 블록체인 역시 데이터 센터에 저장된 클라우드를 활용하게 될 것이다. 결국 데이터 센터와 주변 인프라는 디지털 전환 시대에 중요한 인프라로서 민간에 맡기기보다는 공공이 참여하여 관리에 적극 나서야 한다.

이제 디지털 전환 시대에 데이터 센터의 건설과 관리, 에너지 인프라의 건설과 관리는 국가적 차원의 문제이다. 디지털 전환 시대, 특히 IoT와 모빌리티의 혁명적 변화는 공간의 변화를 수반한다. 특히 광역화된 공간의 변화에 효율적으로 대처하기 위한 공공재의 건설과 관리를 모색해야 한다. 국가가 모든 것을 하기보다는, 관리의 주체를 광역주민에게 돌려줄 필요도 있다. 공간의 변화는 지자체와 지자체를 넘어서 발생한다. 기존의 지자체를 통폐합하는 방법을 통해 추진할 수도 있으나, 그것은 그것 나름대로 여태까지 해왔던 서비스가 있어 왔고 그것을 존중하는 범위에서 관리의 방향을 정해야 할 것이다. 경기북도의 조성은 시군 지자체들의 상위기관으로서 행정서비스가 충분히 미치지 못했던 상황을 타개하기 위한 방안으로 여기에서 주장된 지역 정부 출현

방안과 유사하다. 다만, 정치적이 아닌 미래의 디지털 시대를 대비한다는 차원에서 진행하기 위해서는 지역 정부의 중립성(무당파)이 보장되어야 한다.

[그림 7-6] ChatGPT가 그린 스마트 공장과 휴머노이드 로봇[6]

6) 출처:ChatGPT

| 공간의 변화와 전망

3, 4차 산업혁명과 디지털 공간

　디지털과 공간과의 역학관계는 최근 3차 산업 혁명 때부터 발전한 통신 혁명과 궤를 같이한다. 컴퓨터의 발명으로 대표 되는 이 시기부터 디지털 기술의 발전은 인간의 이동 패턴과 경제 활동 등 일상의 생활 패턴을 바꾸고 있다. 이러한 일상생활 패턴의 변화는 공간의 변화로 이어진다. 인간의 일상생활 패턴은 생산활동과 소비 활동으로 구분이 될 수 있는데, 생산과 소비 활동을 위한 이동의 과정이 공간의 변화를 초래한다고 볼 수 있다. 생산활동은 사무적 일이나 제조 과정에 참여하는 노동의 제공과 밀접하게 연관되어 있으며, 이를 위한 출근과 퇴근을 위한 교통수단이 무엇이냐에 따라 공간이 점차 팽창하는 구조를 가져왔다. 디지털 시대의 도래는 생산활동의 편리성을 증진하는 방향에서 진행 되어왔고 노동시간을 줄여 나가는 역할을 하였다, 생산증대와 함께 쌓인

부와 노동시간의 감소는 상대적으로 여가와 쇼핑을 위한 소비 활동을 증대하였으며, 디지털 전환은 손안에 컴퓨터가 등장한 2000년대 중반 이후 플랫폼 기업의 성장과 함께 소비 활동에서 몰라보게 인간에게 편리성을 제공하고 있다.

최근 4차 산업 혁명은 IoT, 클라우드, 빅데이터, 모빌리티의 약자인 ICBM과 급격히 생활에 접목 중인 AI 등 ICBM+AI로 대표 된다. 4차 산업 혁명이 이제 막 시작하였을 때 코로나19 위기가 닥쳤고, 비대면 사회가 급격히 도래하였다. 약 3년여 시간 동안 원거리에서 재택 근무하는 생산활동이 일상화되고, 사람들은 집 안에서 소비를 즐기는 배달 문화가 우리 일상에 자리 잡게 되었다. 공간은 오히려 축소되었다고 해도 과언이 아니다. 2021년 조사된 서울 연구원 자료에 따르면 디지털 전환으로 인해 생활공간이 더 짧아졌고 근거리 500미터 반경에서 소비 활동이 발생하였다고 기록하고 있다. 비대면 사회에서 화상 회의, 원격 근무, 배달 소비 등이 일반화되었지만, 공간 변화에 절대적으로 영향을 끼칠 교통수단의 발전은 그리 크지 않았다. 아직 자율주행 UAM 등 디지털 교통수단의 일반적 사용은 아직 먼 이야기이며, 바닷가 휴양지에서 근무하는 방식은 코로나가 끝나고 바로 대면 사회로 바뀔 수밖에 없었다. 그렇더라도 코로나19를 겪은 3년여 간의 디지털 경험은 우리의 미래가 어떤 생활환경에 놓이게 될 것인가를 잘 설명해 준다.

코로나 시기 메타버스의 활용이 많은 언급 대상이었다. 가상공간이 현실의 물리적 공간과 일치하는 시대가 곧 도래할 것으로도 여겨졌다. 사실 가상공간에서의 경제 활동도 서서히 기지개를 켜던 시기이기도 하다. 그러나 인간사회에서 가장 중요한 신뢰성을 아직은 메타버스 기술이 확보하지 못하였다고 생각한다. 대면접촉이 인간의 일상생활에서 꼭 필요한 부분은 그 자체가 가진 신뢰에 기반하고 있기 때문이다. 꼭 봐야 하는 것은 아니지만 봤을 때 사람과 사람의 관계가 더 돈독해지고 신뢰가 쌓여 물건을 교환할 수 있는 기초가 된다. 디지털 공간과 물리적 공간이 일치할 수는 없지만, 코로나 시기 메타버스의 활용이 대면접촉의 훌륭한 대체 및 보조가 될 수 있다는 것을 보여주었다. 교육기관에서의 원거리 교육, 재택근무 등은 아직 덜 완성된 메타버스 등을 통해 우리 사회에서 일정한 기능을 할 수 있다는 것을 보여주었다.

결국 디지털 공간에 대한 신뢰가 확보될 만큼 그 기술이 발전하지 못한다면 인간은 이동을 통해 사람과 사람의 직접 만남이 필수적으로 요구된다. UAM 등 디지털 탈 것vehicle의 등장이 아니라면, 물리적 공간은 현재 이 자리가 되리라 전망된다. 디지털 전환은 가히 소비에서 혁혁한 공로를 세우고 있다. 소비지의 거리는 작게 만들면서, 기업에게는 글로벌 시장 공간을 만들었다. 메타버스의 장점은 인간을 대체할 아바타가 있다는 것이다. 아바타에 대한 AI가 얼마나 발전하느냐에 따라 메타버스 디지털 공간은 현실 세계의 공간과 일치하여 글로벌 접근성을 강화 시키리라 전망되며, 전술한 바와 같이 메타버스 특구 등을 통해 관련 인프라를 정비할 필요가 있다.

디지털 전환 시대 광역 지역 정부 사례

기술의 발전은 새로운 산업 중심의 도시를 탄생하거나 모빌리티의 혁신에 의해 기존 도시의 주민이 새로운 도시로 이전하는 등 점차 도시가 커지는 메가시티 형태가 될 것이다. 또는 각각의 도시와 도시가 맞닿는 연담화 현상도 예상된다. 하나의 행정구역을 넘어 여러 행정구역에 걸쳐 도시가 형성되면서, 또 다른 도시 문제^{Urban externalities}가 발생한다. 환경문제, 교통혼잡 문제 등은 서로 다른 행정구역을 넘어 발생할 수밖에 없다. 또한, 아직 덜 성숙한 모빌리티 등의 R&D, 하늘길 창출 및 제도 마련, CBDC 단지 창출 등은 보다 광역적이고 탈권역적으로 추진할 필요가 있다.

미국 오리건주 포틀랜드에는 지구상 최초의 지역 행정조직이 있다. 일찍이 1960년대부터 오리건 포틀랜드는 포틀랜드시뿐만 아니라 주변의 카운티(면·군 단위)들이 연대하여 하나의 포틀랜드 메트로 정부를 구성하였다. 메트로 정부의 수장은 선출직으로 주민들이 투표를 통하여 선출한다. 메트로 정부는 광역 환경, 토지이용, 교통에서 각 행정구역보다 상위기관이며 정치적으로도 독립적이다. 예를 들어 광역 경전철 계획 및 건설, 유지관리와 도시성장관리(Urban Growth Boundary, UGB), 등은 포틀랜드 시정부가 아닌 메트로 정부에서 수행한다. 재미 있는 것은 오리건 주가 아닌 인근 워싱턴주의 밴쿠버시에서도 여기 메트로 정부 구성에 참가하고 있으며, 경전철 계획 등에 투표권을 행사하고 있다는 것이다. 오리건주 행정구역과 워싱턴 주 행정구역은 콜롬비아강을 경계로 구분되어 있으나, 워싱턴 주 밴쿠버시는 씨애틀보다는 포틀랜드 인근에 위치함에 따라 생활권 자체가 포틀랜드 메트로 권역에 자리하고 있다. 밴쿠버시의 주민은 쇼핑활동도 Sales Tax (물건 구매 간접세)가 없는 포틀랜드에서 하고, Property Tax (재산세)가 저렴한 워싱턴 주에 거주함으로써 포틀랜드 광역권에 소속된 혜택을 누리고 있다. 그에 따라 포틀랜드 메트로 정부에 대한 충성도도 큰 상황이다.

[그림 7-7] 구글 지도: 포틀랜드 메트로 지역   [그림 7-8] 챗 GPT가 그린 포틀랜드 메트로 지도

이 메트로 정부는 무당파 선출직 수장의 지휘 아래 교통계획, 토지이용계획, 환경관리계획 등을 수립하고 동서 경전철, 남북 경전철 등 특정 개발 계획을 주민 투표를 통해 확정하고 주정부에 제안하며, 연방정

부가 허가하면 주정부 20%, 연방정부 80%의 예산을 취득하여 건설에 착수할 수 있다. 자체 관리 예산은 콜라 캔 등 재활용 자동기기를 포틀랜드 전역에 설치하고 주민들이 캔을 수거하여 한 캔당 일정 부분을 주민들이 수취하고 나머지를 관리 예산에 사용한다.

UAM 등 미래 모빌리티는 모빌리티 자체의 기술개발뿐만 아니라 관련 인프라의 준비 과정과 함께 그것으로 초래될 환경문제까지 포괄하여 준비해야 한다. 이는 장기적 준비 과정을 거쳐 마련되어야 하며 도와 도의 행정구역을 넘어 광역적인 준비가 필요하다. 새로운 이동 수단과 그로 인한 신도시의 출현은 이전의 방식으로는 해결하기가 곤란하다. 관리권 문제가 발생하면 자기 구역이 아니라 서로 간에 책임을 회피한다거나 관리를 소홀히 해서는 안된다.

포틀랜드 메트로 지역 정부 사례는 우리에게 많은 것을 시사한다. 하비Harvy는 지방자치가 성숙하려면 세 가지 조건이 필요하다고 한다. 첫째, 토지이용 권한이 있어야 한다, 둘째, 세금 징수 권한이 있어야 한다, 셋째, 무당적(無黨籍)이 필요하다. 특히 이 세 번째 무당적은 교통, 환경, 토지이용을 장기적으로 계획하고, 건설하며, 유지·관리하는데 필수적이다. 지역의 주민이 우선이지, 중앙당의 눈치를 보며 백년지대계를 망치거나 중단하는 일이 없어야 한다.

누군가는 이런 행정구역을 넘나드는 관리를 공사나 공단이 하면 어떻겠느냐고 질문할 수도 있다. 여러 부처에 걸쳐 있는 각기 다른 분야의 공사와 공단이 관리를 융·복합하여 수행하기에는 한계가 있다, 단적으로 광역도시계획, 수도권 종합계획 등 광역계획은 있어 왔지만 거의 유명무실한 상태이다. 이유는 그 계획을 집행할 권력이 없다는 것이다. 기술적으로 전문 분야가 다른 부처 산하 공공기관이 융·복합하여 처리할 수 없으므로 광역권 선출직 공무원이 필요하다. 지구상에 이러한 지역 정부 추진체계를 만들어 놓은 좋은 사례가 있고 새로운 지방자치의 전형을 만들어 가는 데 도움이 될 수 있다면 시범사업으로 관할 주민들의 주민투표를 통해 광역 정부를 구성하는 것이 바람직할 것이라 감히 자신한다.

CBDC 시범 특구를 통해 전 세계 전자상거래 시장을 석권한 중국의 사례는 중소벤처기업이 디지털 전환에 성공할 수 있고, 글로벌 기업으로 성장할 수 있는 토대를 마련하고 있음을 보여주고 있다. 그동안 클러스터 공간을 구성하면서 성장하였던 우리가 크게 간과하며 우리 중소·중견기업의 글로벌 역직구에 소홀하였다. IT 역량이 우수하다 자부하였지만, 디지털 전환 시대에 가장 효과가 좋았던 상품 이동에 대한 클러스터를 만들지는 못했다. 수출로 먹고사는 나라가 2022년 CBDC 수출·입이 0.28%에 지나지 않았다는 것은 디지털 전환에 실패한 것이나 다름없다. 지금이라도 CBDC 강화를 위한 범정부 차원의 노력이 필요하다. 속된 말로 중국이 일당 독재이기 때문에 신속하게 그 특구를 구성한 것이라면, 중앙당에 휘둘리지 않는 중립적 지역 정부 구성을 통해

CBDC에 특화된 디지털 전환 특구, 메타버스 특구 등을 마련하는 것이 그 대안이 될 수 있으리라 본다.

가도시화 현상 (pseudo-urbanization)

도시화가 이루어지는 것처럼 보이지만 실제로는 도시의 기능과 구조가 제대로 형성되지 않은 상태를 의미한다. 이는 도시 인구가 급격히 증가하여 도시에서 충분한 인프라 및 사회경제적 서비스를 제공하지 못하는 현상을 말한다. 주택, 도로, 상하수도, 전기 등 기본적인 인프라가 부족하며, 도시 외곽에 비공식적 정착지가 확산하는 특징을 가지고 있다.

도시 어메너티 (urban amenity)

도시 편의시설 및 서비스로 해석한다. 도시에서 생활하는 사람들에게 다양한 생활의 편리함과 질을 제공하는 시설과 서비스를 말한다. 이러한 편의시설과 서비스는 도시의 매력과 거주 만족도를 높이고, 경제적, 사회적, 문화적 활동을 촉진하는 데 중요한 역할을 한다. 공원, 도서관, 운동자, 박물관, 미술관 등 공공시설, 지하철, 버스, 택시 등 교통인프라, 쇼핑몰, 레스토랑, 카페, 슈퍼마켓, 시장 등 상업시설, 병원, 교육기관, 사회복지 시설 등 복지시설 등 도시가 주는 편리성에 대해 함축적으로 설명하는 용어이다.

NIMBY 현상

Not In My Backyard의 약자로서 1960년대 미국의 중산층 주택소유자들에 의해서 나타났다. 특정한 개발이나 시설 설치가 자신이 거주하는 지역 근처에 이루어지는 것을 반대하는 현상을 의미한다. 주로 환경, 건강, 안전, 부동산 가치 등에 대한 우려로 인해 발생한다. 쓰레기 매립지, 고압 송전선, 화력 발전소, 교도소, 장례 시설 등 주민들이 부정적인 영향을 받을 수 있다고 생각하는 시설들이 이에 해당한다.

라스트 마일 (Last Mile) 서비스

상품이나 서비스가 최종소비자에게 전달되는 마지막 단계를 의미한다. 물류 및 유통과정에서 가장 중요한 부분 중 하나로 고객만족도와 직결된다. 제품이 창고나 분배센터에서 출발하여 고객의 집이나 사무실로 전달되는 마지막 구간의 서비스로 신속하게 정시 배송을 통해 고객의 기대를 충족시키는 것이 핵심이다. 풀필먼트Fulfillment 서비스와도 유사한 의미로 사용되며, 전자상거래에서 제품의 입고, 저장, 포장, 배송, 반품 처리 등을 포함한 전 과정을 소비자의 집 앞까지 수행한다는 의미이다.

| 참고문헌 |

BCG 컨설팅, 『FUTURE OF ASSET 2022』, 2022.

BIS, 『Central bank digital currencies: system design and interoperability』, 2021. 9.

BIS, 『Connecting economies through CBDC』, 2022. 10./2024. 6.

BIS, 『Options for access to and interoperability of CBDCs for cross-border payments』, 2022. 7.

BIS, 『The tokenisation continuum』, BIS Bulletin No 72, 2023. 4.

Capgemini, 『Financial Analysis』, 2021.

Capgemini, 『Payments Top Trends 2024』, 2024.

Capgemini, 『World report series: Payments 2022』, 2022.

Carlos Cantú, Cecilia Franco and Jon Frost, 『The economic implications of services in the metaverse』, BIS Papers, No 144, 2024. 2.

CHO Alliance, 『5G로 부상하는 메타버스 비즈니스와 XR(VR/AR/MR) 기술』, 시장전망, 2021. 4.

Deloitte, 『2024 banking and capital markets outlook』, 2024.

Denise Garcia Ocampo, Jatin Taneja, Jeffery Yong and Julie Zhu, 『FSI Insights on policy implementation No 51』, BIS, 2023. 9.

European Union Intellectual Property Office (EUIPO) Report 『Trade in Counterfeit ICT Goods』, 2021.

Financial Times, 『Big Tech races to clean up act as cloud energy use grows』, 2021.5.18

Fuji Chimera Research Institute Report, 『Digital Twin Market Analysis and Future Outlook』, 2020.

Gartner, 『Top Strategic Technology Trends for 2021·2022·2023 Symposium』

IDC, 『China Digital Twin Market Research Report』, 2021,

IMF Fintech Notes 2022/004, 『Behind the Scenes of Central Bank Digital Currency: Emerging Trends, Insights, and Policy Lessons』, 2022. 2.

IMF, 『Generative Artificial Intelligence in Finance: Risk Considerations』, FINTECH Notes, 2023. 8.

IMF. 『The Digital Future』, 2021.3.

Irving Fisher Committee on Central Bank Statistics, 『Granular data: new horizons and challenges』, IFC Bulletin No 61, 2024. 7.

Lee,jay; bagheri,Behrad; Kao,Hung-An, 『Manufacturing Letters. 3:18-23, A Cyber-Physical System architecture for industry 4.0 based manufacturing systems』 2015. 1.

MarketsandMarkets Report, 『Digital Twin Market by Technology, Type, Application, Industry and Geography - Global Forecast to 2026』, 2021.

MIT Center for Digital Business and Capgemini Consulting, 『DIGITAL TRANSFORMATION: A ROADMAP FOR BILLION-DOLLAR ORGANIZATIONS』, 2011.

OECD, 『OECD DIGITAL EDUCATION OUTLOOK 2023』, 2023.

https://aws.amaon.com/ko/solutions/case-studies/knewton/

https://brunch.co.kr/@kakao-it/257

https://finance.yahoo.com/news/blackrock-launches-first-tokenized-fund

https://m.blog.naver.com/moeblog/221874090154

https://www.atlanticcouncil.org/cbdctracker/

https://www.ibm.com/topics/digital-transformation

https://www.sap.com/korea/products/artificial-intelligence/what-is-machine-
learning.html

https://www.yna.co.kr/(20.9.13)

교육부, 〈디지털 기반 교육 혁신 방안〉, (https://www.korea.kr), 2023. 2. 23.

글로벌 과학기술정책 정보서비스, 『주요국의 디지털 트윈 추진 동향 과 시사점』, 2020.

니얼 퍼거슨, 『광장과 타워』, 홍기빈 역, 매일경제신문사, 2019. 2.

마르쿠스 가브리엘, 『나는 뇌가 아니다』, 전대호 역, 열린책들, 2018.

마르쿠스 가브리엘, 『왜 세계는 존재하지 않는가』, 김희상 역, 열린책들, 2017.

박기현, 온정덕, 정제영, 조용상, 김수환, 『디지털 교육 트렌드 리포트 2024』, 테크립 교육, 2023.

박동·정지은·박나실·권효원·김민석·최영렬, 『디지털 전환에 대응하는 고등단계 진로 교육
발전 방안』, 한국직업능력연구원, 2022.

배경한 외, 『스마트 공장 경영과 기술』, 드림디자인, 2021.

산업통상자원부, 『디지털 트윈 발전 전략 보고서』, 2022.

이성복, 『가상자산 발행과 유통 현황』, 자본시장연구원, 2021.

정우기, 『6세대 이동통신』, 복두출판사, 2023. 1.

조경식 외, 『메타버스, 새로운 세계에 대한 도전』, 진인진, 2022. 4.

조경식, 『누구나 알아야 할 금융 지식』, 북&월드, 2023.

중소기업기술정보진흥원, 『중소기업의 기술혁신 역량분석과 정책지원 방향』, 2019.

중소벤처기업부, 『산업제조분야 중소기업 전략기술 전망』, 2020.

중소벤처기업부, 『중소기업 전략기술 로드맵, 스마트 제조 2021-2023 보고서』, 2021.

지그문트 바우만, 리카르도 마체오, 『소비사회와 교육을 말하다』, 나현영 역, 현암사, 2016.

페르낭 브로델, 『물질문명과 자본주의 Ⅰ-2』, 주경철 역, 까치, 1995.

한국과학기술정보연구원, 「디지털 교육, ASTI MARKET INSIGHT」, 2022.

한국산업기술진흥협회, 『디지털 트윈 기술 동향 및 시장 전망』, 2022.

한국산업연구원, 『국내 스마트 제조 시장 동향 및 전망 보고서』, 2022.

한국산업연구원, 『디지털 트윈 기술 동향 및 시장 규모 전망 보고서』, 2022.

한국은행, 『지급결제보고서』, 2022. 2023.

한국정보통신 기술협회, 『CPS 산업 동향과 전망 보고서』, 2022.

한국핀테크지원센터, 『헬로, 핀테크(보안인증·블록체인)』, 2020.

홍동숙, 『금융 AI 시장 전망과 활용 현황:은행권을 중심으로』, CIS이슈리포트 2022-1호, 2022.

디지털, 새로운 세계에 대한 도전 II
디지털을 이해하고 활용하기 위한 기본 안내서

지은이	조경식·전용찬·이동욱·황길주·박범섭·조진철
엮 음	메타버스·핀테크 연구소
초판1쇄	2024년 8월 28일
발행일	2024년 8월 31일

펴낸이	신성모
펴낸곳	북&월드
디자인	스튜디오 나란
신고번호	2020-000197
주소	경기도 고양시 덕양구 토당로 123 대림아파트 208동 206호
전화	010-8420-6411
팩스	0504-316-6411
e-mail	gochr@naver.com

ISBN	979-11-982238-8-3 (03320)